技工院校电子商务专业教材
中等职业学校电子商务专业教材

网店推广

曹　菁　主编

中国劳动社会保障出版社

简介

本教材主要介绍了网店推广概述、淘宝客推广、淘宝直通车推广、阿里妈妈引力魔方推广、第三方推广平台推广等内容。

本教材依据中等职业学校电子商务专业学生的特点，按项目—学习任务的形式编写，设计了学习目标、任务描述、相关知识、技能实训、任务评价等多个模块，形式生动丰富，语言简练通俗，易于学生理解。教材将理论转化为实践，从而适应职业岗位的需要。

本教材由曹菁任主编，徐丹任副主编，陶婷、陈晓燕参与编写，关井春任主审。

图书在版编目（CIP）数据

网店推广 / 曹菁主编. -- 北京：中国劳动社会保障出版社，2024. --（技工院校电子商务专业教材）（中等职业学校电子商务专业教材）. --ISBN 978-7-5167-6587-6

Ⅰ. F713.36

中国国家版本馆 CIP 数据核字第 2024M1Y038 号

中国劳动社会保障出版社出版发行

（北京市惠新东街 1 号　邮政编码：100029）

*

河北宝昌佳彩印刷有限公司印刷装订　　新华书店经销

787 毫米 ×1092 毫米　16 开本　13.75 印张　260 千字

2024 年 11 月第 1 版　　2026 年 1 月第 2 次印刷

定价：33.00 元

营销中心电话：400-606-6496

出版社网址：https://www.class.com.cn

https://jg.class.com.cn

前言

目前，电子商务已成为国家产业结构优化升级、转变区域经济发展方式的战略重点，企业对电子商务专业人才的需求日益旺盛。为了培养更加符合电子商务技术领域和职业岗位（群）任职要求的中等技术应用型人才，我们组建了一支由多所中等职业学校电子商务专业带头人、专职教师及企业专家组成的编写团队，开发了这套电子商务专业教材。教材主要具有以下几点特色。

第一，满足中等职业学校教学所需。结合国家职业标准、企业需求及教学实际，构建了一个涵盖电子商务、跨境电子商务、移动商务、网络营销与直播电商的完整教材体系，包括《电子商务基础》《电子商务法律法规》等专业基础课教材，《电子商务网页设计》《电子商务数据采集与处理》《短视频制作》等技术与服务类专业核心课教材，《网店运营实务》《跨境电子商务运营实务》《电商直播》《网店推广》等运营与推广类专业核心课教材，《电子商务会计》《电子商务物流》《电子商务文案写作》等专业拓展课教材及配套习题册等，体系完整，覆盖面广，能够满足中等职业学校教学所需。

第二，契合企业岗位任职要求。中职电子商务专业毕业生主要面向网商、跨境电商和服务电商企业，使用计算机、网络、通

信等现代信息技术从事商务活动。因此，教材紧跟企业岗位任职要求，以从零起点培养学生的职业能力为原则，根据国家职业标准中的技能要求和相关知识要求设计教材内容，突出企业需求，彰显中职电子商务教材特色。

第三，符合学生认知规律。教材以中等职业学校教学模式为指引，采用“项目—学习任务”式编写形式，通过丰富的案例分析、知识拓展和课堂思考，激发学生的学习兴趣，让学生在实践中学习，在任务中成长。另外，教材的设计也充分考虑了学生的认知规律，尽可能多地以图表代替大段冗长的文字叙述，降低学习难度；采用双色或四色印刷，以提高教材的表现力。

第四，教学资源配套丰富。我们遵循有效性原则，根据教材内容和教学实际，开发相对应的微课、视频、图片资源库等数字化配套产品，以便于教师拓展教学和学生自主学习。电子课件及习题册答案可登录技工教育网（jg.class.com.cn）查询下载，数字化配套产品扫描书中二维码即可在线观看或收听。

本套教材的编写工作得到了有关学校的大力支持，教材的编审人员做了大量的工作，在此，我们表示衷心的感谢！同时，恳切希望广大读者对教材提出宝贵的意见和建议。

编者

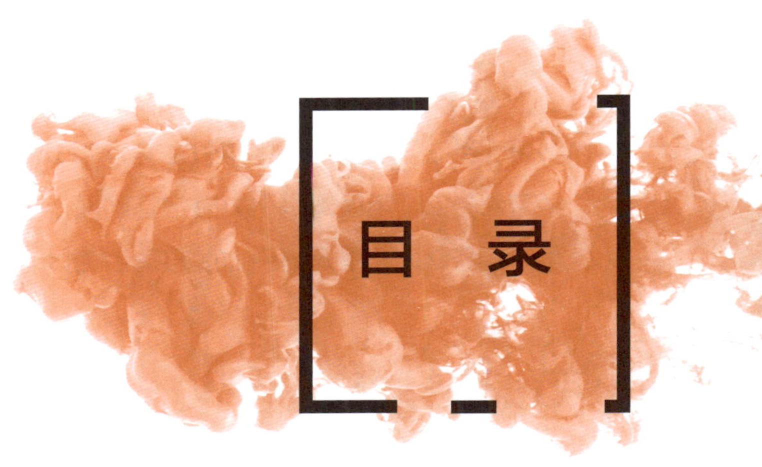

目录

项目一　网店推广概述

项目二　淘宝客推广

项目三　淘宝直通车推广

项目四　阿里妈妈引力魔方推广

项目五　第三方推广平台推广

项目一 网店推广概述

项目概述

在传统的卖方市场中，商品质量好往往能够吸引购买者。然而，随着市场经济的崛起和商品种类的日益丰富，买家拥有了更大的选择空间。为了能在众多同类型商品中脱颖而出，网店需要采用多样化的推广策略，以确保商品能够迅速触达潜在买家，并最终赢得其青睐。

推广的手段繁多，既有免费的，也有付费的。一个有效的推广策略是先进行免费推广，以寻找流量入口的优势位置，并通过优化转化率来提升商品的吸引力。随后，可逐渐引入付费推广，以进一步加大推广力度。这种组合推广的作用在于使商品在类目搜索或关键词搜索中自然排名靠前。商品排名越靠前，意味着其推广策略越成功。

通过本项目的学习，可以了解网店推广的概念，掌握免费推广和付费推广的方式。

学习任务　认识网店推广

学习目标

● 知识目标

1. 认识网店推广的概念
2. 掌握免费推广的方式
3. 掌握付费推广的方式

● 技能目标

1. 能完成搜索引擎优化搜索关键词
2. 能完成新浪博客账号的注册

任务描述

本任务要求学生从网店推广概念、网店推广作用、常用的免费推广方式和付费推广方式的学习中，认识网店推广。能够完成搜索引擎优化搜索关键词、注册新浪博客账号等。

相关知识

一、网店推广的概念

网店推广是利用信息和网络媒体的交互性来辅助营销目标实现的一种市场营销方式。网店推广能够让更多的用户看到网店，进而购买商品，以达到提高品牌知名度、提升商品销售量的目的，一般有付费推广和免费推广两种方式。

二、网店推广的作用

1. 增加网店曝光率

网店推广最基本的作用就是增加网店的曝光率。通过各种推广手段，可以让更多的人知道网店，从而增加网店的访问量和销售量。例如，在搜索引擎上进行关键词排名优化，可以让网店在搜索结果中排名更靠前，从而吸引更多的潜在用户。此外，还可以通过社交媒体、论坛、博客等平台进行推广，让更多的人了解网店。

2. 提高网店知名度

除了增加网店曝光率外，网店推广还可以提高网店的知名度。通过不断地推广和宣传，可以让更多的人知道网店品牌，并逐渐形成口碑效应。当用户在购物时，会更倾向于选择知名度更高的品牌，这样可以提高网店销售量和品牌价值。

3. 增加网店流量

网店推广是增加网店流量的有效手段。通过采用各种推广策略，能够吸引更多潜在用户访问网店，进而提升网店的流量。网店流量的增加有助于提升网店的转化率，使更多访客转化为忠实用户，从而为网店的长远发展奠定坚实的基础。

4. 提高网店转化率

除了增加流量外，网店推广还可以提高网店的转化率。通过优化网店的设计和内容，可以让用户更容易地找到自己需要的商品，并提高购买的决策率。此外，还可以通过各种促销活动和发放优惠券等方式吸引用户下单购买，进一步提高网店的转化率。

5. 提高网店盈利能力

网店推广的最终目的是提高网店的盈利能力。通过不断地推广和优化，可以让网店的销售量和利润不断增加，从而提高网店的盈利能力。

三、常用的网店免费推广方式

免费推广是指网店利用无须支付费用的渠道进行宣传推广的活动，主要有以下几种常见的免费推广方式。

1. 搜索引擎优化

（1）搜索引擎优化的概念

搜索引擎优化旨在利用搜索引擎的规则，提升网店在相关搜索结果中的自然排名。搜索引擎优化以用户搜索体验为核心，致力于吸引更多目标用户访问网店，进而实现网店流量增长、品牌形象塑造以及盈利能力提高等多重目标。

（2）网店搜索引擎优化

网店搜索引擎优化是一种新型技术，它通过精心优化店铺商品的标题、类目以及上下架时间等要素，使店铺在淘宝网站内的搜索结果排名更靠前，进而有效吸引淘宝搜索流量。网店搜索引擎优化的内容紧密关联商品和店铺本身，通过巧妙地设置和优化商品参数与属性，使其最大程度地符合淘宝搜索引擎的算法规则，从而获取更佳的排名和更多的流量。这种策略不仅能提升店铺的曝光率，还能有效地促进销售和品牌影响力的增长。

（3）淘宝搜索引擎搜索原理

用户在淘宝搜索框输入关键词后，淘宝系统会迅速筛选出收录的商品并展示给用户。搜索框提供了商品搜索和店铺搜索两种功能。当进行店铺搜索时，不难发现排名靠前的店铺通常具备销量高、商品数量多、信誉良好、店铺级别高等特点，并且这些店铺的商品主营类目与搜索关键词高度相关。如图 1–1–1 所示，网店的主营类目在搜索排名中占据着重要地位，因此在发布商品时，准确选择类目至关重要，这有助于提升网店的搜索排名和曝光率。

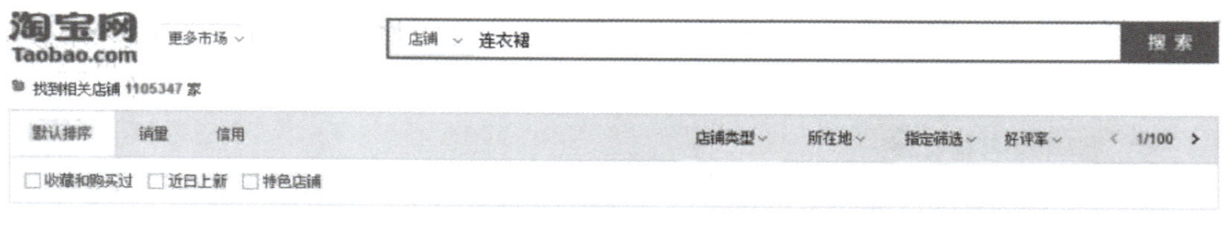

图 1–1–1　搜索框输入关键词

2. 博客推广

（1）博客推广的概念

博客推广又称博客营销，是一种高效的网络营销方式。商家通过博客这一互动性极强的网络平台，发布和更新自身的相关信息，积极回应并解答用户在平台上提出的疑问和咨询。通过精心运营的博客平台，商家不仅能够以零成本的方式提升搜索引擎排名，更能有效地实现宣传和推广的目标，从而扩大品牌影响力，吸引更多潜在用户。

（2）博客推广的流程

1）选择推广的博客平台。博客平台的种类众多，其中百度空间、新浪博客、搜狐博客和网易博客等都备受人们的青睐。百度空间作为百度旗下的商品，自然享有更高的权重优势，因此不少网店更倾向于选择百度空间作为自己的推广平台。新浪博客则以其热门和高效收录的特点著称，建立博客后往往能够迅速被百度收录，因此也深受用户欢迎。在选择博客平台时，网店需要综合考虑平台的权重、收录情况、用户活跃度以及自身需求等多个因素，以便选出最适合自己的推广平台。

2）确立博文标题。一个没有明确主题的博客往往难以获得搜索引擎的青睐，因为搜索引擎无法对这样的博客进行准确定性，自然也无法给予其良好的排名。因此，一个拥有明确主题的博客，更有可能在搜索引擎中脱颖而出，实现其长远的发展。明确的主题不仅有助于提升博客的专业性和可信度，还能吸引更多与目标关键词相关的潜在用户，从而增加博客的流量和影响力。

3）内容更新。选定博客平台并确立标题后，接下来要做的就是内容的更新。博客创建初期，在文章中应尽量避免添加过多的链接，以保证内容的纯净度和阅读体验。一个可行的做法是在文章末尾注明文章来源，并适当添加与关键词相关的链接。需要特别注意的是，内容的更新应紧密围绕标题展开，这样才能更有效地优化网站的关键词排名，提升博客在搜索引擎中的表现。

4）更新频率。关于内容更新的频率，推荐每天更新 1～2 篇文章，不必过多，但务必保持每日更新。这样的节奏既能够确保博客内容的持续性和新鲜感，又不会因为更新过于频繁而导致质量下降。通过规律的更新，可以逐步积累优质内容，吸引更多的用户关注和访问，进而提升博客的影响力和排名。

3. 论坛推广

（1）论坛推广的概念

论坛推广是指商家利用论坛这一网络交流平台，通过发布文字、图片、视频等多种形式的内容，来展示和推广商家的商品和服务。这种推广方式旨在让目标用户更加深入地了解商家的商品特性和服务优势，从而建立起更紧密的联系和信任。如今，众多网店也积极采用论坛推广策略，通过论坛互动增加网店流量和人气，进而实现销量增长和盈利提升。

（2）论坛推广的流程

1）明确推广目标。在进行论坛推广之前，首先要清晰界定推广的目的和期望达到的效果。论坛推广的核心目的在于使潜在用户能够深入了解和接受网店的商品。因此，在论坛发帖时，务必从用户的角度出发，思考他们真正关心什么、需求什么，从而制定更具针对性的推广策略。

2）精准定位用户群体。通过观察用户的浏览记录和行为习惯，可以精准地把握他们的喜好、关注点和其所属群体特性，从而选择更贴合他们需求的商品进行营销，同时结合当下热门话题，发布具有争议性和吸引力的帖子，以引发更多的关注和讨论。

3）有效管理论坛账号。在论坛中注册好账号后，应妥善记录相关信息，并保持每日发帖的频率。同时，积极与论坛版主和管理员沟通，了解并遵守论坛规则，以确保自己的营销活动有效和合规。通过有效的论坛管理，可以更好地利用论坛实现网店商品的推广和销量增长。

4. 邮件推广

（1）邮件推广的概念

邮件推广是一种基于用户事先许可的网络营销手段，其核心在于通过电子邮件这一高效、直接的沟通方式向目标用户传递具有价值的信息。在尊重用户隐私和意愿的前提下，邮件推广能够帮助商家精准触达潜在用户，增强自身的品牌认知度，促进销

售转化，从而实现营销目标。

（2）邮件推广的类型

邮件推广按照内容的不同，大致可以分为交易邮件推广、促销邮件推广和留存邮件推广三类。

1）交易邮件推广。交易邮件主要在用户结账和完成其他购买行为时发送，通常包含订单确认、收据、发货通知等关键信息，具有极强的功能性和实用性。通过交易邮件推广，商家能够确保用户及时了解到订单状态，提升用户的购买体验。

2）促销邮件推广。促销邮件主要用于宣传商家的促销优惠活动或新推出商品的介绍服务，如订阅返券、新品体验邀请等，通常在节日、促销活动前发送。通过促销邮件推广，商家能够有效吸引用户的注意力，激发用户的购买欲望，推动销量增长。

3）留存邮件推广。留存邮件是基于用户的特定行为而触发的。例如，当用户放弃购物车中的商品时，可以发送挽留邮件以提醒他们完成购买；当用户注册订阅后，可以发送欢迎邮件以表达感谢并提供相关引导；当用户长时间未回访时，可以发送回购唤醒邮件，以提醒他们再次关注商家的商品。通过留存邮件推广，商家能够更好地维护与用户的关系，提高用户忠诚度，实现长期的营销效果。

四、常用的网店付费推广方式

付费推广是指网店为了宣传、推广自己的商品或服务而向推广渠道支付费用的活动。以淘宝为例，常见的付费推广方式包括直通车推广、万相台推广、阿里妈妈引力魔方推广、淘宝客推广、百度推广等。

1. 直通车推广

直通车推广是一种按点击付费的推广方式，当用户主动搜索时，直通车会在最优位置展示商品，实现精准推送。商家可以自由设置日消费限额、投放时间、投放地域，有效控制费用，合理掌控成本。

2. 万相台推广

万相台原名 AI 智投，是一种引流付费推广工具，旨在帮助商家实现销量增长。它整合了搜索、展示、互动、视频等全渠道资源，从用户、商品、活动场、内容场出发，通过智能算法跨渠道分配预算，实现人群在不同渠道的流转承接，从而提高推广效果，降低操作成本。

3. 阿里妈妈引力魔方推广

阿里妈妈引力魔方推广是一种创新的推广方式，它巧妙地将信息流与焦点图融合为一体，为用户带来全新的推广体验。信息流作为唤醒用户需求的关键入口，全面覆盖了用户购前、购中、购后的整个消费链路，确保在用户的每一个消费环节都能精准推送相关内容，有效激发用户的潜在购买欲望。而焦点图则精准锁定用户进入淘宝的第一视觉焦点，覆盖淘系全域人群，确保在第一时间吸引用户的注意力，提高品牌曝光度和用户黏性。通过引力魔方的综合运用，商家可以更加精准地触达目标用户，提升推广效果，实现营销目标。

4. 淘宝客推广

作为淘宝客的合作平台与商家推广商品的桥梁，淘宝联盟不仅为淘宝客提供了接取卖家商品信息的便捷途径，更通过一系列精准的工具和资源支持，助力淘宝客高效推广商品，从而获取丰厚的佣金回报。

淘宝客推广是一种按成交付费的推广方式。无论是通过推广链接、个人网站、博客还是社区帖子，只要用户通过淘宝客推广专区进入淘宝卖家店铺并完成购买，淘宝客便能获得由卖家支付的佣金。

在这一推广方式中，卖家、淘宝客和淘宝联盟各自扮演着重要的角色。卖家负责根据自身的营销需求，在后台灵活设置推广佣金；淘宝客负责获取推广链接，并在站外多渠道进行广泛推广；而淘宝联盟作为平台，为双方提供坚实的支持和服务，确保推广活动的顺利进行，如图 1–1–2 所示。

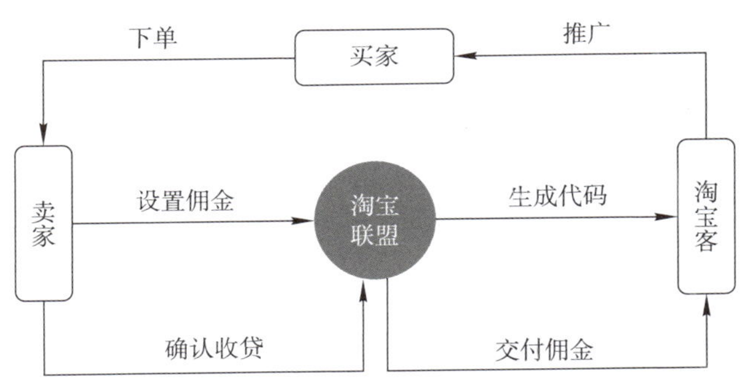

图 1–1–2　淘宝客推广

5. 百度推广

百度推广是一种按成交付费的网络推广方式，旨在帮助商家精准捕获目标用户，从而大幅提升网店的知名度及销售额。

借助百度推广，商家能够在百度搜索结果页面展示淘宝店铺的广告，显著增强网店的曝光度和流量。商家可以根据自身需求，灵活设置关键词、地域和时间等条件，确保淘宝店铺的广告精准触达目标用户，缩短转化路径，降低投放门槛，进而实现更好的营销效果。

五、常见的网店推广付费模式

根据网店推广方式的不同，其付费模式也多种多样。每种付费模式都有其特点和适用场景，下面介绍一些常见的网店推广付费模式。

1. 按成交付费（CPS）模式

定义：网店根据实际产生的销售额支付广告费。

特点：直接与交易挂钩，是最直接的营销方式。

适用场景：电商网站、在线零售等。

2. 按点击付费（CPC）模式

定义：网店只需为用户点击广告支付费用。

特点：互联网效果广告的典型代表，直接监测用户的行为反应。

适用场景：搜索引擎广告、社交媒体广告等，适用于提升网店的访问量和商品曝光率。

3. 按千次展示付费（CPM）模式

定义：无论广告是否产生实际效果，只要展示给了用户，就需要付费。

特点：关注的是广告的曝光次数，适合品牌宣传，尤其当广告预算有限时，可以通过优化广告素材和定位来提升效果。

适用场景：品牌宣传，新商品或服务的推广。

4. 按时间付费（CPT）模式

定义：按用户使用时长或使用周期计费。

特点：可以从根本上杜绝刷流量的现象，是最真实、最有效的营销方式之一。

适用场景：更多适用于移动应用营销方面。

5. 按行动付费（CPA）模式

定义：根据每个访问者对网络广告所采取的行动收费，可以包括下载、注册、购买等多种形式。

特点：按广告投放实际效果来计费，不限广告投放量。

适用场景：电商网站、应用下载、游戏推广等。

总的来说，这五种付费模式各有其优缺点，网店需要根据自己的需求和预算，选择合适的付费模式进行广告投放。

技能实训

实训 1：搜索引擎优化

要求：对毛绒玩具商品进行搜索引擎优化。

具体步骤如下：

步骤一，打开淘宝首页，在搜索栏输入要搜索的商品，如“毛绒玩具”，如图 1–1–3 所示。

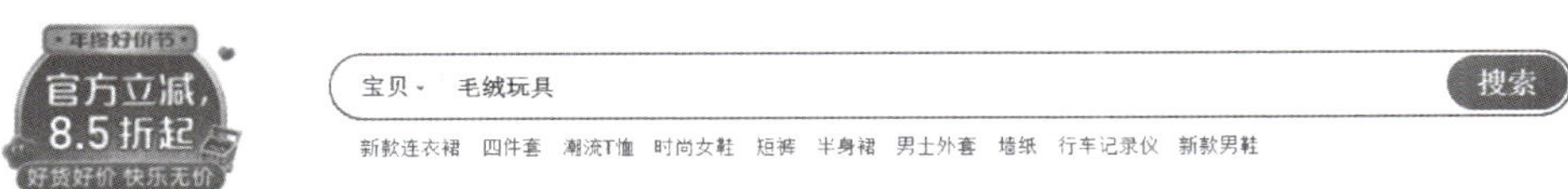

图 1–1–3　搜索商品

步骤二，在下拉框中可以看到关于毛绒玩具的搜索关键词，如毛绒玩具收纳、毛绒玩具睡觉抱枕等，如图 1–1–4 所示。

图 1–1–4　毛绒玩具搜索关键词

步骤三，记录与商品属性相关的关键词并进行整理。

实训 2：注册新浪博客

要求：打开浏览器，注册新浪博客。

具体步骤如下：

步骤一，打开浏览器，搜索“新浪博客”，如图 1–1–5 所示。

图 1-1-5　搜索“新浪博客”

步骤二，点击搜索结果，进入新浪博客官网，如图 1–1–6 所示。点击页面上方的“注册”，如图 1–1–7 所示。

图 1-1-6　点击进入新浪博客官网

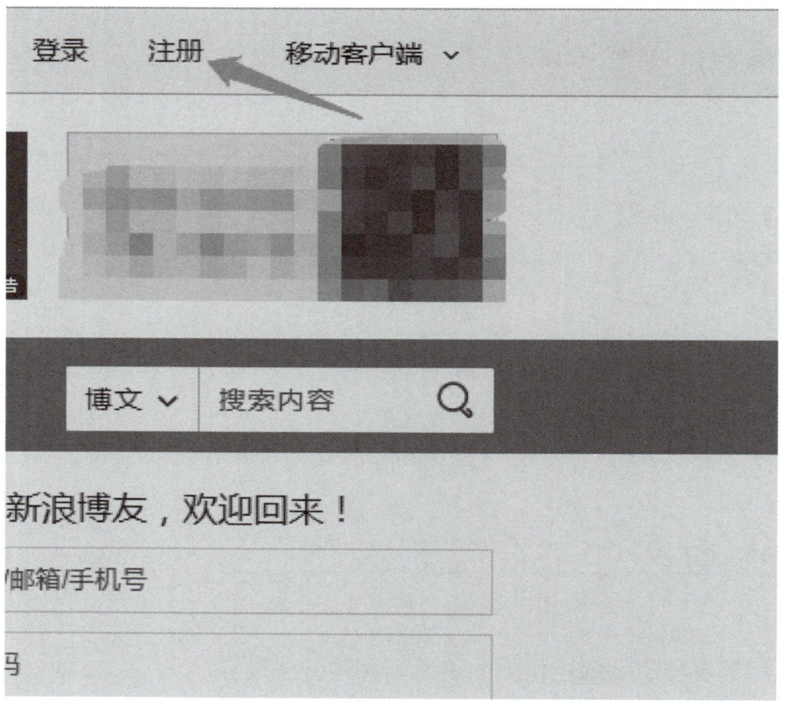

图 1-1-7　点击“注册”

步骤三，在弹出的页面中输入手机号码并设置密码，勾选一个兴趣标签，点击“我要使用注册手机发送短信”，如图 1–1–8 所示。

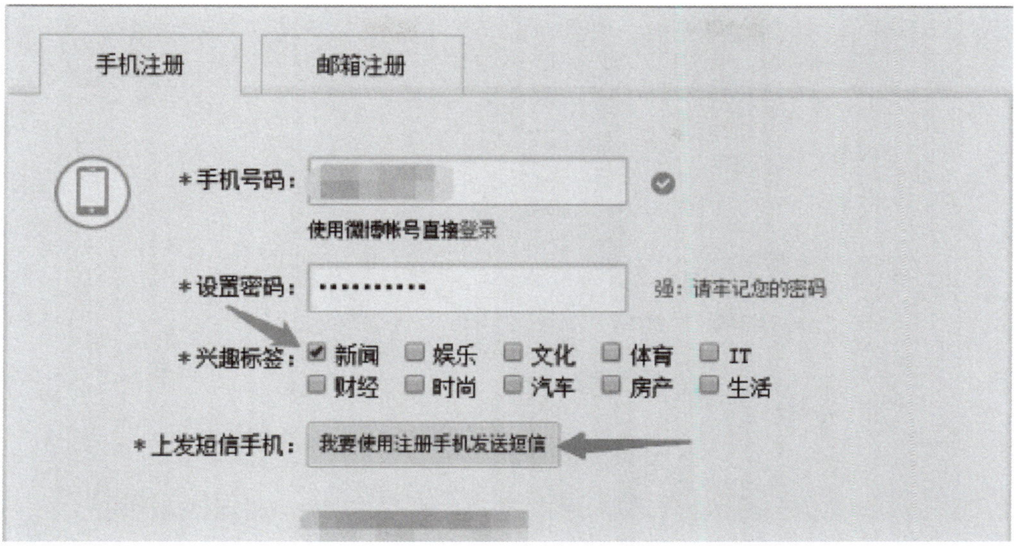

图 1-1-8　注册页面

步骤四，根据页面提示，使用注册手机向指定号码发送指定内容，如图 1-1-9 所示。

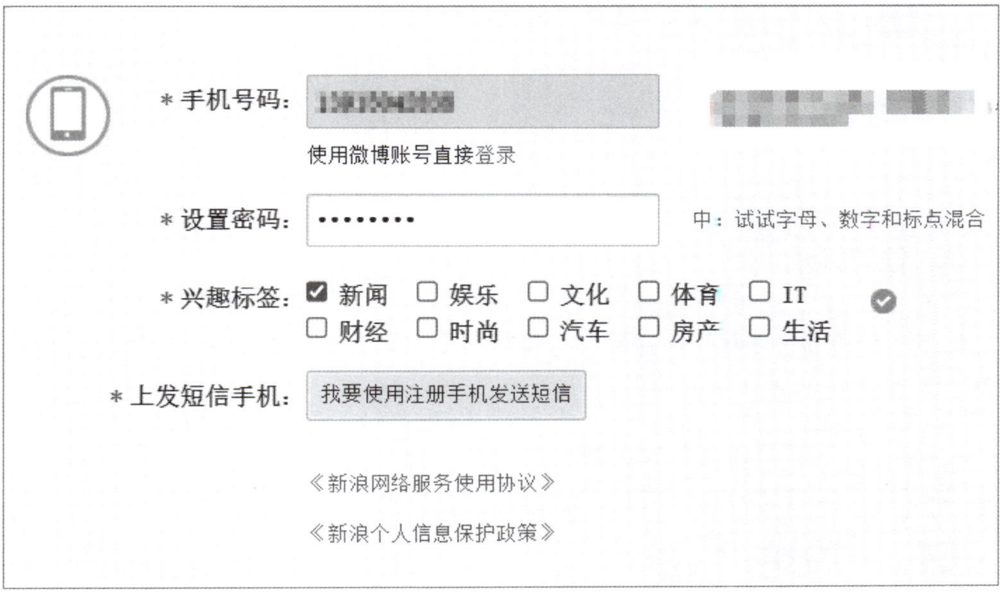

图 1-1-9　发送短信

步骤五，发送完成后，点击“短信已发，立即注册”，即可完成注册，如图 1-1-10 所示。

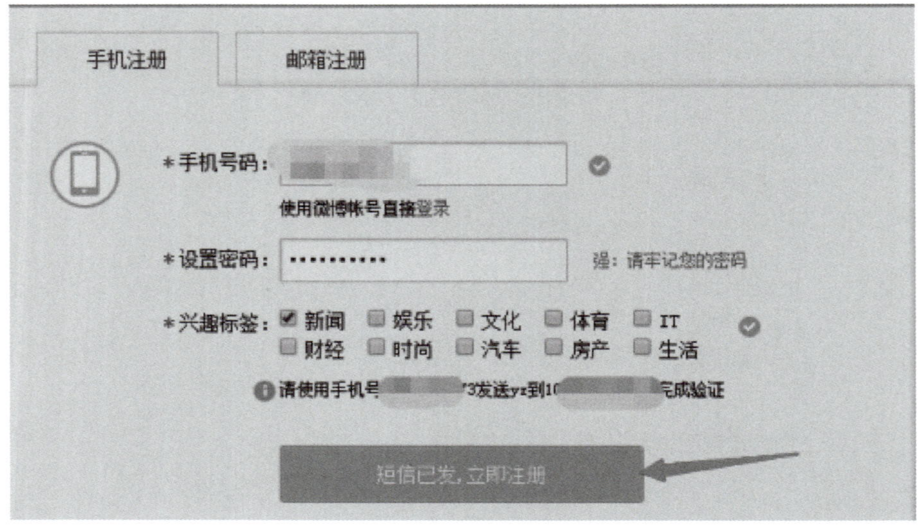

图 1-1-10　完成注册

1. 免费推广和付费推广有哪些区别?
2. 尝试用邮件进行推广。

任务评价

根据本任务的学习情况，按知识、技能两个指标进行自我评价、小组评价和教师评价，填写表 1–1–1。

表 1–1–1　“认识网店推广”学习任务评价表

学习任务评价表					
评价指标	**评价内容**	**配分**	**自我评价**	**小组评价**	**教师评价**
知识	网店推广的概念	15 分			
	网店推广的作用	15 分			
	常用的网店免费推广方式	20 分			
	常用的网店付费推广方式	10 分			

续表

评价指标	评价内容	配分	自我评价	小组评价	教师评价
技能	搜索引擎优化搜索关键词	20 分			
	注册新浪博客	20 分			
合计		100 分			
综合评价					

项目二 淘宝客推广

项目概述

淘宝客推广作为一种独特的按成交付费（CPS 付费）的推广模式，其优势在于低投入成本及广泛的推广渠道。该模式不仅在展示、点击和推广环节完全免费，佣金支付仅在成交后发生，这使得商家能够随时调整佣金比例，实现支出成本的灵活控制。同时，淘宝客推广的触角遍布互联网的各个角落，拥有数百万活跃推广者，他们深入互联网的各个领域，确保了推广的广度和深度。即便是资金有限、实力稍弱的中小型商家，也能通过淘宝客推广这一方式，有效吸引潜在用户，显著提升商品的流量和销量。

通过本项目的学习，可以了解淘宝客推广的基本原理、设置方法和推广技巧，明确淘宝客推广在网店推广中的重要地位。

学习任务 1　认识淘宝客

学习目标

- 知识目标

1. 认识淘宝客的概念
2. 熟悉淘宝客的推广组成及优势

3. 了解淘宝客的推广计划管理
4. 掌握淘宝客的佣金设置知识

● 技能目标

1. 能完成淘宝客卖家账号注册
2. 能创建淘宝商家自主推广通用计划
3. 能创建淘宝商家自主推广营销计划
4. 能创建淘宝商家自主推广定向计划

任务描述

本任务要求学生从淘宝网店的千牛后台中选择淘宝客推广模式，学习淘宝客的基本原理，熟悉淘宝客的基本操作流程。在淘宝客的推广设置中，明确了解通用计划、营销计划、定向计划、自选计划的特点与差异，灵活运用相关计划进行推广设置。

相关知识

一、淘宝客基础知识

1. 淘宝客的概念

淘宝客是一种按成交付费的推广模式，也指通过推广赚取收益的一类人（为便于区分，下文统标为“淘客”）。淘宝客标志见图 2–1–1。

淘客仅需从淘宝客推广专区取得商品代码，随后，任何买家（包括淘客自己）通过淘宝客分享的推广链接、个人网站、博客或社区帖子等渠道进入淘宝卖家店铺并完成购买，即可获得卖家支付的佣金。简而言之，淘客扮演着协助卖家推广商品并获取相应佣金的角色。

实际上，淘宝客的推广渠道多种多样，不仅涵盖各类返利网站，还涉及娱乐资讯、影视音乐、动漫游戏、IT 数码、美食天气、健康母婴、家居房产、快递查询等多个领域的合法站点。此外，手机和平板电脑上的各类应用，也均为淘宝客提供了广阔的推广空间。这些平台和应用共同构成了淘宝客的推广生态，使得商品推广更加便捷高效。

图 2-1-1　淘宝客标志

2. 淘宝客的推广组成

在淘宝客的生态系统中，推广平台、卖家、淘客以及买家是不可或缺的四个角色，它们共同维系着整个体系的运转。

（1）推广平台

作为连接各方的桥梁，推广平台致力于为卖家和淘客提供有效的推广渠道。通过帮助卖家推广商品，推广平台助力商品触达更多潜在买家；同时，它也协助淘客赚取利润，每笔成功的推广交易都会抽取一定比例的服务费用，作为平台运营的支撑。

（2）卖家

作为佣金支出者，卖家将需要推广的商品发布到淘宝联盟，并设定相应的佣金比例。这一策略旨在吸引淘客积极推广其商品，从而扩大商品的销售渠道。

（3）淘客

淘客即佣金赚取者。在淘宝联盟中，淘客们寻找卖家发布的商品，并通过各种渠道进行推广。当买家通过淘客的推广链接完成购买时，淘客便能获得卖家所设定的佣金（其中一部分将作为推广平台的服务费）。

（4）买家

作为推广商品的最终购买者，买家的行为是整个推广链条的终点。只有买家完成购买流程，淘客才能获取相应的推广佣金。这个过程也标志着一次成功的推广交易的完成。

3. 淘宝客的推广优势

淘宝客的推广优势主要体现在以下方面：

（1）推广者众多

全民推广，涉及互联网各个领域。

（2）成本低

超低成本投入，展示、点击全免费，成交才付费。

（3）回报高

相比淘宝其他付费推广模式，成交付费无风险，自主设置佣金，投资回报可控，投入产出比非常高。

4. 淘宝客的注册

（1）淘宝客卖家通用准入条件（各类型用户均须符合）

1）店铺状态正常（店铺可正常访问）。

2）用户状态正常（店铺账户可正常登录使用）。

3）近30天内成交金额大于0。

4）淘宝店铺掌柜信用≥300分（天猫店铺、淘特店铺无此要求）。

5）淘宝店铺近365天内未存在修改商品如类目、品牌、型号、价格等重要属性，使其成为另外一种商品继续出售而被淘宝处罚的记录（天猫店铺无此要求）。

6）店铺账户实际控制人的其他阿里平台账户（以淘宝排查认定为准），未被阿里平台处以特定严重违规行为的处罚，未发生过严重危及交易安全的情形。

7）店铺综合排名良好。店铺综合排名的维度包括但不限于用户类型、店铺主营类目、店铺服务等级、店铺历史违规情况等。

（2）淘宝客卖家注册

登录淘宝账户，点击“我的淘宝→我是卖家→我要推广→营销入口→常用链接→淘宝客推广”，进入后点击“进入我的联盟→个人信息→加入淘宝客”，在页面上确认相关联盟账号服务协议后即可参加推广。

（3）淘宝联盟账号注册

淘宝联盟账号既可以商家使用也可以淘客使用。淘宝联盟账号可以用淘宝账号登录，一共有两种注册方法，一是通过手机号码注册，二是通过电子邮箱注册。

1）注册账号。

①通过手机号码注册步骤如下：

第一步，打开淘宝网，点击左上角“免费注册”。

第二步，输入手机号码验证。

第三步，填写账户信息（会员名和密码）。

第四步，为了方便购物，需设置支付方式（若暂无银行卡，先跳至下一步）。

第五步，注册成功。

②通过电子邮箱注册步骤如下：

第一步，打开淘宝网，点击左上角“免费注册”，选择“通过邮箱注册”。

第二步，通过邮箱验证，填写基本信息。

第三步，注册成功。

2）绑定支付宝。

注册成功后，需要绑定支付宝，步骤如下：

第一步，点击“进入我的联盟”，在“我的联盟”里面，选择“账户设置”中的“支付宝绑定信息”。

第二步，点击右侧的“绑定支付宝”按钮。

第三步，进入支付宝的登录校验页面，正确输入支付宝账户和登录密码，即可绑定成功并重新回到淘宝联盟操作页面。

第四步，登录淘宝联盟账户，点击“进入我的联盟→个人信息→推广途径”，填写信息并提交。

二、淘宝客基础功能

淘宝客的基础功能主要包括推广计划管理、数据分析、账户管理、佣金设置等，能满足多种推广需求，操作简单快捷。

1. 推广计划管理

（1）通用计划

通用计划是默认开通并全店商品参加推广的计划。该计划仅支持设置类目佣金比率，未设置佣金比率的商品，系统默认按照商品所在类目最低佣金比率计算。

（2）营销计划

营销计划是商家在联盟后台进行单品推广的计划。该计划支持推广单品管理、优惠券设置管理、佣金管理、营销库存管理、推广时限管理等商家推广所需的基本功能，并支持查看实时数据及各项数据报表。

商家同时符合以下条件，可开通使用营销计划：

1）店铺状态正常（店铺可正常访问）。

2）用户状态正常（店铺账户可正常使用）。

3）近 30 天内成交金额大于 0。

4）淘宝店铺掌柜信用≥300 分。

5）近一年内未存在修改商品如类目、品牌、型号、价格等重要属性，使其成为另外一种商品继续出售而被淘宝处罚的记录。

6）近 365 天因虚假交易（严重违规虚假交易除外）被淘宝扣分的，累计扣分 <6 分。

7）店铺账户实际控制人的其他阿里平台账户（以淘宝排查认定为准），未被阿里平台处以特定严重违规行为的处罚，未发生过严重危及交易安全的情形。

8）店铺综合排名良好。店铺综合排名的维度包括但不限于用户类型、店铺主营类目、店铺服务等级、店铺历史违规情况等。

（3）定向计划

定向计划主要涵盖直播、短视频等群体推广计划，旨在通过淘宝联盟平台展示具有吸引力的推广内容，从而吸引具备实力的淘客参与。此外，商家可与各大网站协商合作，从而获取更大的流量并助力淘客获得更高的佣金。

在整个定向计划中，商家可根据需要随时修改或暂停某些类目的佣金比率，最高佣金率可设至 90%。但佣金的设置不宜频繁变动，建议在初次确定后保持一段时间的稳定，以避免影响推广效果。同时，为确保淘客的质量，申请参与定向计划后需经过人工审核。

（4）自选计划

自选计划是淘宝店铺中设置为公开自动审核定向计划的升级计划，该计划是为商家管理淘客而量身定制的。在进行淘宝联盟推广的时候会有不少的推广效果数据，商家可以依据自选计划所提供的数据来选择自己想要与之合作的淘宝联盟，并对其进行分析。

2. 数据分析

数据分析界面如图 2-1-2 所示，现已全面升级，对原有报表进行了归类，并新增了“推广概览”版块，具体包括以下内容。

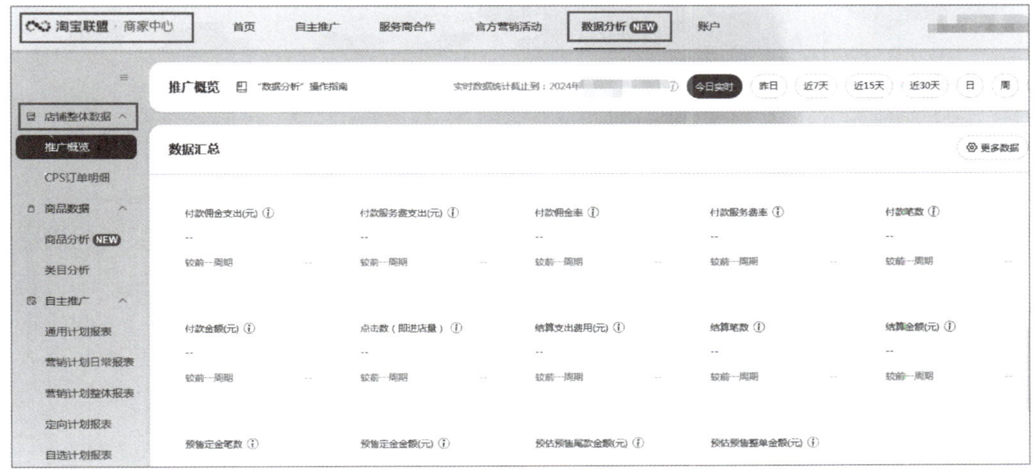

图 2-1-2　数据分析界面

（1）时间选择器

推广概览的时间选择支持 13 个月的数据查询，单次支持 90 天数据查询。

（2）数据汇总

1）数据汇总展示全店在联盟推广的汇总数据，默认展示今日实时数据，如图 2–1–3 所示。如需查看更多数据指标，可点击“更多数据”，选择数据指标。

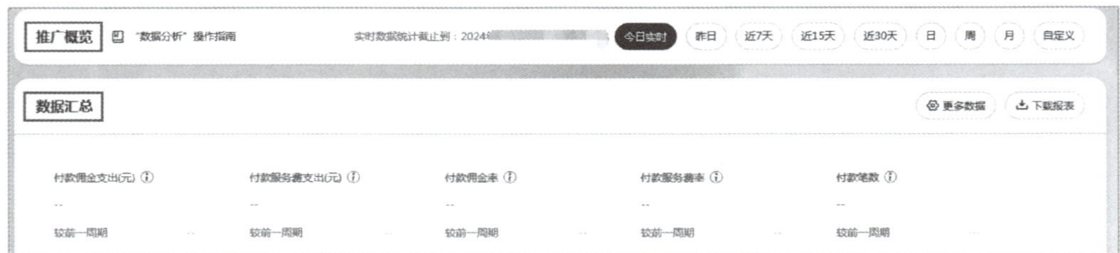

图 2–1–3 数据汇总界面

2）除“今日实时”以外，选择其他时间段的数据，各数据指标均展示较前一周期的波动，鼠标放置在“较前一周期”文字上，即可展示前一周期的具体时间段。

（3）数据分布

在“数据分布”模块，选择某个关键指标（默认付款金额，可点击“切换指标”按钮，切换数据指标），在线分析各维度的推广效果，帮助卖家根据关键数据快速做出决策，如图 2–1–4 所示。切换指标以后，可以看到该指标拆分至自主推广、服务商合作、官方营销活动中的具体数值及占比。

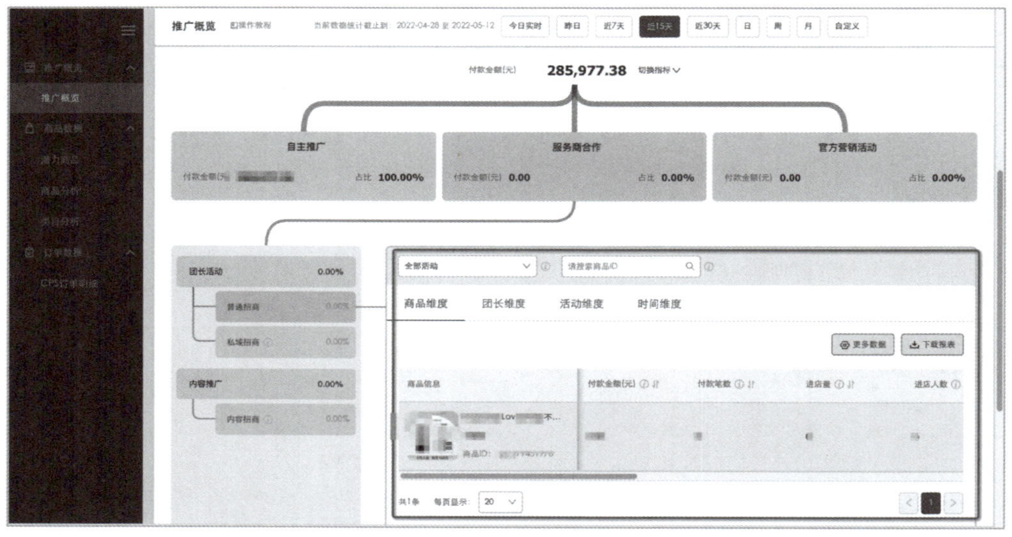

图 2–1–4 数据分布界面

（4）商品分析

商品分析界面支持数据下载功能，如图 2–1–5 所示。

图 2-1-5　商品分析界面

3. 账户管理

账户管理包括 CPS 账户明细和发票中心，界面分别如图 2-1-6、图 2-1-7 所示。

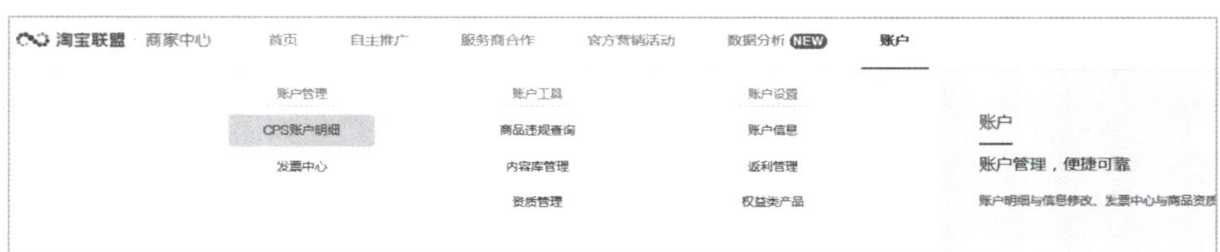

图 2-1-6　账户选择界面

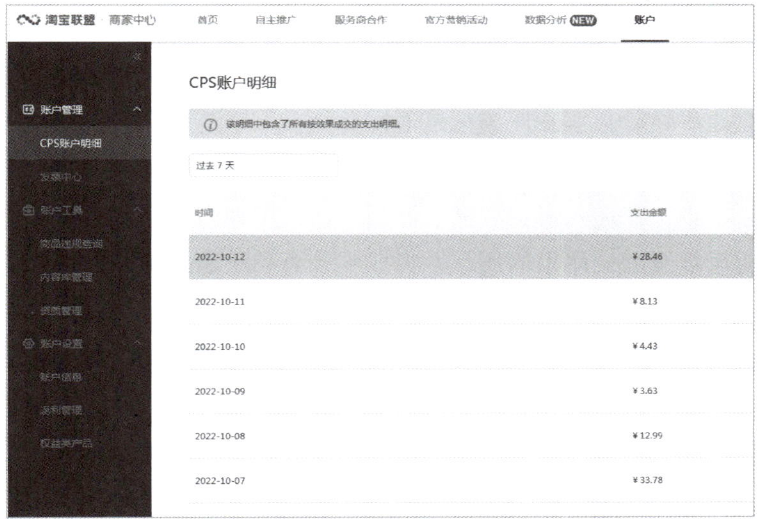

图 2-1-7　账户明细界面

4. 佣金设置

（1）佣金及佣金比率

佣金就是淘客为卖家推广商品获得的酬劳，以（商品的实际售价 – 邮费）× 佣金比率为准。淘宝客推广前期可建立高佣金计划，以吸引淘客的加入，佣金的设置要依据商品的自身利润而定。

佣金比率是指卖家愿意为推广商品而付出的商品单价的百分率，即佣金比率 = 佣金收入 / 金额或成交金额。设置好后，卖家可随时在佣金范围内调整主推商品的佣金比率，设置好后第二日生效。

（2）个性化佣金比率

个性化佣金比率是指卖家加入淘宝客推广计划后，可以在自己的店铺中最多挑选 30 件商品作为推广展示商品，并按照各个商品自身的利润情况及推广力度设置不同的佣金比率。

（3）淘宝客佣金结算规则

首先，卖家针对特殊推广计划所设定的佣金比率具有优先权，它将优先于通用计划的佣金比率。这意味着当商品通过特殊推广计划成交时，将按照卖家特别设定的佣金比率进行结算。

其次，若同一商品同时参与了多个特殊推广计划，且卖家为不同计划设定了不同的佣金比率，那么佣金的结算将遵循以下规则：

● 若买家通过营销计划或活动计划的推广链接直接进入并购买了该商品，那么将按照该商品在营销计划或活动计划中设定的佣金比率进行结算。

● 若买家并非通过活动推广链接进入而购买了店铺的商品，那么佣金的结算将按照以下优先级进行：第一优先级是定向计划，即若商品参与了定向推广计划，将首先按照该计划的佣金比率结算；第二优先级是自选计划，若定向计划不适用，则按照自选计划的佣金比率结算；第三优先级是通用计划，即若前两个计划均不适用，则按照通用计划的佣金比率进行结算。

简而言之，卖家在加入淘宝客推广计划后，其店铺内的所有商品都将参与促销活动。对于未明确设置佣金比率的商品，将按照该商品所属类别下设定的佣金比率进行结算。若该类别也未设置佣金，那么将默认按照该类别的最低佣金比率进行结算。这样的逻辑确保了佣金结算的公平与透明，同时也为卖家提供了灵活调整佣金比率的空间。

佣金结算日期即佣金支付给淘客的时间。目前，淘宝客支持佣金日结和月结两种结算方式。

1）佣金日结结算时间说明：

①一般情况下，日结佣金在第 20 天一次性结算。例如，3 月 1 日确认收货且结算订单的佣金，在 3 月 20 日结算全款，并支持提现。

②日结当天为休息日或法定节假日时，仍正常结算。

③不支持日结的订单包含老系统部分已创建的存量订单，随结算系统升级逐步纳入覆盖范围中，以淘宝客推广软件系统展示为准。

2）佣金月结结算时间说明：

①一般情况下，每月 20 日结算上个自然月的佣金。

②月结时如当月 20 日为休息日或法定节假日，将改为当月 20 日之前最近的工作日结算上个自然月的佣金。

（4）服务费规则

淘客推广成功后，淘宝客将根据每笔交易的佣金比率，从淘客得到的佣金中收取一定比例的费用作为平台使用服务费。

当 1.5% ≤商品佣金比率≤ 5% 时，淘宝客服务费为交易额的 0.5%，当商品的佣金比率 >5% 时，淘宝客服务费为佣金的 10%。

实训 1：淘宝客卖家账户开通

要求：打开淘宝网店，完成淘宝客卖家账户开通。

具体步骤如下：

步骤一，进入淘宝网店，点击“千牛卖家工作台→推广→淘宝联盟”，开通界面如图 2–1–8 所示。

步骤二，点击“设置通用计划佣金率”中的“修改设置”，对类目的通用佣金率进行设置，如图 2–1–9 所示。

步骤三，进入支付宝代扣协议界面，阅读协议后填入需要绑定的支付宝账户及支付密码，点击“同意协议并提交”，如图 2–1–10 所示。

步骤四，点击“立即开通”，即可完成淘宝客卖家账户开通，如图 2–1–11 所示。

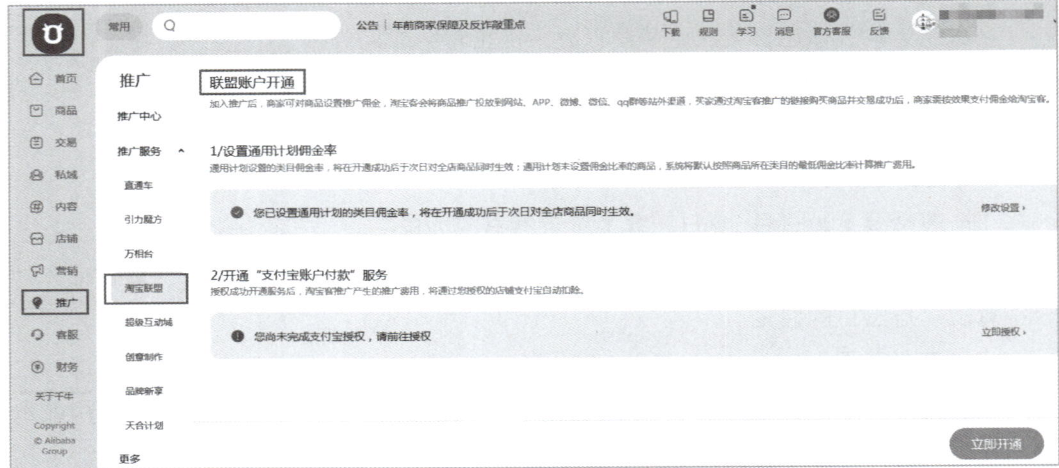

图 2-1-8　淘宝客卖家账户开通界面

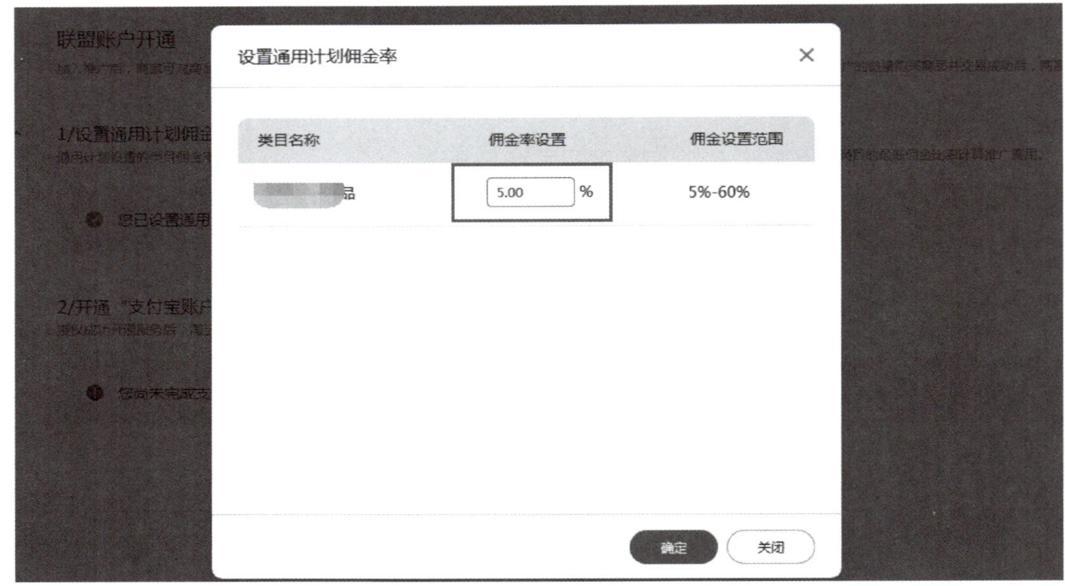

图 2-1-9　设置通用计划佣金率

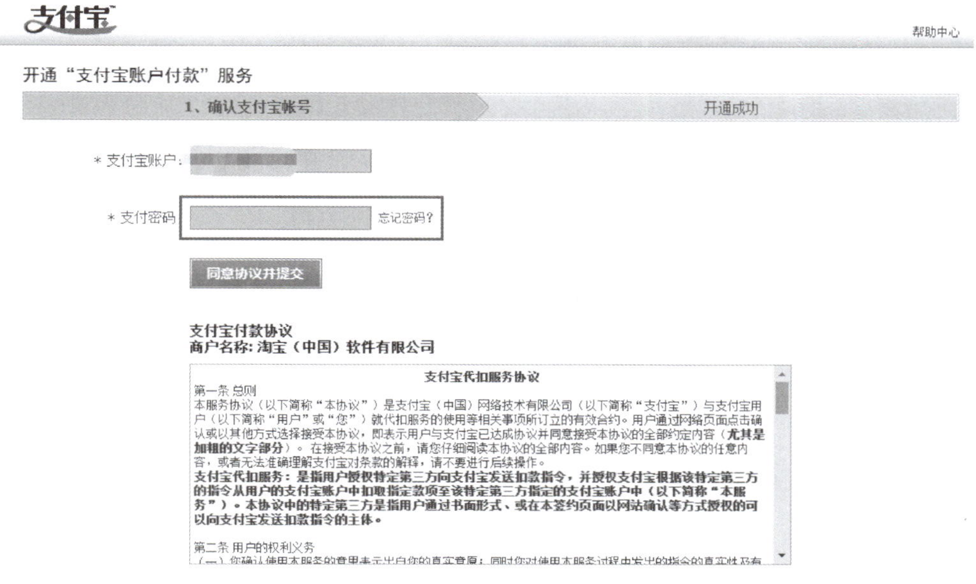

图 2-1-10　绑定支付宝

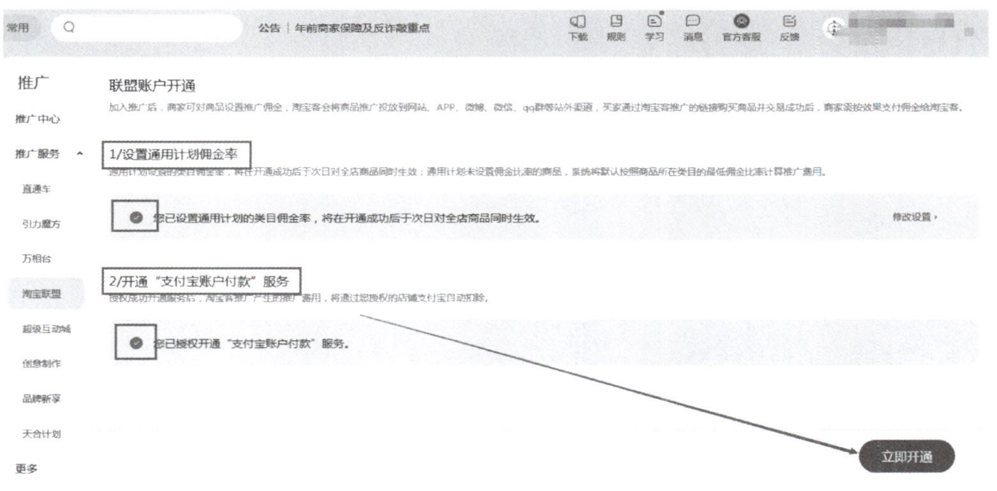

图 2-1-11　完成账户开通

实训 2：淘宝客通用计划的设置

要求：打开淘宝网店，设置佣金比率为 1.5%，完成淘宝客通用计划设置。

具体步骤如下：

步骤一，点击“联盟后台→计划管理→通用计划”，进入通用计划界面，如图 2-1-12 所示。

步骤二，设置佣金类目及佣金比率，进行全店商品快捷推广。

图 2–1–12　通用计划界面

步骤三，添加主推商品及推广策略。

步骤四，设置完成，等待生效。

实训 3：淘宝客营销计划的设置

要求：打开淘宝网店，任选两件商品，设置佣金比率为 1.5%，完成淘宝客营销计划设置。

具体步骤如下：

步骤一，点击“联盟后台→自主推广→营销计划”，进入营销计划界面，如图 2–1–13 所示。

步骤二，选择营销推广类型。

步骤三，添加主推商品，如图 2–1–14、图 2–1–15 所示。

步骤四，为主推商品设置推广策略，包括推广时间、佣金比率、优惠力度等，如图 2–1–16 所示。

步骤五，设置完成后，等待生效。已设置好的商品日常推广策略，在“未开始”“推广中”状态下，均可修改推广策略，当日修改，次日生效。若日常推广策略少于 3 条，还可以继续添加策略，如图 2–1–17 所示。

图 2–1–13　营销计划界面

图 2-1-14 添加主推商品入口

图 2-1-15 添加主推商品界面

图 2-1-16 推广设置界面

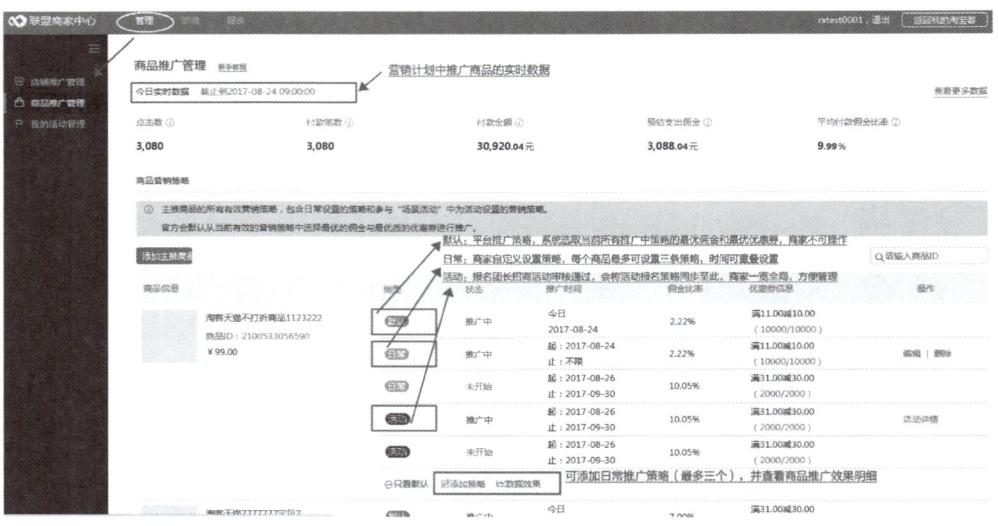

图 2-1-17　商品推广管理界面

步骤六，查看商品推广数据。默认可查看所有商品今日实时数据，点击右侧“查看更多数据”可查看更多数据，如图 2–1–18 所示。也可点击“数据效果”查看单件商品今日实时推广效果，如图 2–1–19 所示。

图 2-1-18　今日实时数据界面

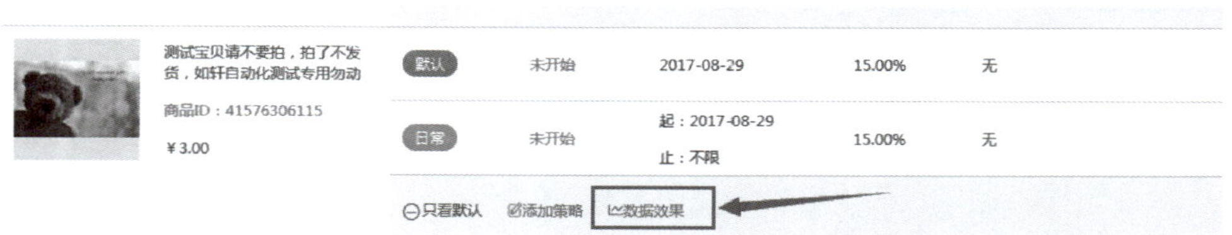

图 2-1-19　今日实时推广效果界面

步骤七，查看数据效果报表，包括商品推广报表、活动推广报表、平台推广报表等，如图 2–1–20 所示。

实训 4：定向计划的创建

要求：打开淘宝网店，任选两件商品，设置佣金比率为 1.5%，完成淘宝客定向

图 2-1-20　数据效果报表界面

计划的创建。

具体步骤如下：

步骤一，点击“联盟后台→自主推广→定向计划”，进入定向计划界面，如图 2-1-21 所示。

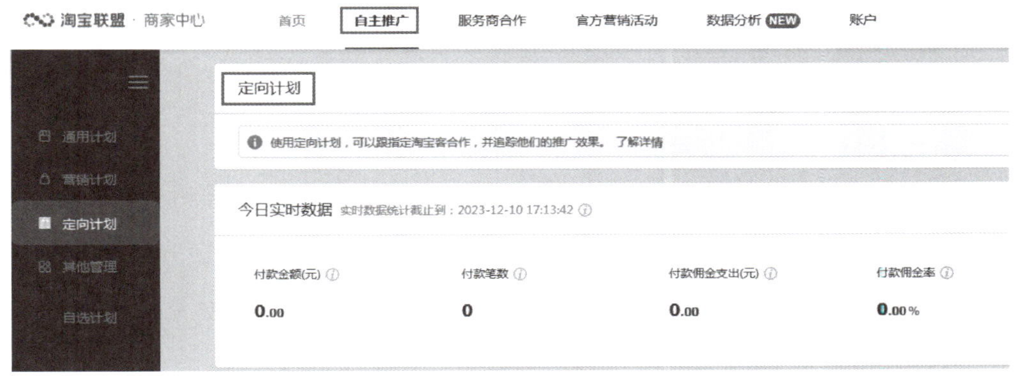

图 2-1-21　定向计划界面

步骤二，在定向计划界面中点击“新建计划”，如图 2-1-22 所示，新建定向计划。

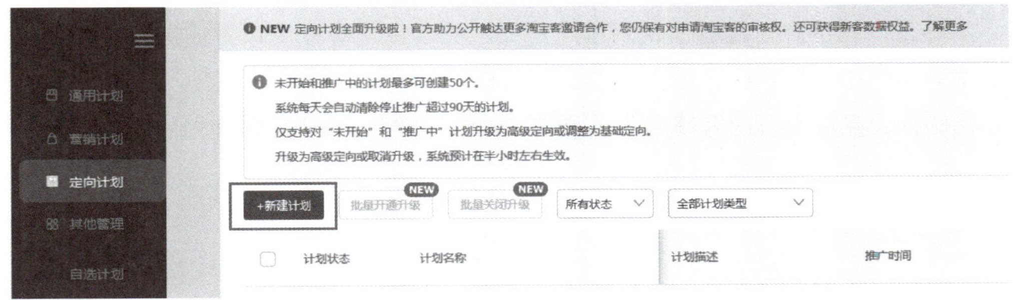

图 2-1-22　点击“新建计划”

步骤三，在新建定向计划界面填写计划名称、计划描述等基本信息，如图 2-1-23 所示。

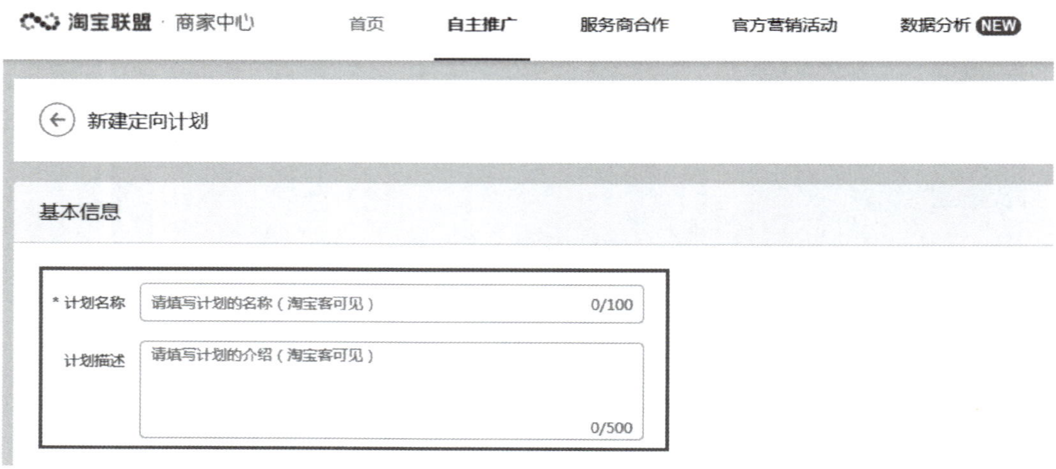

图 2-1-23　新建定向计划界面

步骤四，在“计划类型”界面中的定向类型项下，可选择“高级定向计划”或“基础定向计划”，如图 2-1-24 所示。

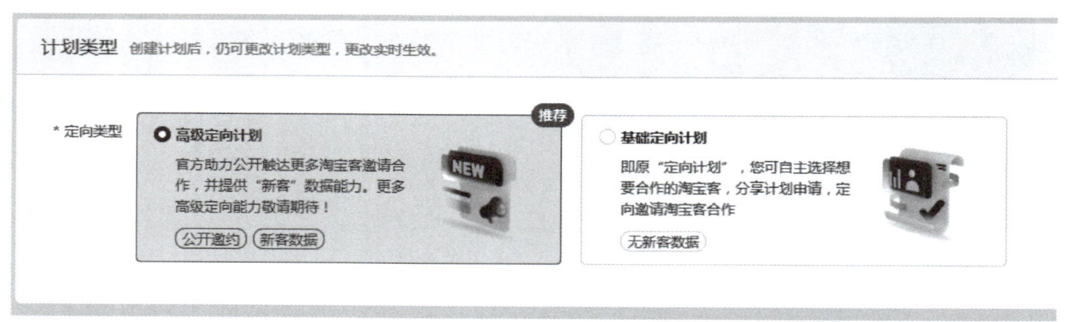

图 2-1-24　计划类型界面

步骤五，在推广设置界面填写推广日期、类目佣金等推广设置信息，也可在“设置主推商品”中选择商品，进行主推商品设置，如图 2-1-25 所示。

步骤六，完成设置内容填写后，点击“确认创建”，完成定向计划的创建。

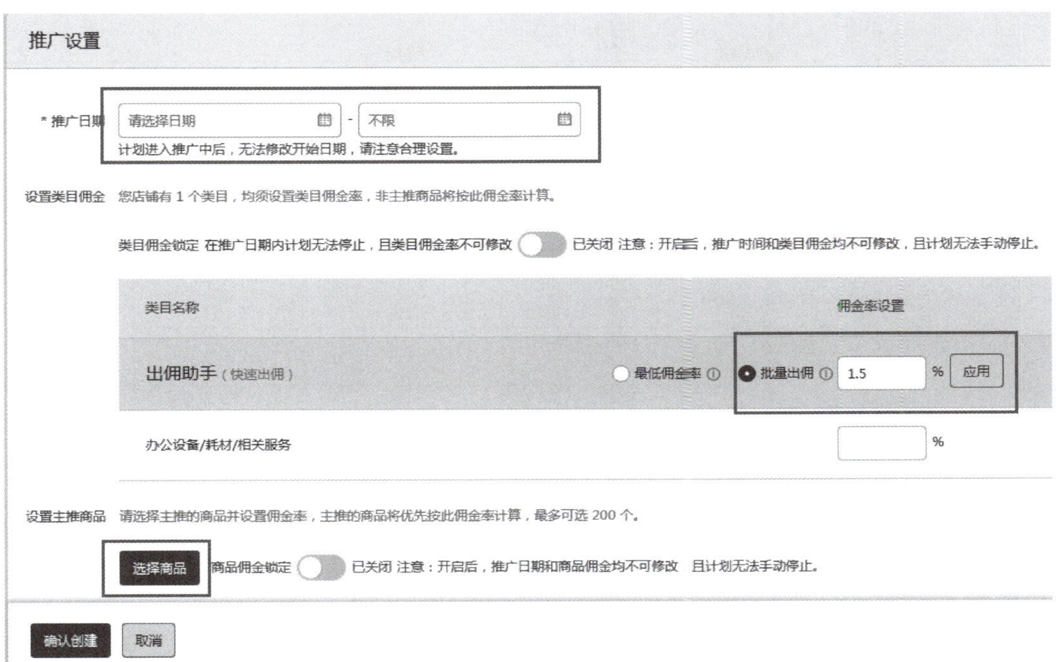

图 2-1-25　推广设置界面

思考与练习

1. 淘宝客的推广优势有哪些?
2. 尝试完成淘宝客的通用计划设置。

任务评价

根据本任务的学习情况，按知识、技能两个指标进行自我评价、小组评价和教师评价，填写表 2-1-1。

表 2-1-1 “认识淘宝客”学习任务评价表

学习任务评价表					
评价指标	评价内容	配分	自我评价	小组评价	教师评价
知识	淘宝客的概念	10 分			
	淘宝客的推广组成	10 分			
	淘宝客的推广优势	10 分			
	淘宝客商家准入条件	10 分			
	淘宝客的推广计划管理	10 分			
	淘宝客的佣金设置	10 分			
技能	淘宝客卖家账号注册	10 分			
	创建淘宝客通用计划	10 分			
	创建淘宝客营销计划	10 分			
	创建淘宝客定向计划	10 分			
合计		100 分			
综合评价					

学习任务 2　淘宝客推广设置

学习目标

知识目标

1. 熟悉淘宝联盟“我要推广”功能模块
2. 熟悉淘宝联盟“活动中心”功能模块
3. 了解淘宝联盟“我的工具”功能模块
4. 掌握淘宝联盟“推广管理”功能模块

技能目标

1. 能完成淘宝联盟注册
2. 能完成淘宝联盟收藏夹管理
3. 能完成频道推广页转换

4. 能完成福利页面创建
5. 能完成推广计划创建
6. 能完成他方平台媒体备案

任务描述

本任务要求学生进入淘宝联盟，完成淘宝联盟注册，成为独立淘客，在淘宝联盟中进行淘宝客的推广设置，包括熟悉淘宝联盟的“我要推广”“活动中心”“我的工具”“推广管理”等各功能模块，掌握各功能模块的使用方法等。

相关知识

一、淘宝联盟中的“我要推广”功能模块

淘宝联盟中的“我要推广”功能模块是一个核心功能模块，允许用户选品以及设置推广计划。

1. 选品中心

选品中心位于淘宝联盟“我要推广”功能模块。在选品中心，商家可以筛选自己感兴趣的商品，查看商品详情、佣金比例等信息，并选择与自己店铺相关的商品进行推广。选品中心包括选品广场、官方榜单、小二推荐、收藏夹和好价线报等版块。

（1）选品广场

淘宝联盟的选品广场是一个集合了众多商家和商品的选品平台，旨在为淘客提供更多、更优质的商品推广资源。在选品广场中，淘客可以筛选自己感兴趣的商品，查看商品详情、佣金比例等信息。图 2-2-1 所示为淘宝联盟的选品广场界面。

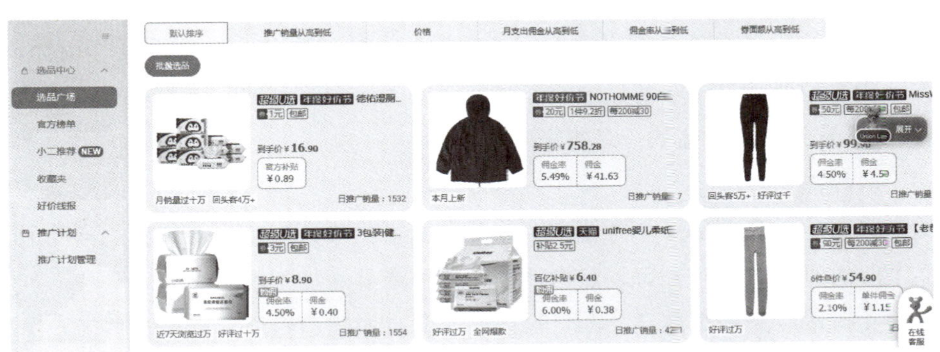

图 2-2-1 淘宝联盟的选品广场界面

在选品广场中，可以根据商品类目、品牌、价格、销量等条件进行筛选和搜索，以便快速找到自己想要的商品。同时，还可以在广场中查看其他淘客选择的热销商品和佣金比例，了解哪些商品更受欢迎和拥有更高的佣金收益。

（2）官方榜单

淘宝联盟的官方榜单是淘宝联盟官方根据商品的销售数据、品质、买家评价等多个因素评选出的优秀商品。这些商品在淘宝平台上拥有较高的销售量、好评度和口碑，具有一定的市场认可度和影响力。图 2-2-2 所示为淘宝联盟的官方榜单界面。

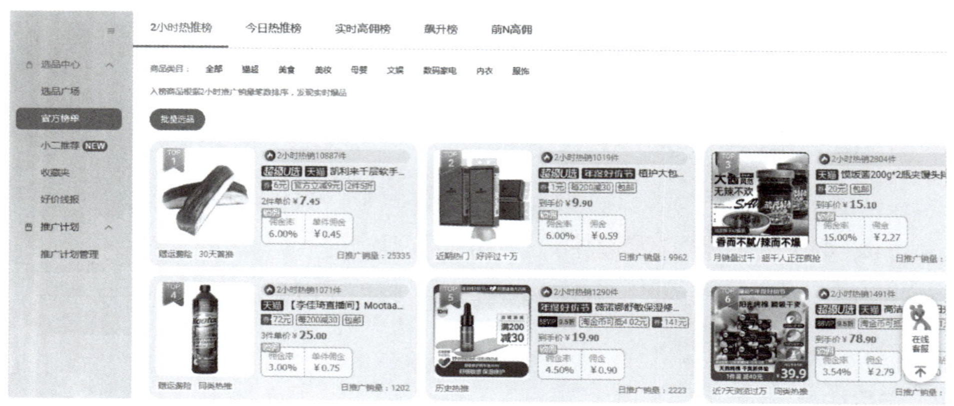

图 2-2-2　淘宝联盟的官方榜单界面

官方榜单包括 2 小时热推榜、今日热推榜、实时高佣榜、飙升榜和前 N 高佣榜等，淘客可以看到官方评选出的优秀商品，包括商品图片、名称、价格、佣金比例等信息。淘客也可以根据自己的需求和喜好，选择单品进行推广，还可以进行批量选品操作。

官方榜单的商品通常是经过淘宝联盟官方筛选和审核的，具有一定的品质保障和认可度。同时，官方榜单的商品往往拥有较高的销售量和好评度，能够吸引更多的潜在用户关注和购买，提高淘客的推广效果和收益。

（3）小二推荐

淘宝联盟的小二推荐是淘宝联盟官方根据商品的热度和买家好评度等指标，向淘客推荐一些热销商品。这些商品通常是当前市场上最受欢迎的，质量和口碑都有保障。图 2-2-3 所示为淘宝联盟的小二推荐界面。

（4）收藏夹

淘宝联盟的收藏夹是一个方便淘客收藏自己喜欢或认为有推广价值的商品的工具。在选品中心内浏览商品时，可以点击“收藏”将商品添加到收藏夹内。

收藏夹可以收藏多个商品，并且可以在收藏夹内随时查看和筛选这些商品。同时，收藏夹还支持新建收藏夹功能，方便淘客按照自己的需要对商品进行分类管理。

图 2-2-3　淘宝联盟的小二推荐界面

（5）好价线报

淘宝联盟的好价线报是淘宝联盟官方根据商品的价格变化和促销活动等信息，向淘客推荐一些具有高性价比的商品。这些商品通常具有较低的价格和较好的品质，能够吸引更多的用户关注和购买。图 2-2-4 所示为淘宝联盟的好价线报界面。

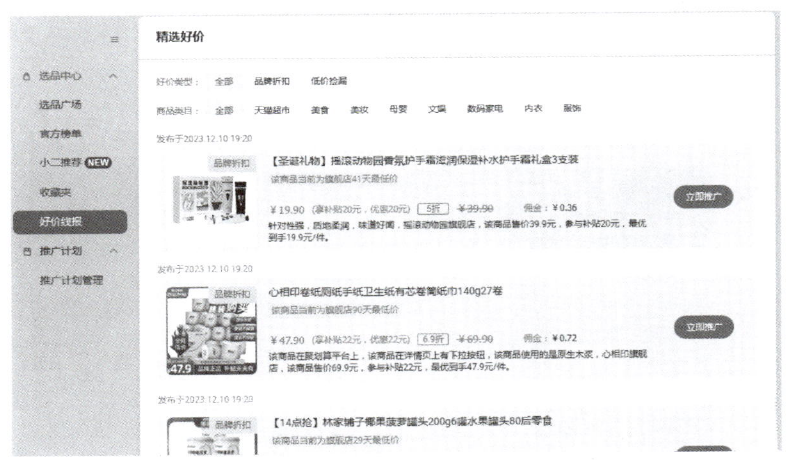

图 2-2-4　淘宝联盟的好价线报界面

2. 推广计划

（1）定向计划

淘宝联盟定向计划是针对某个特殊渠道或特定商品的推广计划。这些计划需要淘客主动申请，只有申请通过后才能享受定向计划的佣金。

（2）自选计划

自选计划是由淘宝联盟为商家提供的一种推广计划，它能够提供淘客推广效果数据、评估淘客推广能力，商家可以参照自选计划所提供的数据来选择自己想要合作的淘客，还能够对其进行总结。

二、淘宝联盟中的“活动中心”功能模块

淘宝联盟中的“活动中心”功能模块是淘宝联盟官方为淘客提供的一个推广活动平台，旨在帮助淘客获取更多的推广资源和收益。在活动中心，淘客可以参与各种类型的推广活动，如限时推广、拼团推广、优惠券推广等，以获取更多的佣金和奖励。

1. 官方推荐

（1）奖励活动

淘宝联盟的奖励活动是淘宝联盟官方推出的一项针对淘客的奖励活动，旨在鼓励淘客积极推广淘宝联盟的商品，提高推广效果和收益。图 2-2-5 所示为淘宝联盟的奖励活动界面。

图 2-2-5 淘宝联盟的奖励活动界面

参与奖励活动的淘客可以在活动期间通过推广淘宝联盟的商品，达到一定的有效订单金额或有效订单数量后，从而获得相应的奖励。奖励包括额外的佣金、优惠券、积分等，以激励淘客更积极地参与推广活动。

此外，淘宝联盟官方还会根据不同的情况和节日推出不同类型的奖励活动，如双 11 大促、618 大促等。这些活动通常会提供更高的佣金比例和奖励，以吸引更多的淘客参与推广。

需要注意的是，参与淘宝联盟官方推荐的奖励活动需要符合一定的条件，如需要先完成实名认证、注册淘宝联盟账号等。同时，奖励活动的具体规则和奖励内容也会根据活动的不同而有所区别，需要仔细阅读活动规则和条款，以便更好地参与和获得奖励。

（2）红包会场

淘宝联盟的红包会场也是淘宝联盟官方推出的一项针对淘客的奖励活动。图 2–2–6 所示为淘宝联盟的红包会场界面。

图 2–2–6　淘宝联盟的红包会场界面

在红包会场中，淘客可以通过完成指定的任务或者参与指定的活动，获得相应的红包奖励。红包奖励通常包括现金红包、商品红包、优惠券等，以激励淘客更积极地参与推广活动。

红包会场所用的推广素材可以在淘宝联盟的红包会场界面下载，如图 2–2–7 所示。

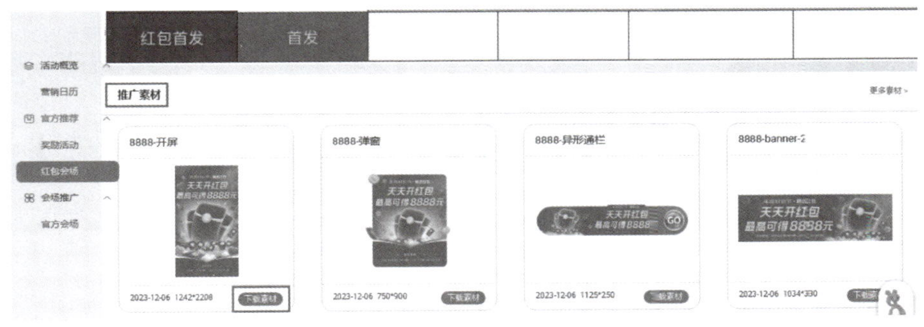

图 2–2–7　下载推广素材

2. 会场推广

淘宝联盟的活动中心可以进行会场推广，官方会场包括淘宝 / 天猫会场、本地化会场、爱淘宝会场三个版块，如图 2–2–8 所示。

（1）淘宝 / 天猫会场

淘宝 / 天猫会场包含各种淘宝、天猫的官方活动，如图 2–2–9 所示。淘客可以选择各种活动进行推广。

图 2-2-8　官方会场

图 2-2-9　淘宝 / 天猫会场

（2）本地化会场

本地化会场是指淘宝联盟官方为满足不同地区用户需求而推出的本地化会场活动。这些本地化会场活动通常由当地的企业或商家提供资源，与淘客进行合作，以推广当地特色商品或服务，如图 2-2-10 所示。淘客可以选择自己喜欢的活动进行推广。

（3）爱淘宝会场

爱淘宝会场有爱淘宝无线综合推广页、爱淘宝 PC 综合推广页、爱淘宝无线综合搜索、爱淘宝 PC 综合搜索等活动，如图 2-2-11 所示。

图 2-2-10　本地化会场

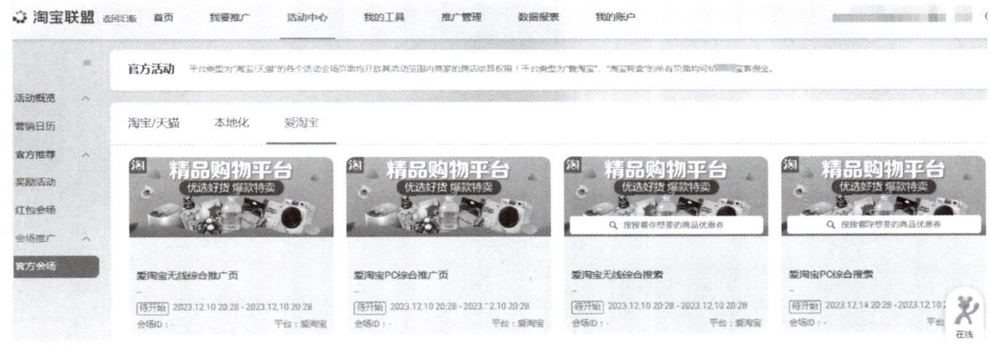

图 2-2-11　爱淘宝会场

三、淘宝联盟中的“我的工具”功能模块

淘宝联盟中的“我的工具”功能模块具体包括链接工具和推广工具。

1. 链接工具

淘宝联盟链接工具是一种可以生成推广链接的工具，包括万能链接、频道推广页转换、批量转链等。

（1）万能链接

万能链接是一种可以推广多种商品的链接工具，通过该链接，淘客可以推广多种商品并获得佣金收益。图 2-2-12 所示为万能链接界面。

要使用淘宝联盟的万能链接，需要在淘宝联盟平台上选择需要推广的商品，在淘宝联盟链接工具中选择“链接转换”，输入商品的原始链接，点击“生成转换链接”即可生成对应的推广链接。这个链接就是万能链接，可以用于多个渠道进行推广，如社

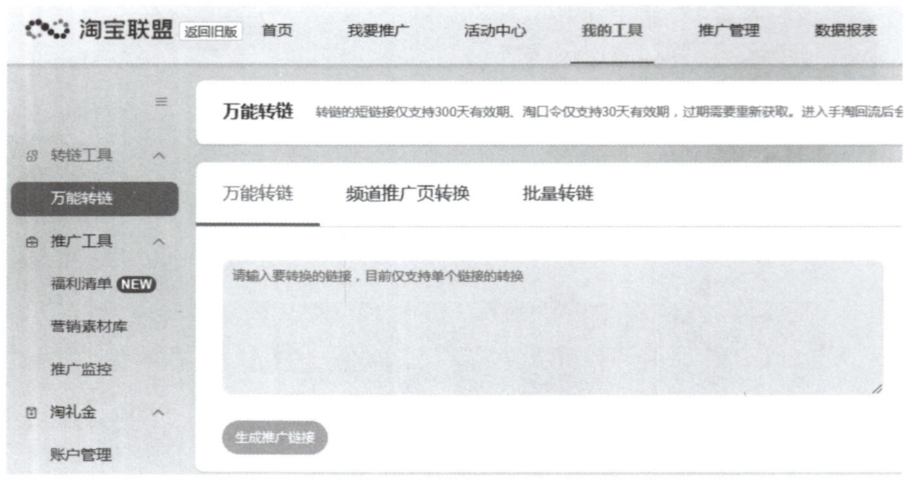

图 2-2-12　万能链接界面

交媒体、微信群、朋友圈等，支持的内容类型有商品、店铺、会场，支持的链接格式有淘口令、官方短链、原链接。

（2）频道推广页转换

频道推广页转换支持转换的页面包含飞猪、阿里云页面和推荐榜单页面。

（3）批量转链

批量转链支持淘宝联盟中绝大部分有佣金的链接进行转链。支持的链接格式有原链接、官方长链、官方短链、领券链接。多个需转链链接需用换行隔开。图 2-2-13 所示为批量转链界面。

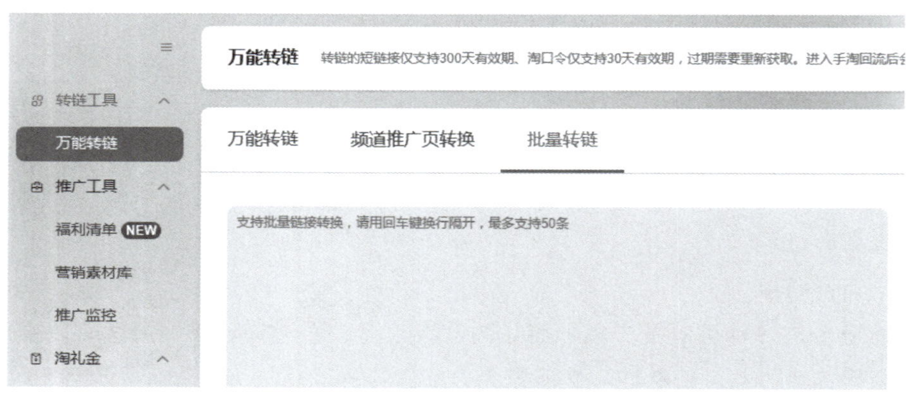

图 2-2-13　批量转链界面

单次批量转链最高支持 50 个链接，当日最多成功转链 10 次，转链后链接将通过 Excel 形式导出。

2. 推广工具

（1）福利清单

使用淘宝联盟福利清单进行推广可以获得更多的佣金收益。图 2–2–14 所示为福利清单界面。

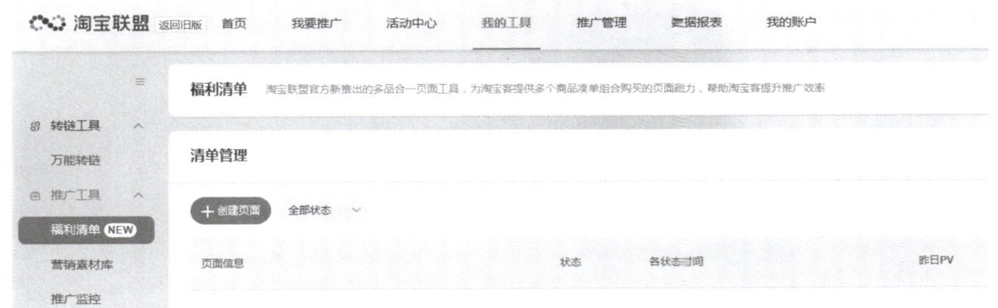

图 2–2–14　福利清单界面

（2）营销素材库

淘宝联盟营销素材库是淘宝联盟官方提供的一个营销素材共享平台，旨在为淘客提供更多的营销素材和创意，提高推广效果和收益。

营销素材库中包含了活动素材、主题素材、场景素材等，图 2–2–15 所示为营销素材库首页。营销素材库所提供的素材都是由淘宝联盟官方精心挑选和制作的，质量较高，可以直接用于推广。

图 2–2–15　营销素材库首页

（3）推广监控

在淘宝联盟的推广监控版块可以新建推广计划、推广单元，图 2–2–16 所示为推广监控界面。

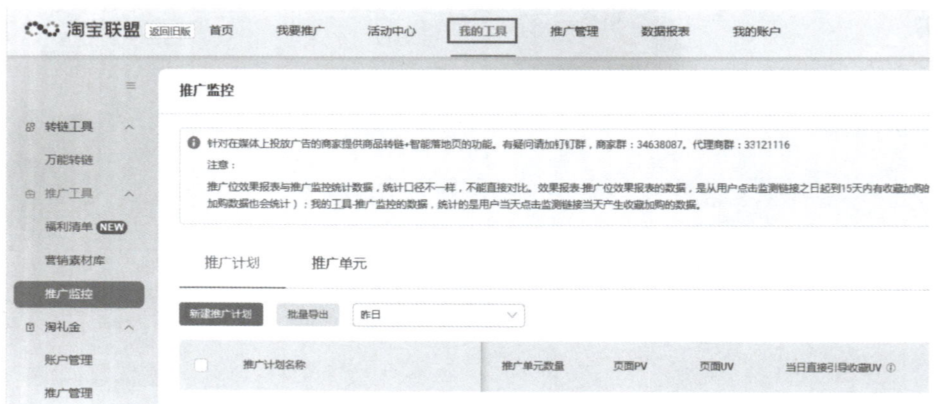

图 2–2–16　推广监控界面

在推广监控界面可以实时查看推广计划的“推广单元数量”“页面 PV”“页面 UV”“当日直接引导收藏 UV”“当日直接引导加购 UV”“综合成交笔数”“综合成交金额”“直接成交订单笔数”“直接成交订单金额”“间接成交订单笔数”“间接成交订单金额”等数据指标（PV 表示浏览量，UV 表示访客数），对推广计划进行监控。

四、淘宝联盟中的“推广管理”功能模块

1. 媒体备案管理

淘客若推广淘系商品、活动或频道等，需明确在哪个平台或阵地发布推广链接。针对每个推广阵地，需要进行媒体备案操作，并生成相应的推广位。当在特定阵地开展推广活动时，应选择与之匹配的、已备案的推广位。淘宝联盟将根据所选的推广位提供精确的推广数据，这有助于清晰地统计和分析每个推广位所产生的推广效果。

如图 2–2–17 所示，媒体备案管理界面提供了便捷的备案与推广位管理功能，能够轻松管理并优化推广活动。

具体说明如下：

（1）媒体备案

为了有效投放商品、活动或频道的推广链接，需要在计划推广的阵地进行真实备案。例如，若打算在某款移动应用内部推广商品，那么需要提交该移动应用的详细信息以进行备案。备案信息经过严格审核并通过后，系统将为该移动应用生成一个独一无二的识别码，即“媒体 ID（身份标识号）”。这个媒体 ID 将作为淘客在该移动应用

图 2-2-17　媒体备案管理界面

上进行推广活动的身份标识，确保推广活动的精准跟踪和效果统计。通过这一流程，淘客可以确保推广活动的合规性，同时优化推广效果，实现更好的营销目标。

（2）生成推广位

在成功进行媒体备案后，可以在对应的媒体下创建多个推广位。每个推广位都会生成一个独特的 pid（进程标识符），这个 pid 不仅是区分媒体备案内不同资源位的标识符，也是淘宝客推广识别、跟踪和结算的关键依据。通过 pid，淘客可以清晰地查看每个推广位的具体数据，从而更好地了解推广效果。

举例来说，如果备案了某款移动应用，并获得了媒体 ID 为 123，同时在该移动应用内创建了特定频道位置的推广位 pid。打算在该移动应用的该频道投放商品时，只需在取链时选择对应的 pid，就可以在后续的报表中查看该频道的转化效果，从而优化推广策略。

再如，如果备案了某个微信账号，并获得了媒体 ID 为 123，同时计划在该微信账号下的多个微信群内进行推广。这时，可以为每个微信群创建一个独特的推广位。当在对应的微信群推广商品时，使用相应的 pid，就可以在报表中清晰地查看该微信群的转化效果，为推广提供有力的数据支持。

2. 推广阵地类型

推广阵地分为自有平台、他方平台、无自有阵地三大类。

（1）自有平台

如果淘客是在自己可经营管理的阵地（如网站、App 客户端、客户端、小程序 / 快应用、操作系统、硬件设备、线下阵地等）中进行商品、活动等物料推广，可以在自有平台中选择对应的阵地类型进行备案。图 2-2-18 所示为自有平台备案管理界面。

（2）他方平台

如果淘客是社交淘客，在微信、QQ 等社交平台内进行推广，或者淘客是达人、

MCN（多频道网络）机构，在抖音、快手、微博等内容平台内进行推广，可选择他方平台中的对应平台类型进行备案。图 2–2–19 所示为他方平台备案管理界面。

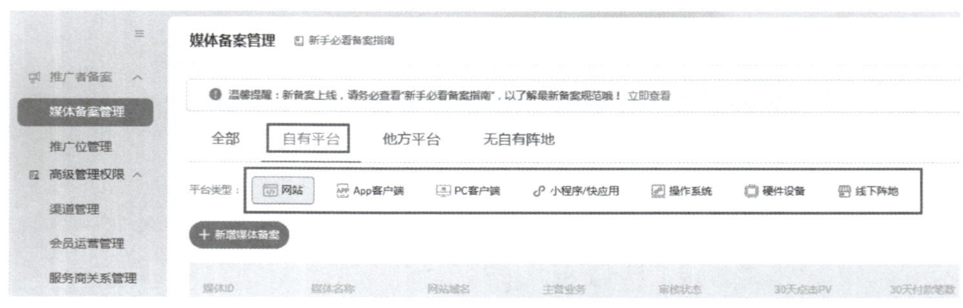

图 2–2–18　自有平台备案管理界面

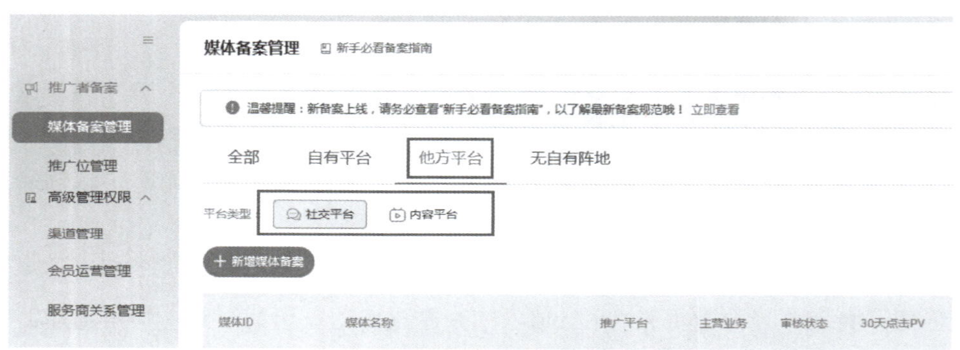

图 2–2–19　他方平台备案管理界面

（3）无自有阵地

如果淘客没有自我经营阵地，仅通过流量采买方式直接进行推广，可选择无自有阵地，通过选择对应的流量采买平台和广告类型进行备案。图 2–2–20 所示为无自有阵地备案管理界面。

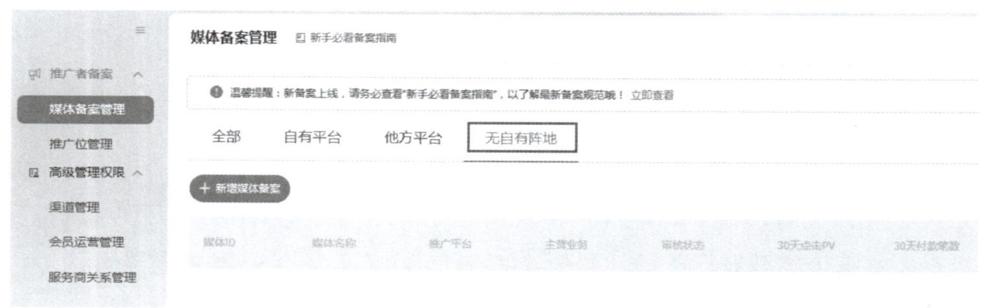

图 2–2–20　无自有阵地备案管理界面

技能实训

实训 1：淘宝联盟的注册与应用

要求：安装并注册淘宝联盟，利用淘宝联盟转发链接。

具体步骤如下：

步骤一，在手机上下载淘宝联盟移动应用，如图 2-2-21 所示，安装并注册，或用淘宝账号快捷登录。

步骤二，利用淘宝联盟转发感兴趣的商品链接，领取优惠券，若自己或好友完成商品购买，可在“收益”模块查看佣金收益，界面如图 2-2-22 所示。

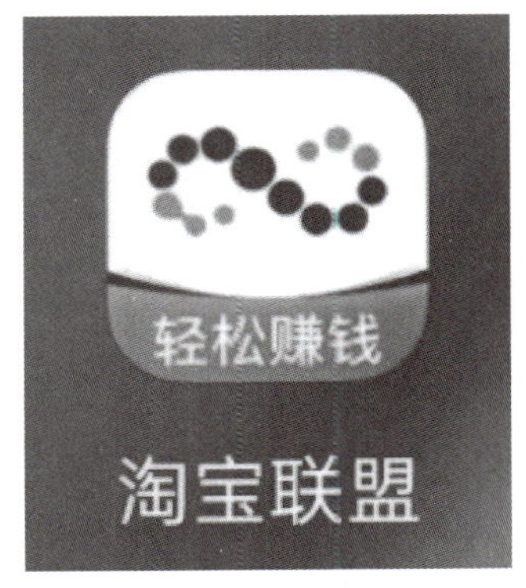

图 2-2-21　淘宝联盟移动应用图标

图 2-2-22　淘宝联盟“收益”模块界面

实训 2：淘宝联盟收藏夹应用

要求：批量添加选品中心商品至收藏夹。

具体步骤如下：

步骤一，打开淘宝联盟移动应用，进入选品中心界面，点击“批量选品”，如图 2-2-23 所示。

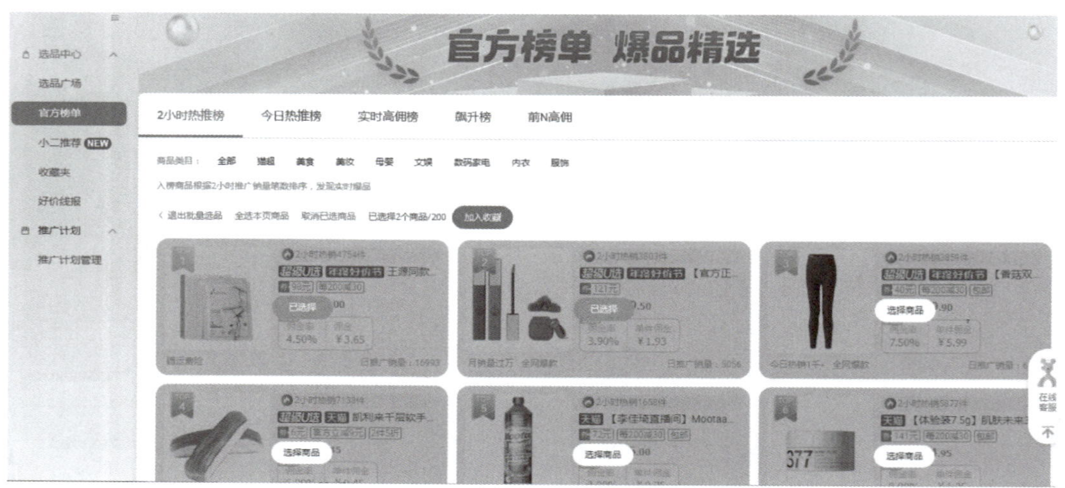

图 2-2-23 批量选品

步骤二，在选品中心界面浏览商品，选择自己喜欢或认为有推广价值的商品，点击“收藏”。选择收藏夹，点击“确定”后即可将选品加入收藏夹，如图 2-2-24 所示。

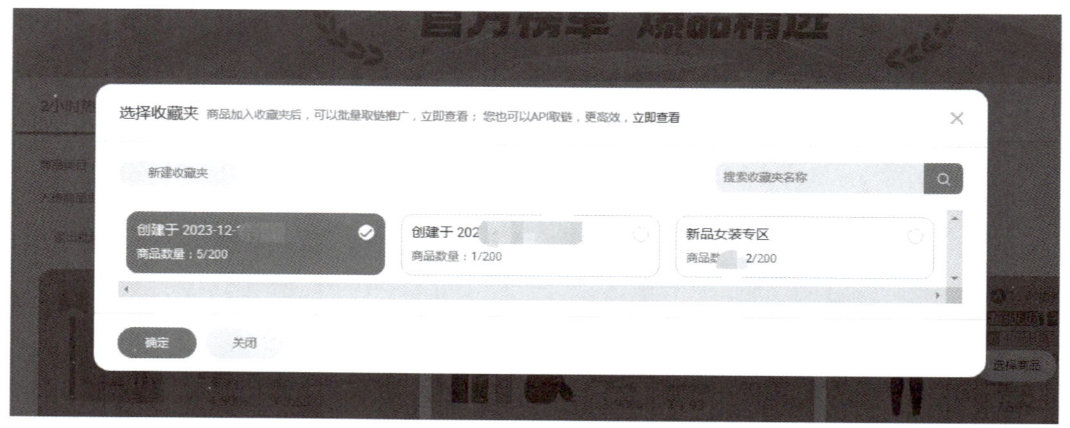

图 2-2-24 选择收藏夹

步骤三，进入收藏夹界面，可以看到已经收藏的商品，并可以进行筛选和查看，如图 2-2-25 所示。

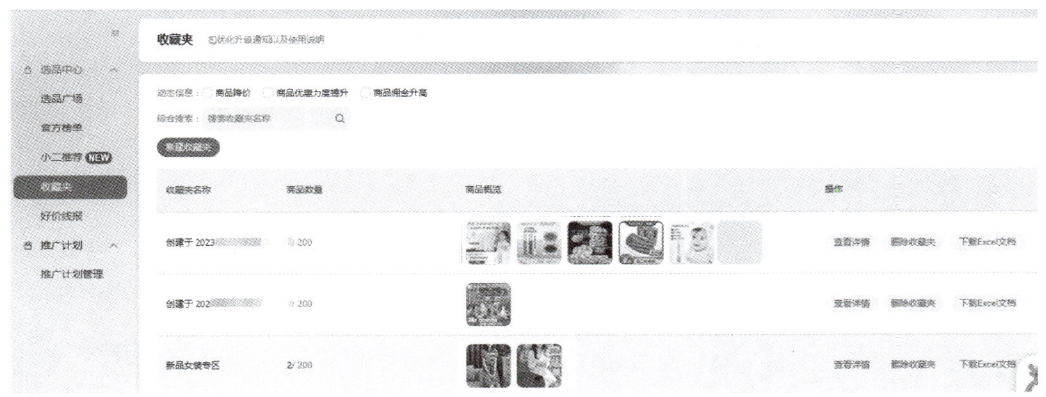

图 2-2-25 收藏夹界面

步骤四，点击“查看详情”，可打开对应收藏夹，并对该收藏夹内的商品进行推广操作。

步骤五，如果需要新建收藏夹，点击左上角的“新建收藏夹”，输入收藏夹名称即可。

实训 3：频道推广页转换

要求：对实时热销榜进行链接转换。

具体步骤如下：

步骤一，打开淘宝联盟，点击“我的工具→转链工具→万能转链”，如图 2-2-26 所示，选择“频道推广页转换”。

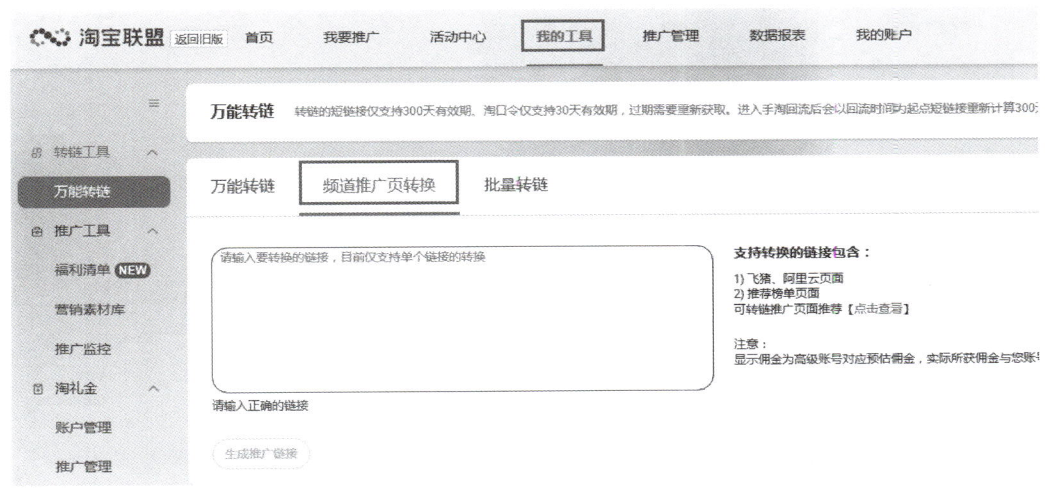

图 2-2-26 频道推广页转换界面

步骤二，将需要转链的页面链接，复制至“频道推广页转换”框内，点击“生成推广链接”，选择推广位后点击“确认”，如图 2-2-27 所示。

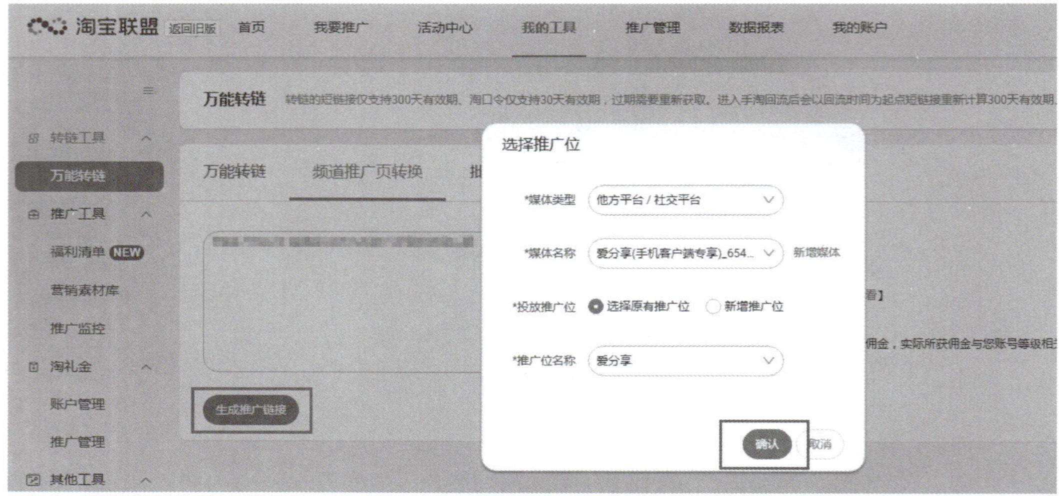

图 2-2-27　选择推广位

步骤三，完成转换后可获取该榜单的推广短链接、长链接、二维码、淘口令等推广形式，如图 2-2-28 所示。获取后分发即可。

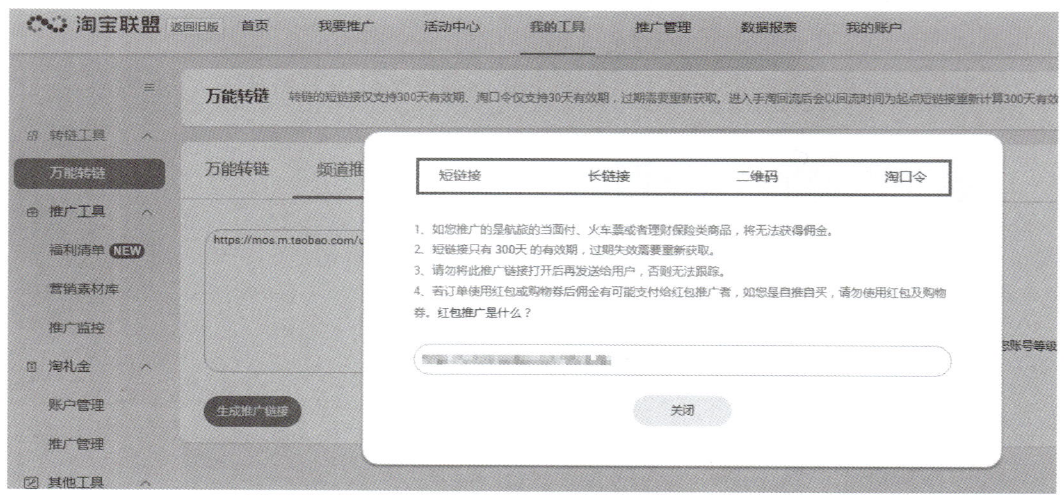

图 2-2-28　完成转换

实训 4：创建福利页面

要求：在淘宝联盟选择合适商品，创建福利页面。

具体步骤如下：

步骤一，打开淘宝联盟，点击“我的工具→推广工具→福利清单”，点击左上角“创建页面”，进入“选择模板”，如图 2-2-29 所示。

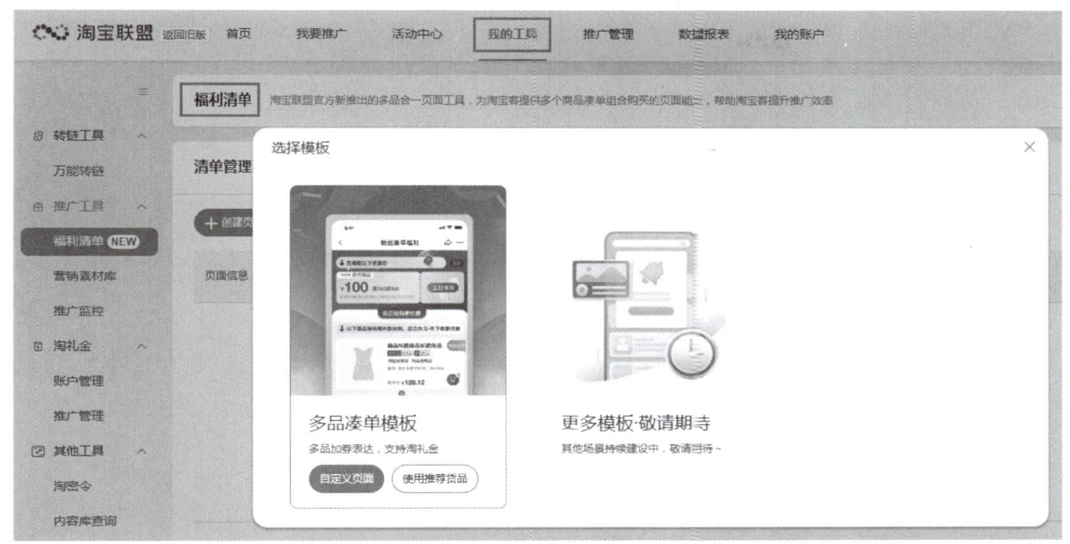

图 2-2-29 选择模板

步骤二，选择“多品凑单模板”，点击“自定义页面”，进入福利页面配置界面，如图 2-2-30 所示。

图 2-2-30 福利页面配置界面

步骤三，在福利页面配置界面进行细节设置，包括页面名称、优惠券添加、活动会场选择、推广商品添加等。设置完成后，界面左侧可以预览福利的草稿效果，如图 2-2-31 所示。

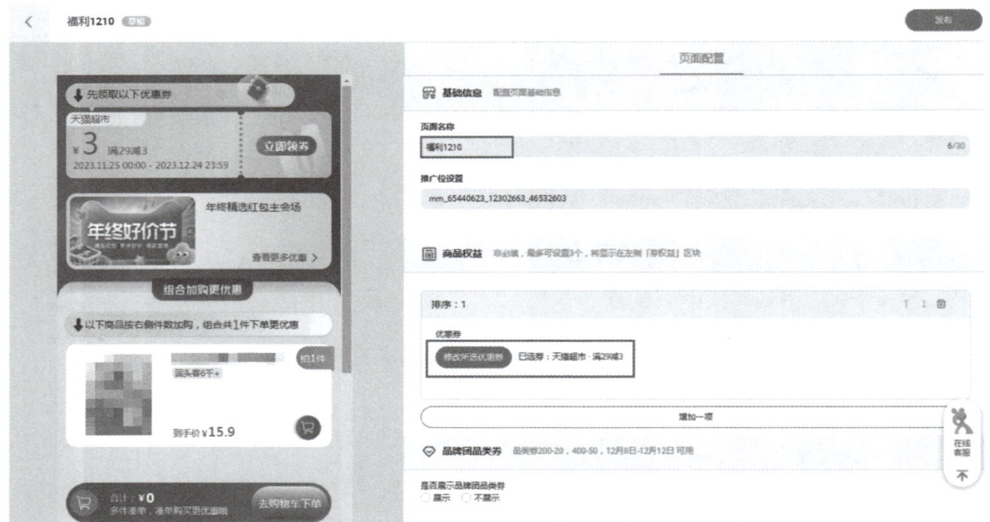

图 2-2-31　福利内容设置

步骤四，确认福利页面配置信息无误后，单击页面右上角的“发布”，弹出确认对话框，如图 2-2-32 所示，确认无误则点击“确认”按钮，完成发布。

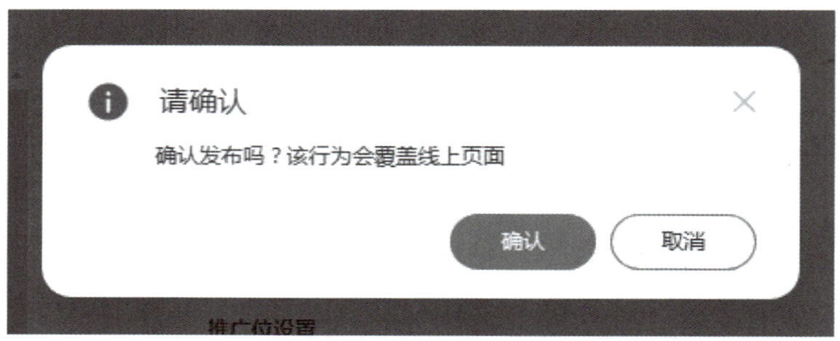

图 2-2-32　确认对话框

实训 5：创建推广计划并监控

要求：在淘宝联盟新建推广计划，选择合适商品，新建推广单元，并进行推广监控。

具体步骤如下：

步骤一，在淘宝联盟的推广监控界面中，点击“新建推广计划”。

步骤二，在弹出的窗口中，填写推广计划名称，新建推广计划，如图 2-2-33 所示。

步骤三，点击“继续创建推广单元”，在弹出的窗口中填写推广单元名称、商品 ID，选择页面类型，填写生成的链接数量等，点击“确定”后即可新建推广单元，如图 2-2-34 所示。

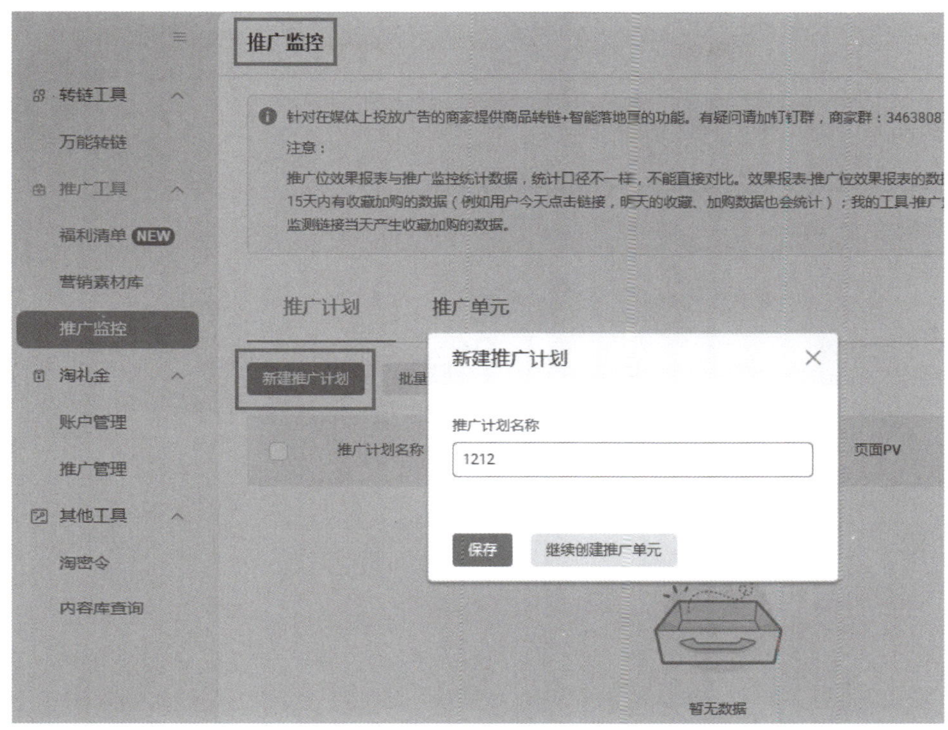

图 2-2-33　新建推广计划

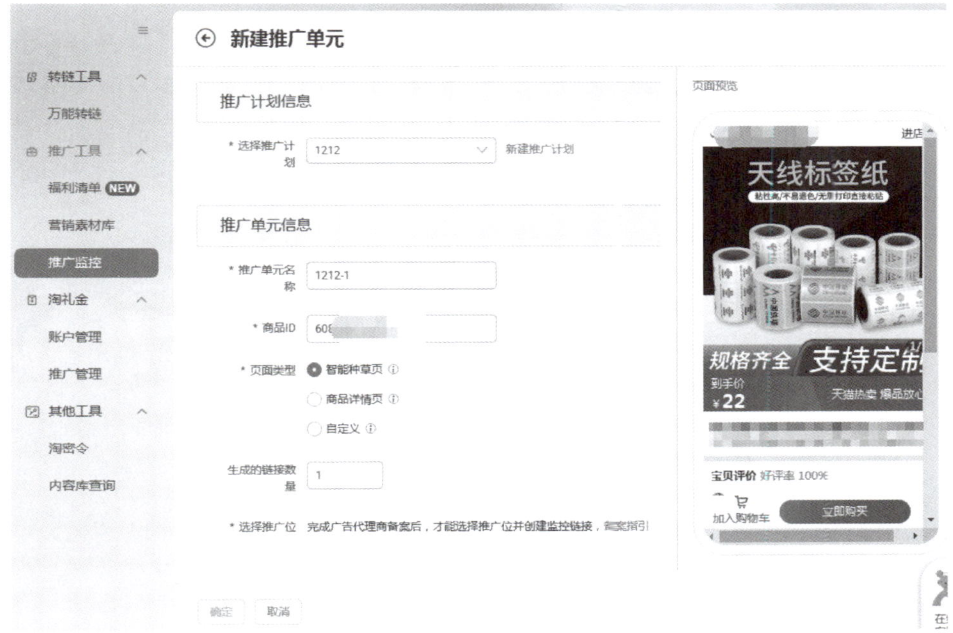

图 2-2-34　新建推广单元

在完成以上操作后，即可实时监测推广计划的各项数据指标，并根据需要进行调整和优化。

实训 6：他方平台媒体备案

要求：在淘宝联盟进行他方平台媒体备案。

具体步骤如下：

步骤一，打开淘宝联盟，点击“推广管理→媒体备案管理”，选择“他方平台”，如图 2-2-35 所示。

图 2-2-35　他方平台

步骤二，进入“新增媒体备案”界面，填写推广平台、账号类型、账号昵称、账号 ID、主营业务等基础信息，如图 2-2-36 所示。

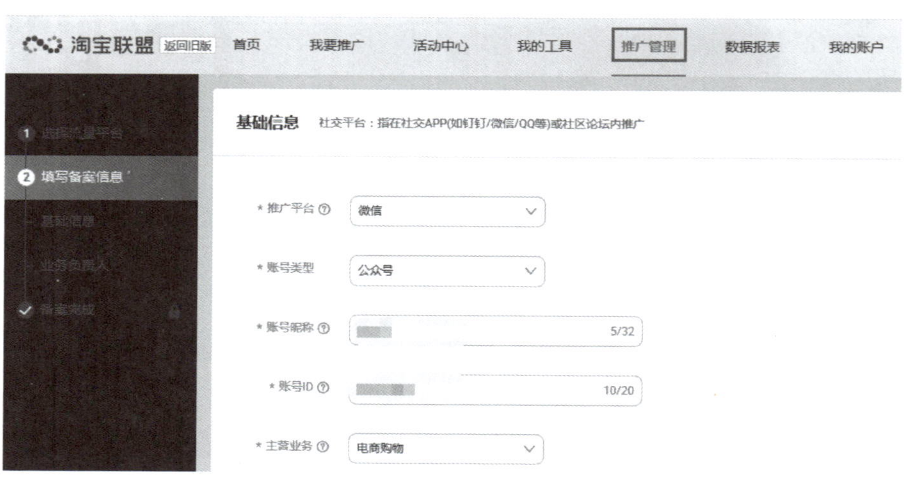

图 2-2-36　填写备案信息

步骤三，填写姓名、手机、钉钉、微信等业务负责人信息，如图 2–2–37 所示。填写完成后点击“下一步，备案完成”。

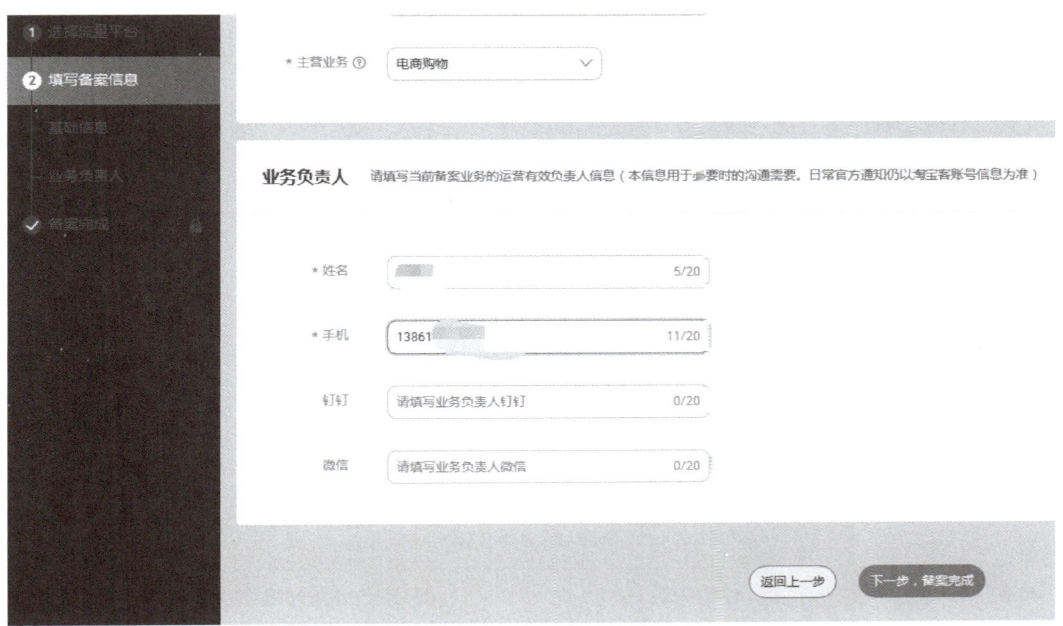

图 2–2–37　填写业务负责人信息

步骤四，完成备案后点击“查看媒体管理”，如图 2–2–38 所示，可返回媒体备案管理界面。

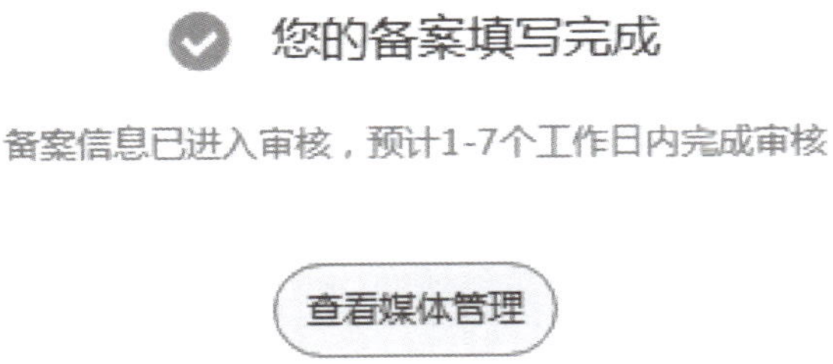

您的备案填写完成

备案信息已进入审核，预计1-7个工作日内完成审核

查看媒体管理

图 2–2–38　完成备案

思考与练习

1. 淘宝联盟有哪些推广工具?
2. 如何在淘宝联盟完成媒体备案?

任务评价

根据本任务的学习情况，按知识、技能两个指标进行自我评价、小组评价和教师评价，填写表 2-2-1。

表 2-2-1 “淘宝客推广设置”学习任务评价表

学习任务评价表					
评价指标	评价内容	配分	自我评价	小组评价	教师评价
知识	淘宝联盟“我要推广”功能模块相关知识	10 分			
	淘宝联盟“活动中心”功能模块相关知识	10 分			
	淘宝联盟“我的工具”功能模块相关知识	10 分			
	淘宝联盟“推广管理”功能模块相关知识	10 分			
技能	淘宝联盟注册	10 分			
	淘宝联盟收藏夹管理	10 分			
	频道推广页转换	10 分			
	福利页面创建	10 分			
	推广计划创建	10 分			
	他方平台媒体备案	10 分			
合计		100 分			
综合评价					

项目三
淘宝直通车推广

项目概述

淘宝直通车是专门为专职淘宝和天猫卖家量身定制的按点击付费的效果营销工具，为卖家实现商品的精准推广。它是由阿里巴巴集团旗下的雅虎中国和淘宝网进行资源整合后推出的一种全新的搜索竞价模式。

通过本项目的学习，可以了解淘宝直通车的基础知识、出价模式、应用场景，可以利用淘宝直通车进行推广优化。

学习任务 1　认识淘宝直通车

学习目标

- 知识目标

1. 了解淘宝直通车的概念
2. 了解淘宝直通车的优势
3. 了解淘宝直通车的出价模式
4. 了解淘宝直通车的应用场景
5. 了解淘宝直通车主要名词解释

- 技能目标

能开通淘宝直通车

任务描述

本任务要求学生从淘宝网店的千牛后台中，选择淘宝直通车的营销推广模式，学习淘宝直通车的基础知识，熟悉淘宝直通车的推广适用范围和常用标签。

相关知识

一、淘宝直通车基础知识

1. 淘宝直通车的概念

淘宝直通车是一种效果营销工具，它允许商家通过竞价方式在平台上展示其商品广告，从而吸引潜在购买用户，提高店铺的曝光率和销售额，如图 3-1-1 所示。

图 3-1-1　淘宝直通车标志

2. 淘宝直通车的优势

（1）增加准确流量

用户在淘宝购物时，很多是通过淘宝的搜索功能来查找商品的，而淘宝直通车能够根据用户明确的购买意向（如搜索使用的关键词）匹配相关的推广商品，精准地为店铺引进流量，提升店铺的下单成交率。

（2）精准转化

淘宝直通车推广的商品是专门针对那些有意购买对应商品的潜在用户而展示的。这意味着只有那些真正对推广商品感兴趣、有购买意向的用户，才能看到这些商品。

因此，卖家通过淘宝直通车获得的每一个点击，都是来自具有明确购买意向的用户，这些用户更有可能转化为实际的购买者。通过这种方式，淘宝直通车不仅帮助卖家精准定位目标用户，还大大提高了推广效果和转化率。

（3）高权重

淘宝直通车作为官方大力支持的付费推广方式，不仅能够帮助卖家向潜在用户精准地推广商品，还能通过累积的花费提升店铺权重。店铺权重的增加，将进一步推动商品关键词排名的提升，从而增加商品的曝光度和点击率。这种正向的循环效应，使得淘宝直通车成为提升店铺销售业绩的有力工具。

（4）精准投放

淘宝直通车能够根据关键词、用户行为及用户属性等多种因素进行精准定位，确保广告能够触达最有可能感兴趣的潜在用户。同时，淘宝直通车还提供了灵活的投放设置，卖家可以根据实际需求设置日限额、投放时间和地域等，以实现对广告曝光度和转化率的精准调控。

（5）节省成本

淘宝直通车以免费展示为核心策略，只有当买家对推广商品产生浓厚兴趣并点击查看时，卖家才会承担相应扣费。扣费标准基于关键词竞价机制，确保了卖家能够根据自身预算和推广策略进行精准投放，避免了不必要的支出。同时，淘宝直通车提供了全自助的操作后台，让卖家可以根据实际需求和业务目标灵活调整推广策略，从而有效掌控推广花费，节省成本。

（6）服务到位

淘宝直通车独有的“淘宝直通车 360° 关怀计划”，全方位、多角度地为卖家提供服务。能够帮助卖家快速提升店铺经营及推广能力，增加店铺商品的收藏量、加购量等。

（7）数据支持

淘宝直通车可以提供详细的数据分析和报告，让商家了解广告的转化率、流量来源、用户行为等信息，从而更好地调整和优化广告策略。

3. 淘宝直通车出价

（1）出价模式

虽然淘宝直通车只有一种最终的出价和扣费逻辑，即单次点击扣费 =（下一名出价 × 下一名质量得分）/ 质量分 +0.01 元，一般扣费最终不高于出价。但是为了满足不同商家的不同投放需求，淘宝直通车还存在多种出价模式（见表 3–1–1），按照可设置参数从小到大顺序排列如下：

表 3-1-1　出价模式

出价模式	手动出价	智能调价	控成本	最大化拿量
出价设置及对应能力	手动对每个关键词出价，系统取手动出价的值参与竞价	设置关键词、词包出价，系统根据不同优化目标，调整溢价幅度，调整出价，获取流量	设置不同转化类型的成本，系统将在此成本的一定范围内尽可能获取成交量	设置花费预算上限，系统自动推广，优先获取更多优质流量
涉及范围	标准计划下的单个关键词出价	标准计划下的智能调价；智能计划下的智能调价	智能计划下的成本预期	智能计划下的放量优先
出价扣费形式	以上四种模式在设置阶段有所不同，但扣费只有一种形式，即都是对关键词出价，然后按二价计费，按点击扣费			

1）手动出价。直接对关键词的每次点击出价，存在于标准计划下每个关键词的手动出价，是最精细的设置参数方式。

2）智能调价。设置关键词的每次点击出价，然后系统在一定范围内调整出价，获取优质匹配流量。

3）控成本。设置转化目标和每次转化花费成本，系统按照成本自动优化推广策略，达成转化目标，扣费是每次点击扣费。

4）最大化拿量。设置花费预算上限，系统自动推广，优先获取更多优质流量，扣费是每次点击扣费。

（2）出价计算逻辑

淘宝直通车在出价过程中还存在很多影响价格的因子，以标准计划下最大生效的因子来计算，示例如下：

A 商家对某关键词“连衣裙”手动出价 1 元，智能溢价 30%，人群 30 岁女性溢价 40%，抢位助手溢价 50%，时间折扣 80%，该关键词质量分为 9 分。假设一名 30 岁女性用户搜索了关键词“连衣裙”，且最优质流量生效智能溢价 30%，抢位助手显示抢位成功生效溢价 50%，那么 A 商家本次面向用户搜索“连衣裙”的最终出价为 1×（1+30%）×（1+40%）×（1+50%）×80%=2.184 元。

此时，B 商家也对关键词“连衣裙”出价，计算溢价因子后最终出价为 1.9 元，质量分为 10 分。因为 A 商家出价 2.184 元，质量分为 9 分，所以 A 商家获得了这次的展现位置（2.184×9=19.656 ＞ 1.9×10=19），如果用户点击一次，那么 A 商家需要花费的金额为 1.9×10÷9+0.01=2.12 元。

需要注意的是，溢价的计算环节是同步生效的，不存在先计算某个溢价因子再去判断是否满足另外一个溢价因子。例如上例中，A 商家是以最终出价 2.134 元来判断是否抢位成功，而不是先计算人群溢价、智能溢价、分时折扣后得到出价，再来判断是否抢位成功。

二、淘宝直通车应用场景

1. 选款测款

商品能不能打造成爆款，需要先到淘宝直通车进行测试，通过测试的效果和数据来判断商品是否可以打造成爆款。

2. 带动免费流量

淘宝直通车带来的点击量的增加，使得商品的点击率自然得到相应提高。同时，商品的主要关键词搜索排名也会靠前，可以为店铺带来免费流量。

3. 打造店铺爆款

淘宝直通车对于商家来说，是打造爆款最有力的一个工具，通过淘宝直通车打造的爆款商品销量，基本上可以占到店铺总销量的 30%～60%。

三、淘宝直通车主要名词解释

1. 关键词

作为淘宝直通车中的一个关键要素，关键词的选取非常重要。商家需要根据商品的特点和目标用户的需求进行合理的选择，以获得更高的展现量和点击量。

2. 质量分

质量分是衡量商家商品质量好坏的重要指标，它受商家服务质量、售后服务质量、商品质量和物流效率等多个因素的影响。提高质量分可以有效提升商品在淘宝直通车中的展现机会。

3. 展现量

展现量是指商品在淘宝直通车中被展示的次数。展现量高的商品代表商家竞价成功，同时表明该商品与用户的需求匹配度较高。

4. 点击量

点击量是指用户点击商品后进入商品详情页的次数。点击量越高，说明商品吸引力越大，销售转化率也会相应地增加。

5. 点击率

点击率可以直观地表示商品的吸引程度，点击率 = 点击量 / 展现量。点击率越高，

说明商品对用户的吸引力越大。在同等的展现量下，点击率越高，商家获取的点击量就会越多。点击率是整个淘宝直通车优化的核心，其值越高，质量得分越高，花费越低，商家在日常的淘宝直通车优化过程中一定要重点关注点击率。

6. 平均点击花费

平均点击花费表示每一次点击产生的平均花费金额。平均点击花费 = 花费 / 对应的点击量。在同等预算条件下，平均点击花费越低，商家获取的点击量就越多。

7. 点击转化率

点击转化率反映的是店铺点击量在所选转化周期内转化成交的比例，即点击转化率 = 总成交笔数 / 点击量。对于相同的点击量，点击转化率越高，则商家获得的订单量就越多。

8. 投入产出比

投入产出比反映的是淘宝直通车点击花费在所选转化周期内带来成交金额的比例，即投入产出比 = 总成交金额 / 花费。投入产出比是衡量淘宝直通车推广效果的重要指标，投入产出比越高，代表推广效率越高。

9. 日限额

日限额是指商家每天设定的淘宝直通车花费上限。超过限额后，淘宝直通车将不再为该商品投放广告。

10. 千次展现成本（CPC）

千次展现成本是指商家为每展示 1 000 次广告所需要支付的费用。CPC 会受到竞价、展现量、关键词质量等因素的影响，商家需要科学合理地设置 CPC，使其不影响广告效果和销售成本。

11. 排名权重

排名权重是淘宝推广算法根据商家的综合质量分、关键词出价和历史展现数据等因素来计算展现排序的权重值。排名权重越高，广告展现位置越靠前。

12. 总购物车数

总购物车数表示商品在淘宝直通车展示位被点击后，用户在所选转化周期内将商品加入购物车的次数，总购物车数 = 直接购物车数 + 间接购物车数。

13. 总收藏数

总收藏数表示商品在淘宝直通车展示位被点击后，用户在所选转化周期内，所有发生收藏的次数，总收藏数 = 收藏商品数 + 收藏店铺数。

以上是关于淘宝直通车的一些基本名词解释，了解了这些名词，商家就可以更好地操作淘宝直通车，提升商品的曝光和销售额。

技能实训

实训 1：淘宝直通车的开通

要求：登录淘宝，开通淘宝直通车。

具体步骤如下：

步骤一，登录淘宝卖家中心，在左侧列表的“推广”下点击“直通车”，界面如图 3–1–2 所示。

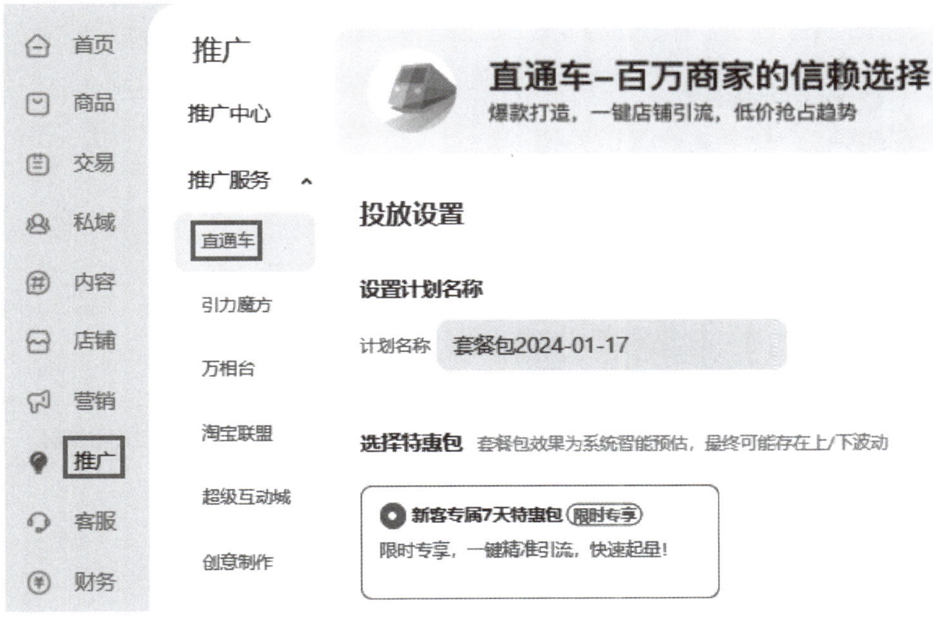

图 3–1–2　直通车界面

步骤二，在投放设置中，设置计划名称，选择特惠包，选择投放周期，如图 3–1–3 所示。

步骤三，在投放设置中，选择优选投放的商品。建议选择未在其他计划中投放的商品，避免特惠包拿不到流量。选择优惠券，确定支付方式，如图 3–1–4 所示。

步骤四，确认订单内容无误后提交，投满 72 小时后，每日 5 点至 22 点可进行结束订单操作，订单结束后未使用预算将在 48 小时内解冻到账户余额，点击“完成创建”，如图 3–1–5 所示。

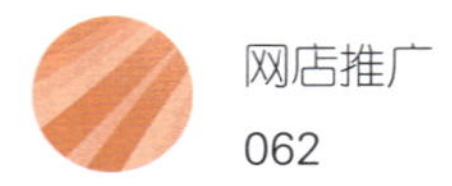

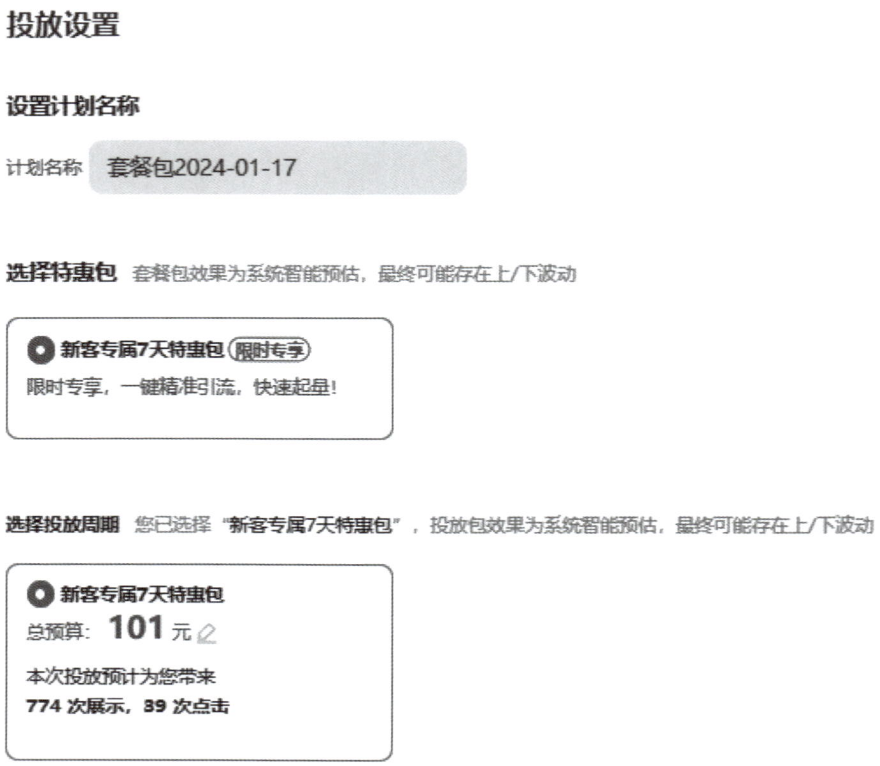

投放设置
设置计划名称
计划名称 套餐包2024-01-17
选择特惠包 套餐包效果为系统智能预估，最终可能存在上/下波动
新客专属7天特惠包 限时专享
限时专享，一键精准引流，快速起量！
选择投放周期 您已选择“新客专属7天特惠包”，投放包效果为系统智能预估，最终可能存在上/下波动
新客专属7天特惠包
总预算：101 元
本次投放预计为您带来
774 次展示，39 次点击

图 3-1-3 投放设置 1

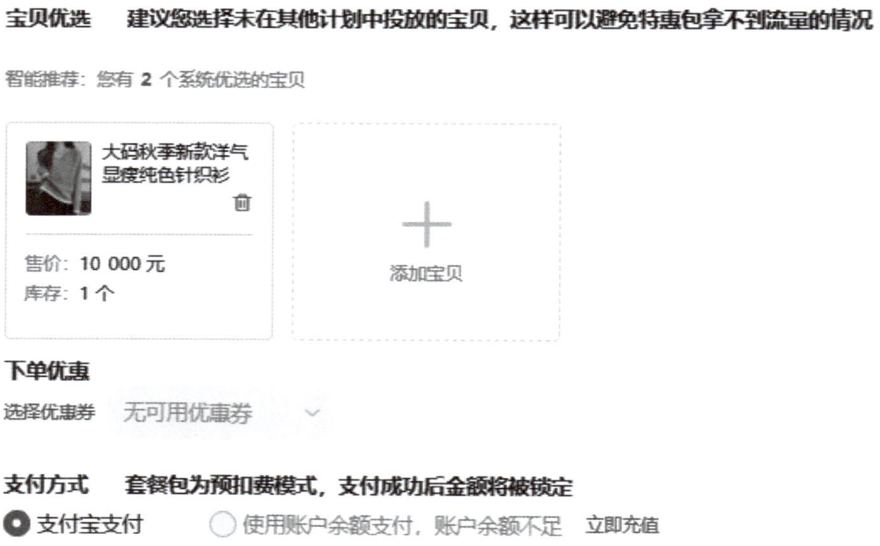

宝贝优选 建议您选择未在其他计划中投放的宝贝，这样可以避免特惠包拿不到流量的情况
智能推荐：您有 2 个系统优选的宝贝
大码秋季新款洋气显瘦纯色针织衫
售价：10 000 元
库存：1 个
添加宝贝
下单优惠
选择优惠券 无可用优惠券
支付方式 套餐包为预扣费模式，支付成功后金额将被锁定
支付宝支付
使用账户余额支付，账户余额不足 立即充值

图 3-1-4 投放设置 2

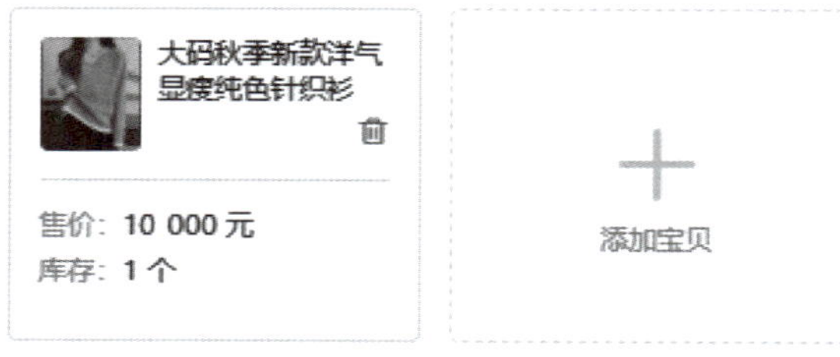

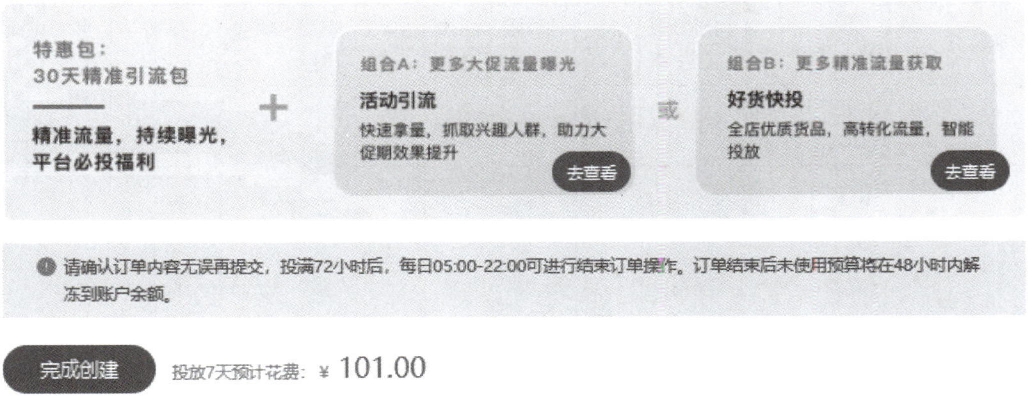

图 3-1-5　完成创建

实训 2：点击率、成交率和平均点击花费的计算与分析

要求：某店铺所销售的专用移动电源根据不同的所属分类和人群，得到的潜在买家权重、溢价、展现量、点击量、成交量和花费（见表 3-1-2），请计算出相应的点击率、成交率和平均点击花费的数值，并根据所属分类中不同人群，绘制占比图。

具体步骤如下：

表 3-1-2　淘宝直通车推广后的数值

所属分类	人群	潜在买家权重	溢价	展现量	点击量	点击率	成交量	成交率	花费（元）	平均点击花费（元）
淘宝首页潜力人群	花粉	0.081 3	0.2	1 660	102		5		412.40	
淘宝首页潜力人群	米粉	0.081 3	0.2	9 689	461		14		1 856.91	
店铺定制人群	浏览未购买店内商品的访客	0.010 2	0.08	9 306	372		9		1 522.47	
店铺定制人群	购买过店内商品的访客	0.001 6	0.12	7 138	318		9		1 283.48	
淘宝优质人群	高购买频次的访客	0.071 2	0.15	11 321	541		18		2 171.18	
店铺定制人群	店内商品放入购物车的访客	0.002	0.08	6 879	284		9		1 166.82	
淘宝优质人群	高消费金额的访客	0.071 2	0.15	3 328	191		9		779.24	

续表

所属分类	人群	潜在买家权重	溢价	展现量	点击量	点击率	成交量	成交率	花费（元）	平均点击花费（元）
店铺定制人群	购买过同类店铺商品的访客	0.020 3	0.08	5 597	239		9		983.13	
淘宝优质人群	资深淘宝/天猫的访客	0.071 2	0.1	13 143	625		22		2 512.24	
淘宝首页潜力人群	果粉	0.081 3	0.2	14 567	728		27		2 931.33	

步骤一，通过公式“点击率 = 点击量 / 展现量、成交率 = 成交量 / 点击量、平均点击花费 = 花费 / 点击量”可以得出相应的结果，见表 3–1–3。

表 3–1–3　公式计算结果

所属分类	人群	潜在买家权重	溢价	展现量	点击量	点击率	成交量	成交率	花费（元）	平均点击花费（元）
淘宝首页潜力人群	花粉	0.081 3	0.2	1 660	102	0.061 4	5	0.049 0	412.40	4.04
淘宝首页潜力人群	米粉	0.081 3	0.2	9 689	461	0.047 6	14	0.030 4	1 856.91	4.03
店铺定制人群	浏览未购买店内商品的访客	0.010 2	0.08	9 306	372	0.040 0	9	0.024 2	1 522.47	4.09
店铺定制人群	购买过店内商品的访客	0.001 6	0.12	7 138	318	0.044 6	9	0.028 3	1 283.48	4.04
淘宝优质人群	高购买频次的访客	0.071 2	0.15	11 321	541	0.047 8	18	0.033 3	2 171.18	4.01
店铺定制人群	店内商品放入购物车的访客	0.002	0.08	6 879	284	0.041 3	9	0.031 7	1 166.82	4.11
淘宝优质人群	高消费金额的访客	0.071 2	0.15	3 328	191	0.057 4	9	0.047 1	779.24	4.08
店铺定制人群	购买过同类店铺商品的访客	0.020 3	0.08	5 597	239	0.042 7	9	0.037 7	983.13	4.11
淘宝优质人群	资深淘宝/天猫的访客	0.071 2	0.1	13 143	625	0.047 6	22	0.035 2	2 512.24	4.02
淘宝首页潜力人群	果粉	0.081 3	0.2	14 567	728	0.050 0	27	0.037 1	2 931.33	4.03

步骤二，将所属分类进行合并同类项，得出表 3–1–4。

表 3–1–4　合并同类项后的数值

所属分类	点击率	成交率	平均点击花费（元）
淘宝首页潜力人群	0.159	0.116 5	12.1
店铺定制人群	0.168 6	0.121 9	16.35
淘宝优质人群	0.152 8	0.115 6	12.11

步骤三，分别得到点击率、成交率和平均点击花费的占比图，如图 3–1–6、图 3–1–7、图 3–1–8 所示。

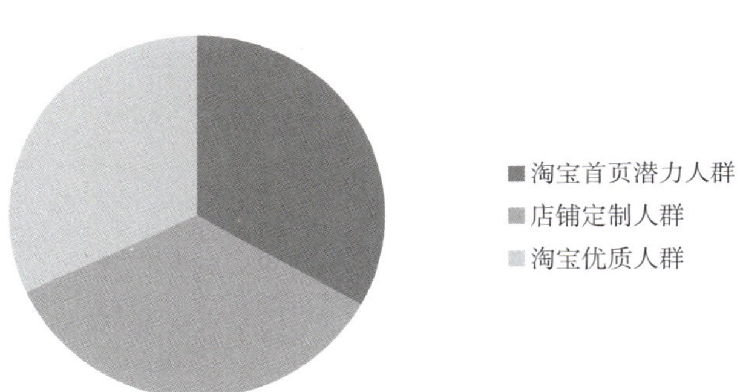

图 3–1–6　点击率占比图

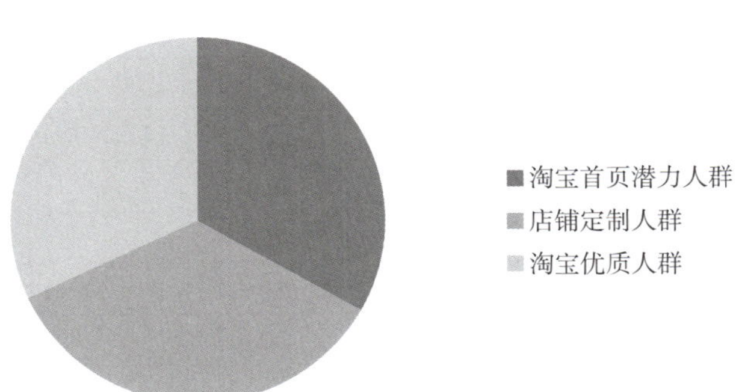

图 3–1–7　成交率占比图

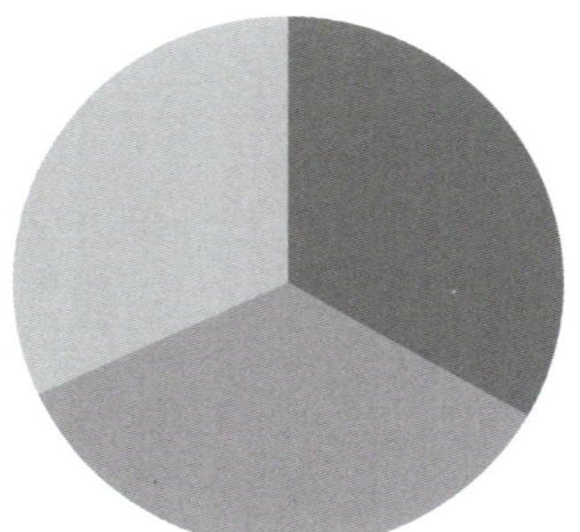

图 3-1-8　平均点击花费占比图

思考与练习

1. 淘宝直通车的应用场景包括哪些方面?
2. 为了满足不同商家的不同投放需求，淘宝直通车有哪几种出价模式?

任务评价

根据本任务的学习情况，按知识、技能两个指标进行自我评价、小组评价和教师评价，填写表 3-1-5。

表 3-1-5　“认识淘宝直通车”学习任务评价表

学习任务评价表					
评价指标	**评价内容**	**配分**	**自我评价**	**小组评价**	**教师评价**
知识	淘宝直通车的概念	20 分			
	淘宝直通车的优势	20 分			
	淘宝直通车的出价模式	20 分			
	淘宝直通车的应用场景	20 分			
	淘宝直通车主要名词解释	10 分			
技能	淘宝直通车的开通	10 分			
合计		100 分			
综合评价					

学习任务 2　淘宝直通车推广设置

- 知识目标

1. 认识淘宝直通车的推广计划类型
2. 熟悉淘宝直通车的投放设置类型

- 技能目标

1. 能创建淘宝直通车标准推广计划
2. 能创建淘宝直通车智能推广计划

本任务要求学生从淘宝网店的千牛后台中，选择淘宝直通车的营销推广模式，学习淘宝直通车的推广创建和投放设置。

一、淘宝直通车推广计划类型

淘宝直通车推广计划主要包括标准计划、智能计划和套餐包，如图 3-2-1 所示。

1. 标准计划

标准计划是淘宝直通车的一种重要投放方式，它允许卖家根据不同的营销诉求，自主选择关键词、精选目标人群，并设计创意内容进行投放。在此过程中，系统还会根据商家的需求和商品特性，提供个性化的推荐方案，以帮助商家优化投放效率，实现更精准、更有效的推广。通过标准计划，商家不仅能够提升店铺商品的曝光度和点击率，还能更好地满足潜在用户的需求，从而推动店铺销售业绩的持续增长。

2. 智能计划

智能计划是指淘宝直通车提供的智能托管功能，只需要进行简单的计划设置，即可开始推广，系统根据选择的商品或者趋势词包，智能匹配高品质流量。

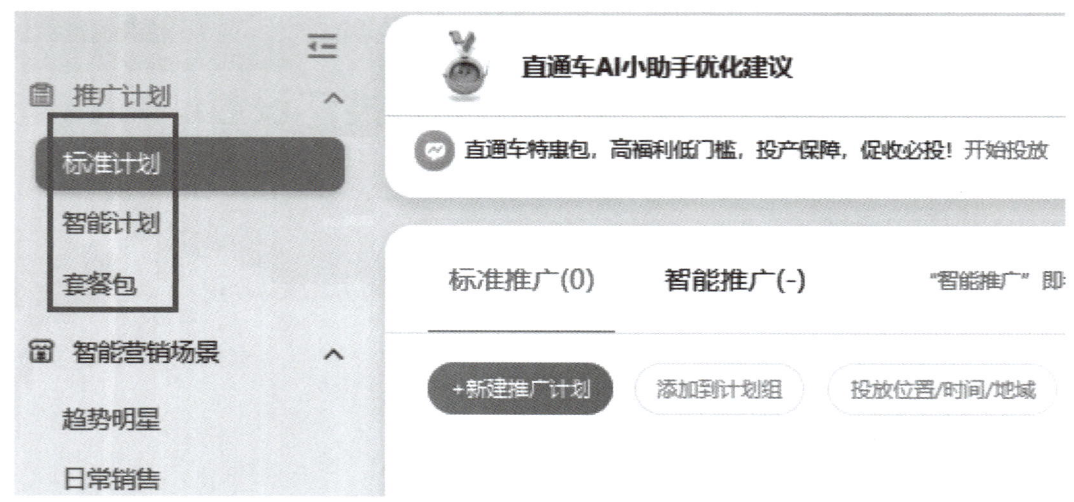

图 3-2-1　淘宝直通车推广计划

3. 套餐包

根据平台推荐，商家可以选定不同目标的套餐包。套餐包为预扣金额制，投中智能策略加持，不支持暂停，投后提供结案报告，实现投放效率最优、效果最优。

二、淘宝直通车的投放设置

1. 设置日限额

推广计划可独立设定每日最高扣费限额，如图 3–2–2 所示。多个推广计划的日限额总和构成账户的日限额。一旦某推广计划的总消耗触及设定的限额，该计划下的所有推广商品将暂停展示，并于次日自动恢复上线。超出限额的费用将自动退还至账户。若实际消耗未达限额，则按实际扣费金额结算，具体金额以次日淘宝直通车报表数据为准。

日限额的设置旨在帮助商家有效控制推广成本，防止预算超支。在淘宝直通车后台的计划管理页面，点击“编辑计划”后，进入高级设置，即可输入日限额的具体数值。日限额的设定范围在 30 元至 100 000 元之间，商家可结合自身的推广目标和效果预期，灵活调整日限额的设定。

图 3-2-2　设置日限额

2. 设置投放平台

淘宝直通车的投放平台分为站内和站外两部分。站内投放主要包括手机淘宝搜索和淘宝网搜索，其中手机淘宝搜索特指在手机淘宝移动应用中的综合排序搜索结果，而淘宝网搜索则针对计算机设备上的淘宝网搜索结果页。站外投放则主要依托优质的站外媒体进行，这些媒体能够触达更多淘宝平台外的潜在意向人群。通过站内外投放的联动，可以有效地沉淀淘宝平台外的用户资源，实现多渠道曝光，进而使流量倍增。

值得注意的是，淘宝直通车的流量来源分为计算机端和手机端，如图 3-2-3 所示。在设置投放平台时，若预算有限，建议优先考虑站内推广，因为站内的流量相对站外而言更为精准。对于新店铺而言，在前期阶段，可以考虑关闭计算机端的定向推广以及站外优质媒体推广，以更聚焦于核心目标人群，提升推广效果。

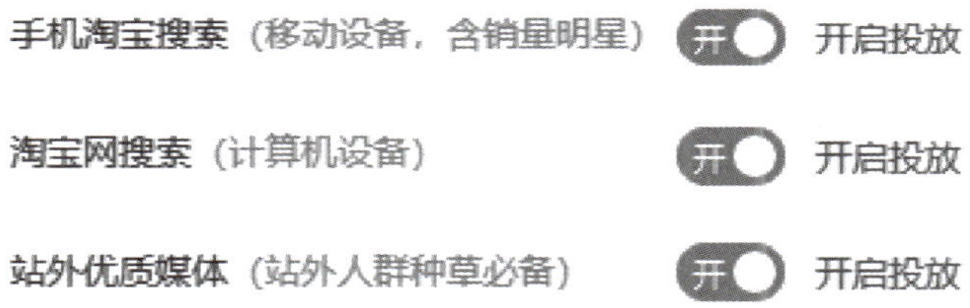

手机淘宝搜索（移动设备，含销量明星）　开　开启投放

淘宝网搜索（计算机设备）　开　开启投放

站外优质媒体（站外人群种草必备）　开　开启投放

图 3-2-3　设置投放平台

3. 设置投放时间

设置投放时间包括全日制投放、推荐时间模板和自定义模板。

（1）全日制投放

全日制投放是指针对一天内的不同时段设置不同的时间折扣，以获取更多优质流量。

常规分时折扣设置建议是 00：00～09：00 为 60%，10：00～18：00 为 90%，19：00～24：00 为 100%；尽量保证能投放一整天，另外确保每天都在投放；在促销期间，可以把 00：00 和 10：00 左右的分时折扣调整得更高，以便获取更多流量。时间折扣为每 30 分钟一个折扣，按照百分比设置，支持范围是 30%～250%，如图 3-2-4 所示。

其中，30%～100% 的折扣用蓝色表示，100%～200% 的折扣用橙色表示，200%～250% 的折扣用紫色表示，如图 3-2-5 所示。

在设置时间折扣的时候，可以选择自定义折扣、批量调整折扣、无折扣或不投放，如图 3-2-6 所示。

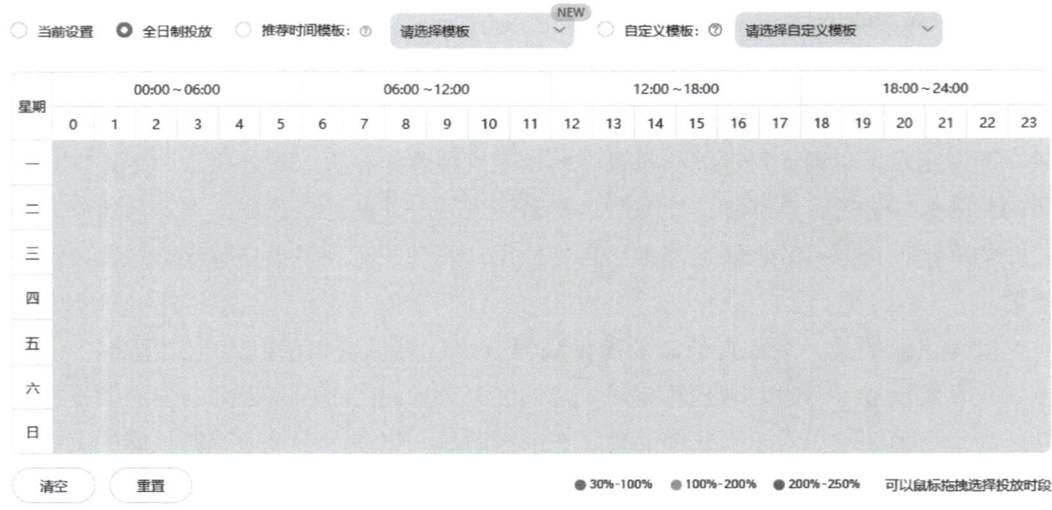

图 3-2-4　设置投放时间

● 30%~100%　● 100%~200%　● 200%~250%　可以鼠标拖拽选择投放时段

图 3-2-5　时间折扣

图 3-2-6　时间折扣的设置

（2）推荐时间模板

推荐时间模板是指根据近期同类目直通车数据表现，推荐相应类目中预估数据表现较好的时间折扣模板，仅展示账户排名靠前的主营一级类目（如计算机硬件 / 显示器 / 计算机周边），如图 3-2-7 所示。

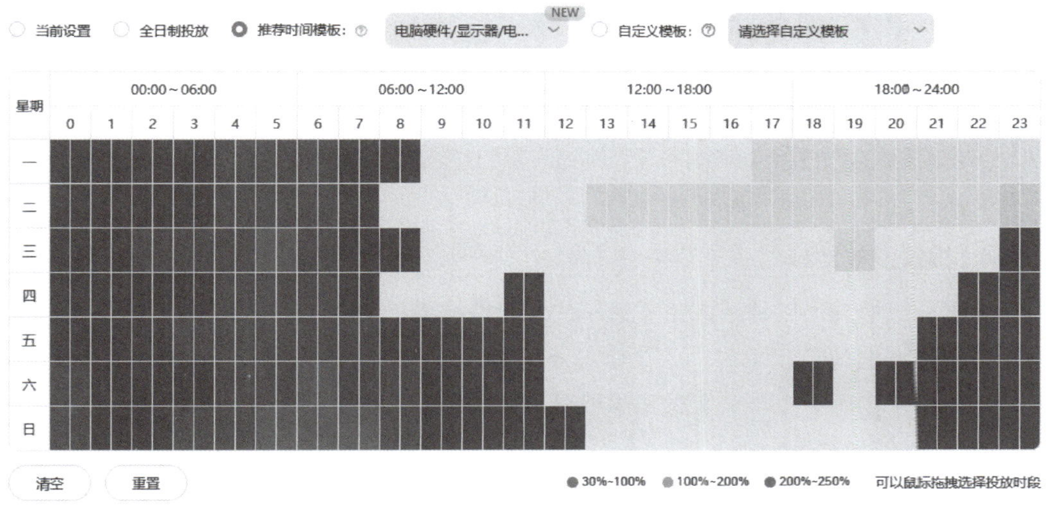

图 3-2-7　推荐时间模板

（3）自定义模板

设置保存的自定义时间折扣模板，可以在此处选择使用，如图 3-2-8 所示。自定义模板旨在根据店铺特点选择适宜的时间段进行推广。通常，流量高峰期集中在 10：00、14：00 和 20：00。若推广预算有限，建议考虑避开这些高峰时段，转而选择在竞争较小、其他商家溢价较低的时间段提高溢价，以更有效地利用预算并提升推广效果。

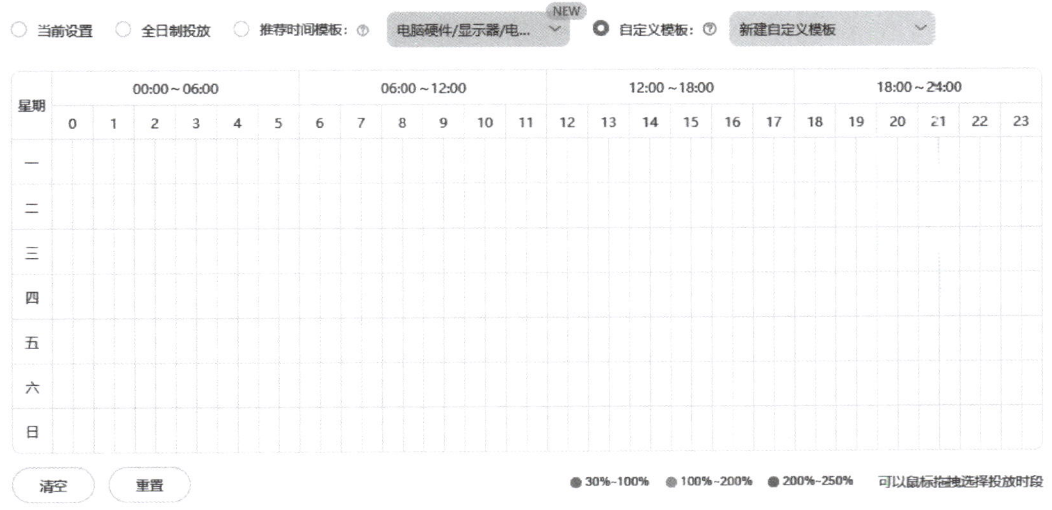

图 3-2-8　自定义模板

时间投放设置的周期固定为一个星期，这一周期与淘宝流量的循环规律相吻合。合理地进行时间投放设置，对于未来一周的流量控制具有至关重要的意义。具体而言，商家可以预先对一周内的每一天甚至每一个小时，进行细致的折扣设置。一旦设置完成，淘宝直通车将在接下来的每个星期都按照这些预设的投放时间进行自动投放，从而确保推广活动的精准性和效率。

4. 设置投放地域

设置投放地域可以利用淘宝直通车的推荐地域模板和自定义地域模板。

由于地域的季节、习性、人口密度不同，买家在不同地区的购买偏好也是不一样的，所以淘宝直通车支持商家选择想要投放的地域进行投放。

（1）推荐地域模板

推荐地域模板的主要功能是基于近期同类目直通车的数据表现，为商家提供预估数据表现较好的地域模板推荐。此功能专注于展示账户中主营的一级类目（如计算机硬件 / 显示器 / 计算机周边），旨在帮助商家更加精准地定位目标市场，优化地域投放策略。如图 3–2–9 所示，商家可依据推荐地域模板，调整直通车推广的地域设置，以提升广告效果和转化率。

（2）自定义地域模板

设置保存的自定义地域模板可以在此处选择使用，如图 3–2–10 所示。

当前设置 推荐地域模板： 电脑硬件/显示器/电... NEW 自定义地域模板： 请选择地域模板
省份/城市
全选 - 华北地区
北京 天津 河北(0/11) 山西(0/11) 内蒙古(7/12)
全选 - 东北地区
辽宁(14/14) 吉林(9/9) 黑龙江(13/13)
全选 - 华东地区
上海 江苏(0/13) 浙江(0/11) 福建(0/9) 安徽(17/17)
全选 - 华中地区
河南(2/18) 湖北(17/17) 湖南(14/14) 江西(0/11)

图 3–2–9　推荐地域模板

当前设置　推荐地域模板：电脑硬件/显示器/电...　NEW　自定义地域模板：新建地域模板

省份/城市

全选 - 华北地区

北京　天津　河北(11/11)　山西(11/11)　内蒙古(12/12)

全选 - 东北地区

辽宁(14/14)　吉林(9/9)　黑龙江(13/13)

全选 - 华东地区

上海　江苏(0/13)　浙江(0/11)　福建(0/9)　安徽(17/17)

全选 - 华中地区

河南(2/18)　湖北(17/17)　湖南(14/14)　江西(0/11)

图 3-2-10　自定义地域模板

在设置投放地域时，可以利用地域的特征灵活地投放广告。

1）抓住高流量地域，提升成交转化。沿海经济较发达地区购买力较强，需求较大，是获取流量的重点区域。可以有针对性地适当提高该地域广告出价，并针对这些地域进行促销活动等，把高流量转化为最终成交量。

2）关注低流量地域，挖掘价值的洼地。中西部地区虽然购买力较弱，但是仍然有非常大的需求，而且投放的商家相对较少，竞争没有那么激烈。对于中西部地区，可以适当降低广告出价，充分挖掘价值洼地，抓住每一个买家。

技能实训

实训 1：标准计划的创建

要求：在淘宝直通车创建标准计划。

具体步骤如下：

步骤一，选择“标准推广”，点击“新建推广计划”，如图 3-2-11 所示。

步骤二，填写计划名称、日限额并选择投放方式。投放方式包括智能化均匀投放和标准投放，智能化均匀投放是指优选高质量流量进行展现，延长推广商品的在线时长，提升商品转化效果。标准投放是指系统根据投放设置来展现商品，如图 3-2-12 所示。

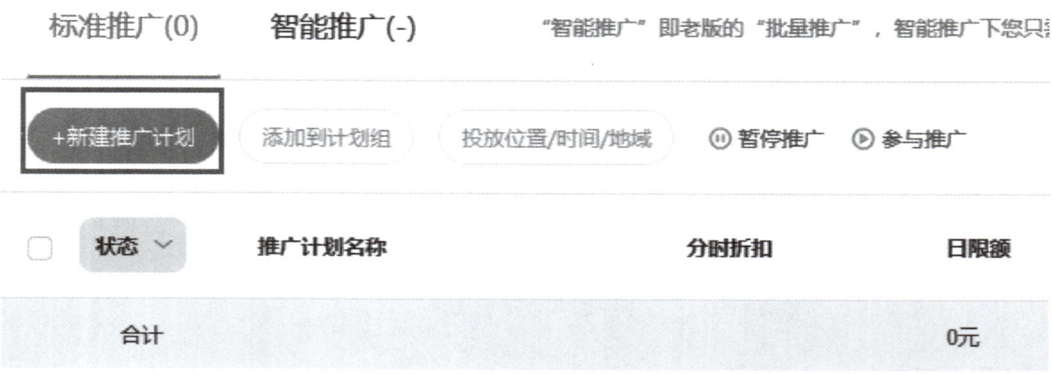
标准推广(0)
智能推广(-)
“智能推广”即老版的“批量推广”，智能推广下您只
+新建推广计划
添加到计划组
投放位置/时间/地域
暂停推广
参与推广
状态
推广计划名称
分时折扣
日限额
合计
0元

图 3-2-11　新建推广计划

投放设置
计划名称
计划01
日限额
不限
有日限额
500
元
投放方式
智能化均匀投放
标准投放

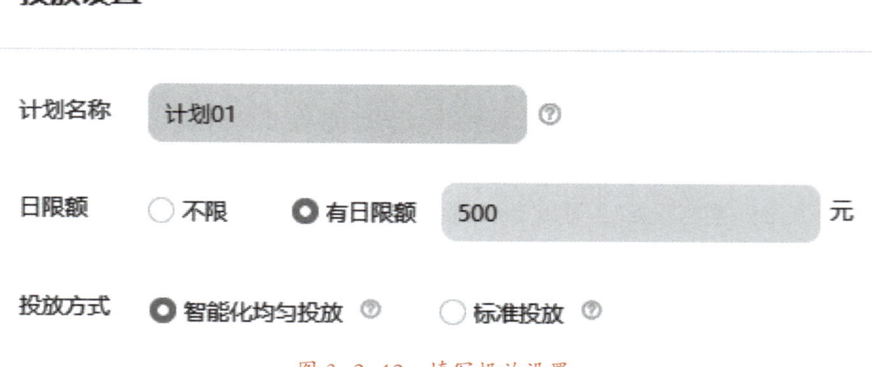

图 3-2-12　填写投放设置

步骤三，在“高级设置”中，设置投放的位置、地域、时间。

1. 设置商品投放的位置，如图 3-2-13 所示。

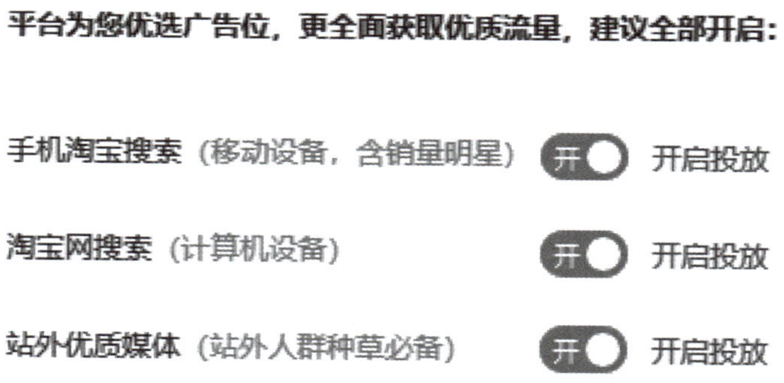
平台为您优选广告位，更全面获取优质流量，建议全部开启：
手机淘宝搜索（移动设备，含销量明星）
开
开启投放
淘宝网搜索（计算机设备）
开
开启投放
站外优质媒体（站外人群种草必备）
开
开启投放

图 3-2-13　设置商品投放的位置

2. 设置商品投放的地域，如图 3–2–14 所示。

图 3–2–14　设置商品投放的地域

3. 设置商品投放的时间，如图 3–2–15 所示。

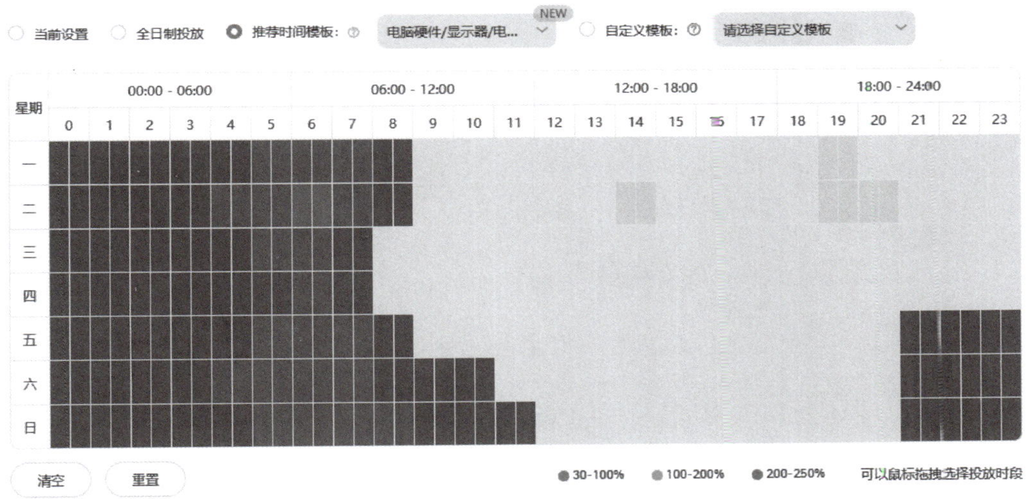

图 3–2–15　设置商品投放的时间

步骤四，添加推广商品，如图 3–2–16、图 3–2–17 所示。

步骤五，设置关键词，如图 3–2–18 所示。

步骤六，设置人群，如图 3–2–19 所示。

添加推广宝贝

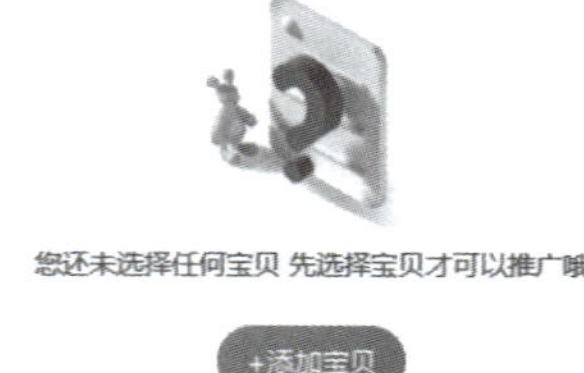

您还未选择任何宝贝 先选择宝贝才可以推广哦

+添加宝贝

图 3-2-16　添加商品界面

全部　新品　定时上架　好货推荐

全部类目　宝贝名称　按宝贝名称搜索

	宝贝	销量星级	市场覆盖指数	店铺贡献指数	客户覆盖指数	近
☑	大码秋季新款洋气显瘦纯色针织衫胖MM宽松减... 10000.0 新品	★★★★★				0
☐	3元一本，全部买20元没头脑和不高兴注音版&... 3.0	★★★★★				-
☐	111111 111111.0	★				0

确定　取消

图 3-2-17　选择推广商品

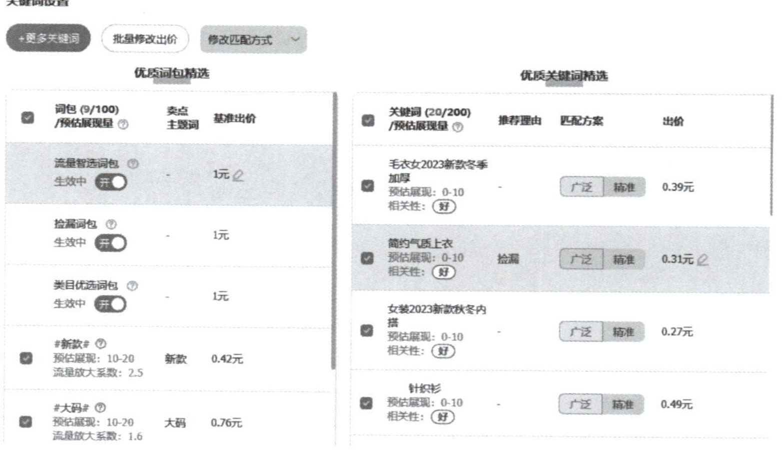

图 3-2-18　设置关键词

人群设置

+更多精选人群　修改溢价

☑	精选人群	行业点击率	行业转化率	溢价比例	推荐理由
☑	智能拉新人群 拉新必备	6.94%	1.65%	30%	拉新必备
☑	店铺长期价值人群 好客沉淀	4.48%	0.71%	30%	好客沉淀
☑	店内商品放入购物车的访客 重点收割	7.11%	2.43%	36%	重点收割
☑	收藏过店内商品的访客 重点收割	7.09%	1.39%	35%	重点收割

图 3-2-19　设置人群

步骤七，点击“完成推广”，商品的标准计划创建即完成，如图 3-2-20 所示。

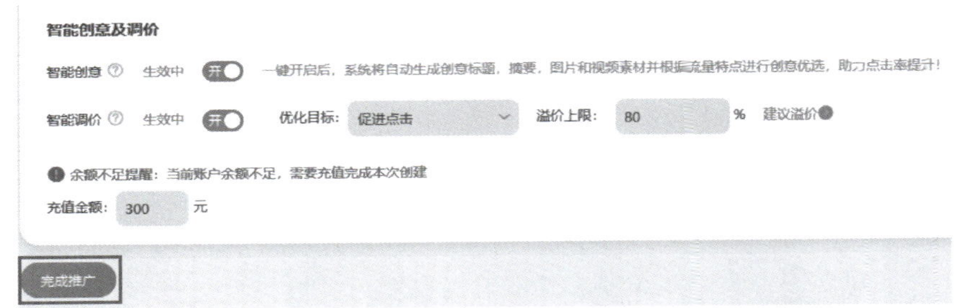

图 3-2-20　完成标准计划的创建

实训 2：智能计划的创建

要求：在淘宝直通车创建智能计划。

具体步骤如下：

步骤一，点击“智能推广”，选择营销目标，如图 3-2-21 所示。

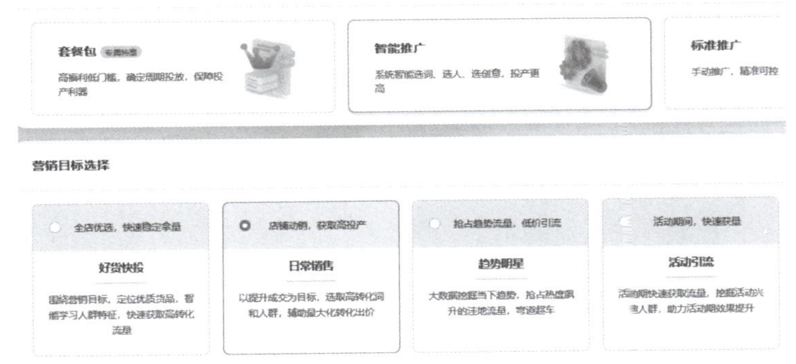

图 3-2-21　智能推广界面

步骤二，在单元设置中，点击添加商品，如图 3-2-22 和图 3-2-23 所示。

图 3-2-22 添加商品界面

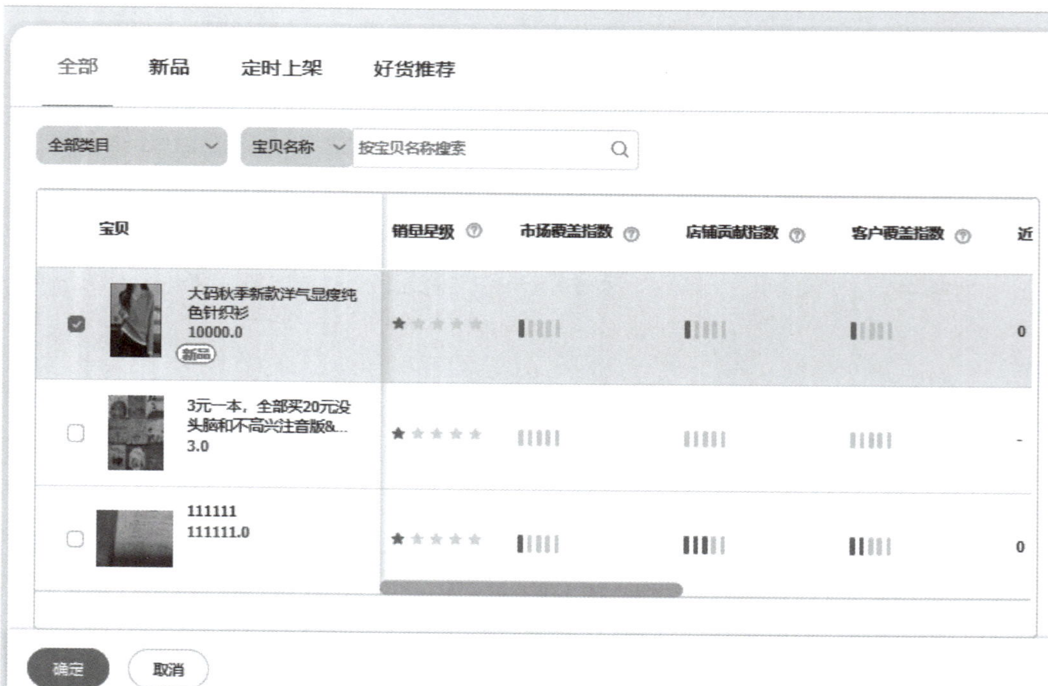

图 3-2-23 选择推广商品

步骤三，在日限额与出价设置中，设置出价方式、限额周期、设置预算、控成本类型和设置成本，如图 3-2-24 所示。

步骤四，在投放设置中，输入计划名称，如图 3-2-25 所示。

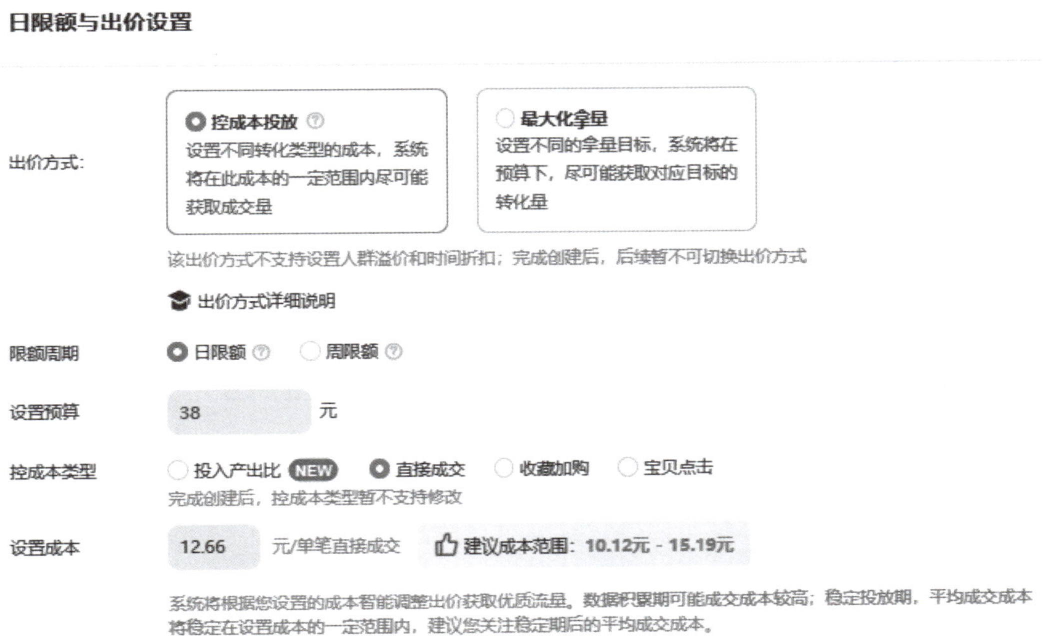

日限额与出价设置

出价方式：
控成本投放
设置不同转化类型的成本，系统将在此成本的一定范围内尽可能获取成交量

最大化拿量
设置不同的拿量目标，系统将在预算下，尽可能获取对应目标的转化量

该出价方式不支持设置人群溢价和时间折扣；完成创建后，后续暂不可切换出价方式

出价方式详细说明

限额周期　日限额　周限额

设置预算　38 元

控成本类型　投入产出比 NEW　直接成交　收藏加购　宝贝点击
完成创建后，控成本类型暂不支持修改

设置成本　12.66 元/单笔直接成交　建议成本范围：10.12元 - 15.19元

系统将根据您设置的成本智能调整出价获取优质流量。数据积累期可能成交成本较高；稳定投放期，平均成交成本将稳定在设置成本的一定范围内，建议您关注稳定期后的平均成交成本。

图 3-2-24　日限额与出价设置

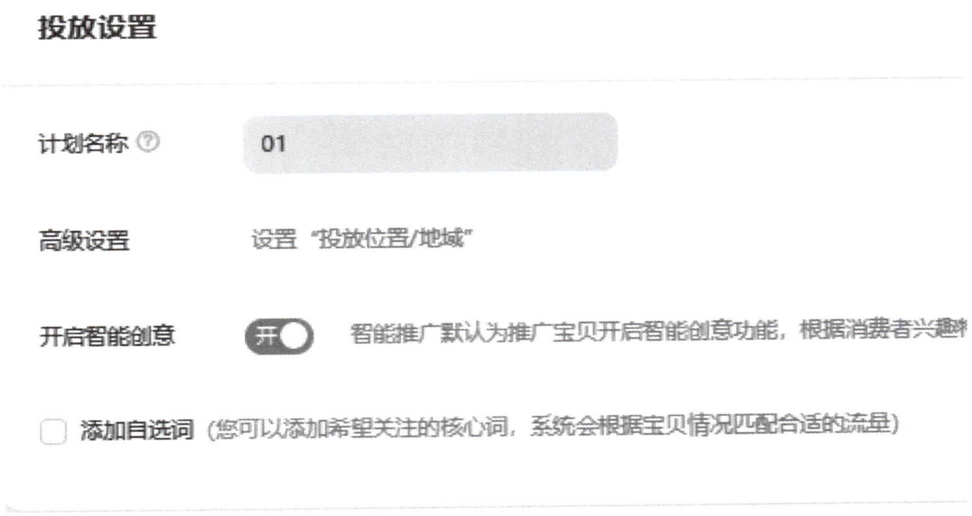

投放设置

计划名称　01

高级设置　设置“投放位置/地域”

开启智能创意　开　智能推广默认为推广宝贝开启智能创意功能，根据消费者兴趣

添加自选词（您可以添加希望关注的核心词，系统会根据宝贝情况匹配合适的流量）

图 3-2-25　投放设置

步骤五，设置投放的位置和地域，如图 3-2-26 和图 3-2-27 所示。

投放位置　　投放地域 NEW

平台为您优选广告位，更全面获取优质流量，建议全部开启：

手机淘宝搜索（移动设备，含销量明星）　开　开启投放

淘宝网搜索（计算机设备）　开　开启投放

站外优质媒体（站外人群种草必备）　开　开启投放

图 3-2-26　设置投放的位置

图 3-2-27　设置投放的地域

步骤六，添加关键词，如图 3-2-28 和图 3-2-29 所示。

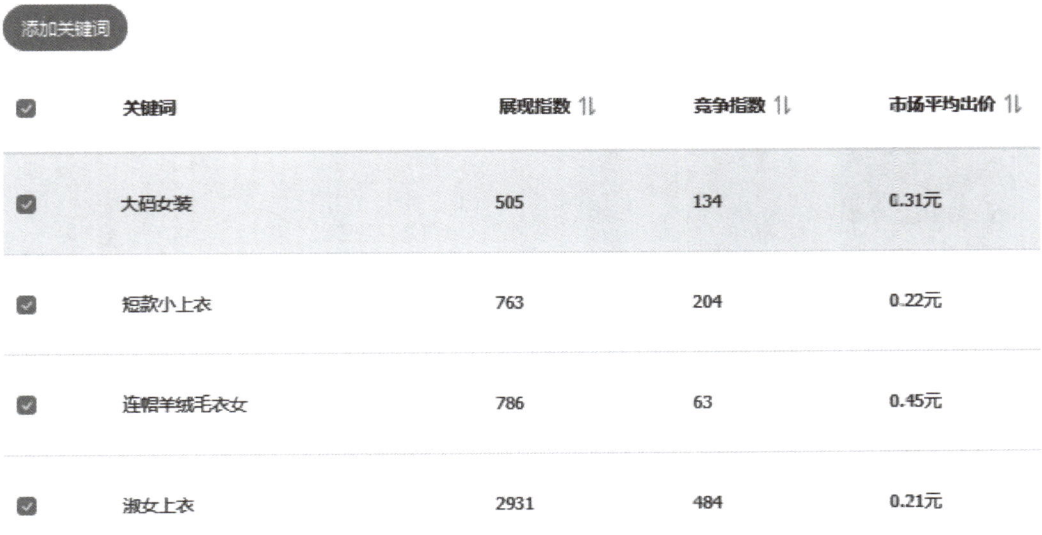

添加关键词

☑	关键词	展现指数	竞争指数	市场平均出价
☑	大码女装	505	134	0.31元
☑	短款小上衣	763	204	0.22元
☑	连帽羊绒毛衣女	786	63	0.45元
☑	淑女上衣	2931	484	0.21元

图 3-2-28　添加关键词界面

词推荐

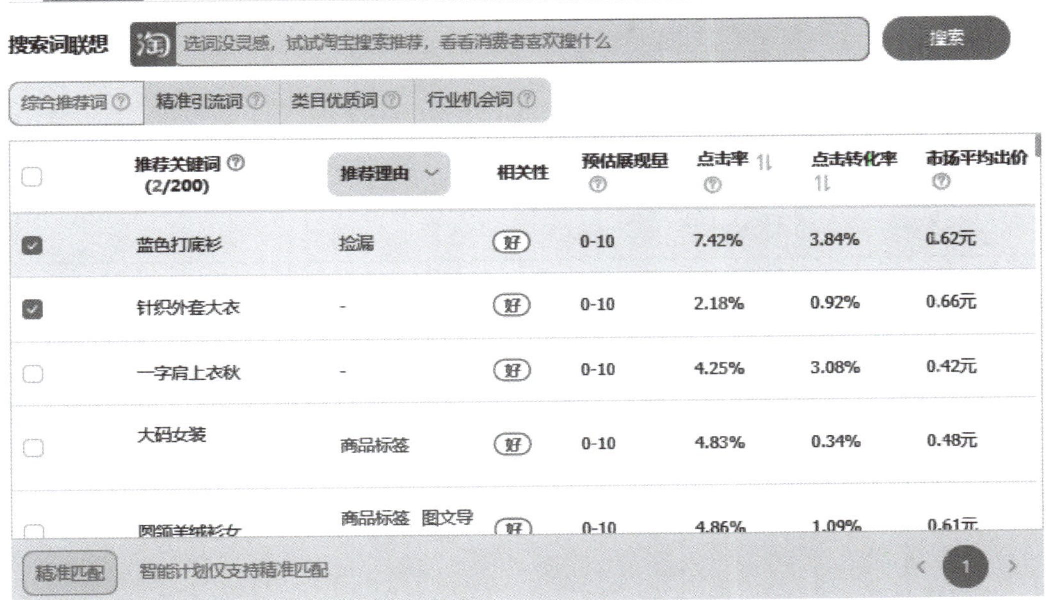

图 3-2-29　关键词的类型

步骤七，完成智能计划的创建。

1. 标准计划和智能计划的区别是什么?
2. 如何使用淘宝直通车推广创建的套餐包?

思考与练习

任务评价

根据本任务的学习情况，按知识、技能两个指标进行自我评价、小组评价和教师评价，填写表 3–2–1。

表 3–2–1 “淘宝直通车推广设置”学习任务评价表

学习任务评价表					
评价指标	评价内容	配分	自我评价	小组评价	教师评价
知识	淘宝直通车投放设置类型	30 分			
技能	标准计划的创建	35 分			
	智能计划的创建	35 分			
合计		100 分			
综合评价					

学习任务 3 淘宝直通车选词选款

学习目标

知识目标

1. 熟悉淘宝直通车选词的类型
2. 熟悉淘宝直通车选款的原则
3. 了解淘宝直通车定款的指标

技能目标

1. 能完成淘宝直通车的选款
2. 能完成淘宝直通车的测款

任务描述

本任务要求学生从淘宝网店的千牛后台中，选择淘宝直通车的营销推广模式，学习淘宝直通车的选词、选款与定款。

相关知识

一、淘宝直通车选词

淘宝直通车的选词工作主要聚焦于标准计划，商家需在此计划中精挑细选关键词，以实现更精准的推广效果。

1. 关键词选择入口

建立标准计划并选择商品后，在关键词设置界面会出现词列表，可以按照自己的需求勾选，如图 3-3-1 所示。

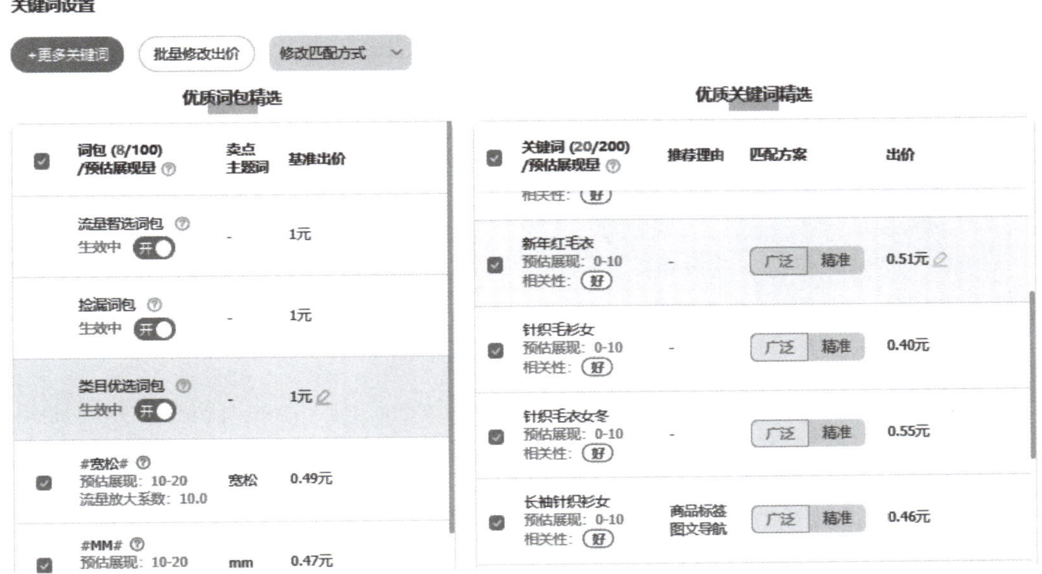

图 3-3-1　关键词设置界面

其中，点击“批量修改出价”可以进行自定义出价，提高或降低出价幅度，提高或降低出价百分比，如图 3-3-2 所示。点击“修改匹配方式”可根据对关键词的精准需求，选择广泛匹配或者精准匹配，如图 3-3-3 所示。

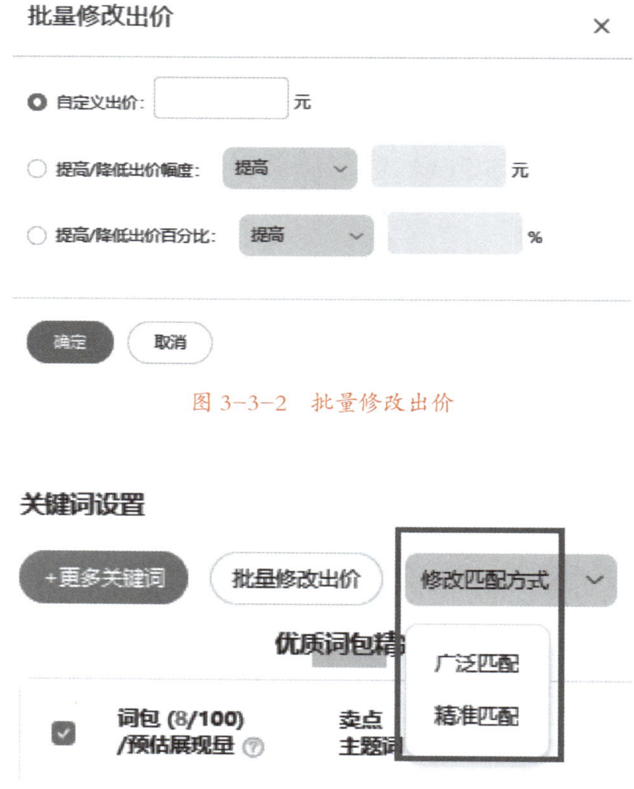

图 3-3-2　批量修改出价

图 3-3-3　修改匹配方式

（1）广泛匹配

用户搜索关键词与商家添加的推广词相关时，广告就有机会展示。比如，商家自主添加推广词“连衣裙”并设置广泛匹配，当用户搜索“连衣裙”“碎花连衣裙”“复古连衣裙”“长裙”等时，店铺广告都有机会得到展示。

（2）精准匹配

用户搜索关键词和商家添加的推广词完全一致时，广告才会有机会展示。比如，商家自主添加推广词“连衣裙”并设置精准匹配，用户只有搜索“连衣裙”时，店铺广告才有机会得到展示。

2. 流量智选词包

流量智选词包是基于商品特性进行流量拓展的有效工具，旨在扩大触达潜在用户的搜索意图范围，如图 3–3–4 所示。同时，通过启用关键词动态管理功能，能够实现新优质关键词的自动引入和长期无展现自选词的优化管理，确保关键词库的动态更新与高效运作。值得一提的是，流量智选词包每日上午会自动调整购买词一次，以适应市场变化和满足用户需求。

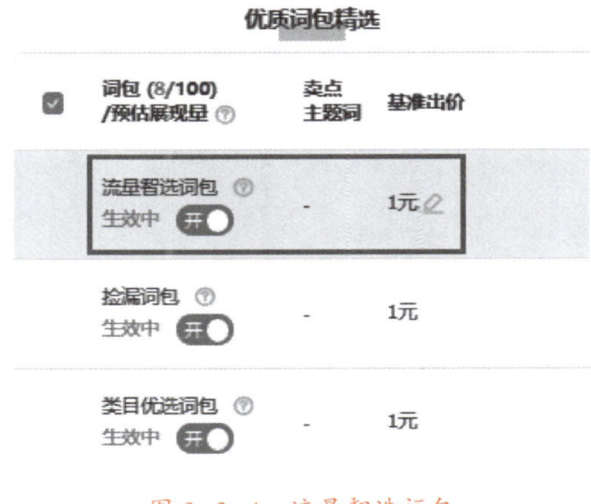

图 3–3–4　流量智选词包

当在关键词设置界面上启用流量智选词包功能后，经过一段时间的运行，系统将自动披露词包内的优质关键词。此时，商家可选择将这些优质关键词添加到自选词中进行独立管理，以便更精准地控制推广策略。同时，对于不再需要的关键词，商家可轻松进行屏蔽操作，以减少不必要的投入。对于长期无展现的关键词，系统提供托管服务，可帮助商家优化关键词库，提升推广效果。

3. 添加更多关键词

点击“添加关键词”可以看到系统推荐词，系统推荐词包括精准引流词、类目优质词、行业机会词和综合推荐词，如图 3–3–5 所示。

词包推荐　词推荐

搜索词联想　淘　选词没灵感，试试淘宝搜索推荐，看看消费者喜欢搜什么　搜索

综合推荐词　精准引流词　类目优质词　行业机会词

推荐关键词 (0/200)	推荐理由	相关性	预估展现量	点击率	点击转化率	市场平均出价
半高领羊绒衫女	商品标签	好	0-10	3.37%	0.69%	1.15元
针织衫女秋冬	捡漏	好	0-10	5.59%	1.58%	0.55元
毛衣开衫	商品标签　图文导航	好	0-10	5.39%	0.76%	0.48元

图 3–3–5　添加关键词

（1）精准引流词

精准引流词包括所选商品在淘宝搜索场景的进店引流词，以及与商品相关性较高

的店铺进店引流词。精准引流词涉及的数据指标有进店次数、引导下单数、下单转化率和市场平均出价，如图 3–3–6 所示。

图 3–3–6　精准引流词

（2）类目优质词

类目优质词是与商品二级类目相同，属性、价格类似，且点击或转化效果较为优质的关键词。点击关键词后的“换一换”图标，会在列表末位展现替换后的新词。类目优质词涉及的数据指标有展现指数、点击率、点击转化率和市场平均出价，如图 3–3–7 所示。

综合推荐词　精准引流词　类目优质词　行业机会词　指数筛选: 全部　昨天

推荐关键词 (0/200)	相关性	展现指数	点击率	点击转化率	市场平均出价
针织打底衫女秋冬	好	82,502	6.52%	1.70%	0.54元
冷淡系高级感上衣	好	7,162	4.36%	3.21%	0.39元
卫衣女秋冬	好	243,100	4.94%	1.36%	0.57元
拉链开衫毛衣女	好	2,270	5.83%	1.94%	0.34元
圣诞毛衣	好	43,367	5.72%	1.17%	0.49元

图 3–3–7　类目优质词

（3）行业机会词

行业机会词是行业上搜索热度较高，或搜索趋势上涨 / 竞争度较小，且与商品相关度较高的关键词。行业机会词涉及的数据指标有搜索指数、竞争指数和市场平均出价，如图 3–3–8 所示。

综合推荐词 | 精准引流词 | 类目优质词 | 行业机会词 | 昨天

	推荐关键词 (0/25)	相关性	搜索指数	竞争指数	市场平均出价
	针织打底衫	好	45,664	1,614	0.53元
	针织打底衫女	好	40,178	2,043	0.47元
	毛衣开衫	好	203,863	1,358	0.48元
	红色毛衣女	好	87,817	906	0.46元
	毛衣开衫女	好	79,070	1,264	0.49元

图 3-3-8　行业机会词

（4）综合推荐词

综合推荐词是系统推荐出的与商品相关度较高且预估添加后效果较好的关键词，综合推荐词涉及的数据指标有预估展现量、点击率、点击转化率和市场平均出价，如图 3-3-9 所示。

综合推荐词 | 精准引流词 | 类目优质词 | 行业机会词

	推荐关键词 (0/200)	推荐理由	相关性	预估展现量	点击率	点击转化率	市场平均出价
	长袖打底衫女内搭	捡漏	好	0-10	5.79%	1.81%	0.53元
	女秋冬长袖打底衫	商品标签　捡漏	好	0-10	5.88%	3.94%	0.46元
	小众设计感打底衫女	-	好	0-10	5.23%	0.78%	0.51元
	羊绒衫女100纯羊绒中长款	-	好	0-10	4.36%	1.02%	0.61元

图 3-3-9　综合推荐词

二、淘宝直通车选款、测款与定款

1. 选款原则

（1）销量选款

销量高的款通常受众广，受欢迎程度高，如果店铺已经拥有这类商品，可以选择

继续推广，提高商品的权重和自然流量。

（2）搜索选款

通过查看后台大数据，了解近期哪些关键词和商品类型的搜索指数较大，然后根据这些信息，结合自身的商品进行选择。这种方式需要对数据有一定的敏感性。

（3）热销属性分析

分析市场上最热销的商品都有什么特性，并根据季节、潮流等因素来确定备选爆款。同时，要注意分析未来可能出现的热门商品，以便提前布局。

（4）市场竞争分析

分析竞争对手的市场占有率和价格策略，以及竞争对手的优势和劣势。此外，还需要考虑自己的商品与竞争对手之间的优劣差异。

（5）款式基础点击率测试

通过测试所选商品的点击率来判断其是否具有成为爆款的潜力。如果点击率低于一定比例（如 0.3%），则可能不具备爆款的潜质。

（6）咨询与成交分析

引入大量流量后，观察商品的点击量和成交量。如果点击量高而成交量少，或者有较高的退货率，则说明这款商品可能不适合作为爆款。

（7）售后与反馈分析

在选择商品时，还应关注买家的反馈，特别是要关注那些成交后的买家反馈，如果发现商品质量差或退货率高，可能会影响爆款的打造。

2. 测款方法

对于一般类目，选择 10～15 个与商品高度相关的关键词，卡位出价 4～6 名的位置，如果点击费用较高，可以调整卡位出价到 7～10 名的位置，操作时首先进行精准匹配，如果没有流量，再打开广泛匹配。

在做标题的时候，应把相关度高的关键词全部添加进去，打开创意标题，投放时间选择 09：00～24：00，平台选择投放站内，并进行相应的地域设置。

分析数据时不能分析短期数据，应对近几天累计数据进行分析，这样可以缩小误差。

在测款的时候，收藏率和加购率数据是最具备参考意义的，因此主要观察这两个数据。一般收藏率和加购率超过 6%～10% 的款就可以进行推广了。

标品类目测款添加关键词时建议加二级长尾词，以及行业内搜索量比较大的关键词，避免广泛匹配导致流量过于集中。

非标品类目一般关键词的数量会比较多，因此添加关键词时不需要加太多，选择精准且搜索流量高的词即可。

3. 定款指标

根据以下五个指标决定是否定款。

（1）引流能力

引流能力是指在同等的点击扣费单价前提下，能够获取更大流量的能力。一个商品要想成为爆款，必须具备强大的引流能力。

（2）引流成本

引流成本是指在同等点击量的前提下，商品的点击扣费单价更低。

（3）流量价值

流量价值是指流量给店铺创造的价值，主要体现在销售量、转化率等方面。

（4）访客利润价值

访客利润价值是指访客能给商家带来的利润大小。

（5）点击率、转化率、收藏率、加购物车量

点击率和转化率这两个指标基本达到行业均值即可。收藏率、加购物车量要高于行业均值。

技能实训

实训 1：选款

要求：使用淘宝直通车进行选款。

具体步骤如下：

步骤一，打开淘宝直通车，进入品类界面，首先选择时间段，如果店铺的数据量比较大，可以选择 7 天，如果店铺的数据量不是特别大，则可以选择 30 天，一般店铺建议选择 30 天的数据，如图 3-3-10 所示。

步骤二，在进行选款时，选择的访问类数据指标分别是商品访客数、商品加购件数和商品收藏人数，转化类数据指标分别是支付买家数和搜索引导支付转化率，如图 3-3-11 所示。

步骤三，将支付买家数按从大到小进行排列。在选款时，支付买家的数量不能太低，可以选择前三款，然后再分析搜索引导支付转化率。如图 3-3-11 所示，前三款的支付转化率分别是 0.53%、1.52% 和 1.44%，由于第一款的支付转化率比较低，所以不能选择。

步骤四，最后选定推广的商品是第二款和第三款，如图 3-3-12 所示。

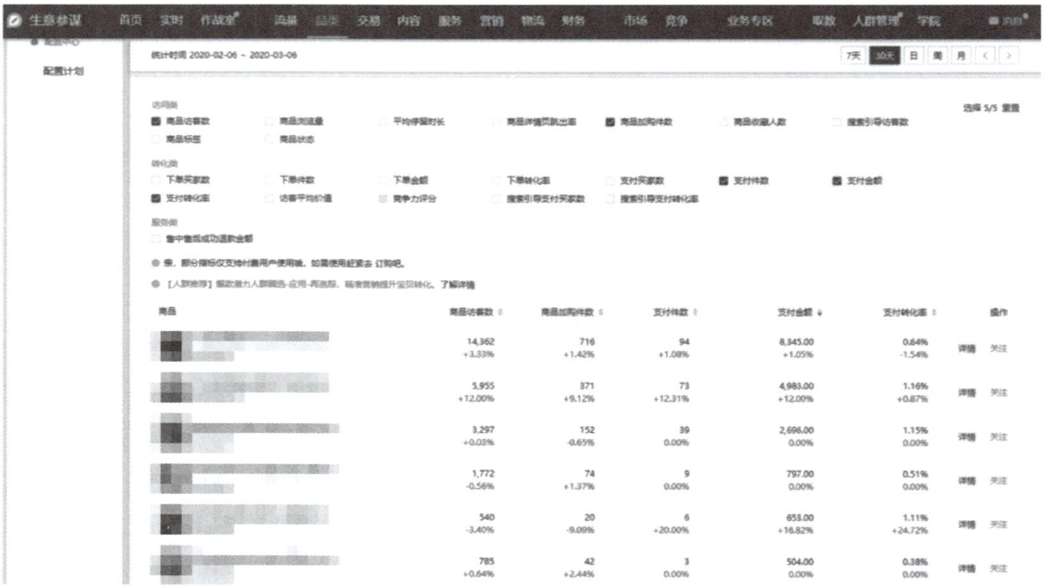

商品	商品访客数	商品加购件数	支付件数	支付金额	支付转化率	操作
[illegible]	14,362 +3.33%	716 +1.42%	94 +1.08%	8,345.00 +1.05%	0.64% -1.54%	详情 关注
[illegible]	5,955 +12.00%	371 +9.12%	73 +12.31%	4,983.00 +12.00%	1.16% +0.87%	详情 关注
[illegible]	3,297 +0.03%	152 -0.65%	39 0.00%	2,696.00 0.00%	1.15% 0.00%	详情 关注
[illegible]	1,772 -0.56%	74 +1.37%	9 0.00%	797.00 0.00%	0.51% 0.00%	详情 关注
[illegible]	540 -3.40%	20 -9.09%	6 +20.00%	653.00 +16.82%	1.11% +24.72%	详情 关注
[illegible]	785 +0.64%	42 +2.44%	3 0.00%	504.00 0.00%	0.38% 0.00%	详情 关注

图 3-3-10　品类界面

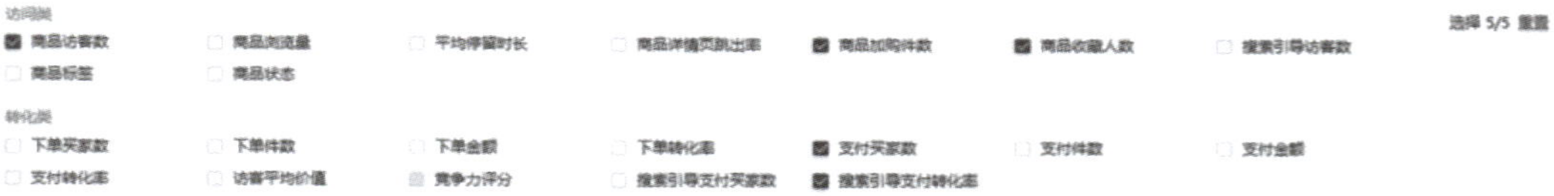

图 3-3-11　选款所需的数据指标

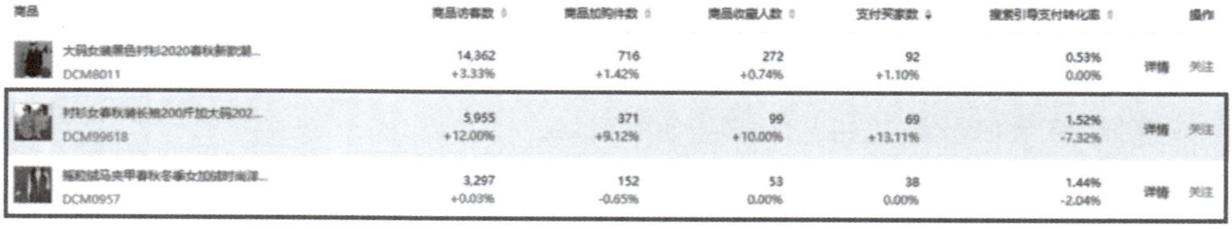

商品	商品访客数	商品加购件数	商品收藏人数	支付买家数	搜索引导支付转化率	操作
大码女装黑色衬衫2020春秋新款潮… DCM8011	14,362 +3.33%	716 +1.42%	272 +0.74%	92 +1.10%	0.53% 0.00%	详情 关注
衬衫女春秋装长袖200斤加大码202… DCM99618	5,955 +12.00%	371 +9.12%	99 +10.00%	69 +13.11%	1.52% -7.32%	详情 关注
摇粒绒马夹甲春秋冬季女加绒时尚洋… DCM0957	3,297 +0.03%	152 -0.65%	53 0.00%	38 0.00%	1.44% -2.04%	详情 关注

图 3-3-12　选定推广商品

步骤五，在选款的时候，如果支付买家数和搜索引导支付转化率还没有数据产生，则需要查看的数据指标是商品加购件数、商品收藏人数和商品访客数。（商品加购件数＋商品收藏人数）/ 商品访客数＝收藏加购比，收藏加购比高代表用户购买该商品的意向高，说明该商品很有潜力。

实训 2：测款

要求：使用淘宝直通车进行测款。

具体步骤如下：

步骤一，关键词的选择和出价。关键词选择和商品属性、卖点相关度高，搜索量靠前的关键词，如图 3–3–13 所示。数量在 30 个以上，可以通过淘宝下拉框找到热搜词，也可以通过直通车计划的“添加关键词”选择。关键词出价在市场均价的 80%，如果想快速拿到数据，则可以高于市场均价 20%，再根据具体情况进行调价。

添加关键词

宝贝推词 | 搜索关键词 | 同步淘宝网搜索，请点击查看系统推荐的关键词

所有推荐词 > 移动设备　　共推荐 508 个关键词

选择设备： 全部 计算机 移动设备

推荐理由： 全部 热搜词 潜力词 同行词 飙升词 手机标 更多　　指数筛选： 全部

关键词	推荐理由	相关性	展现指数	市场平均出价	竞争指数	点击率	点击转化率
<< 女鞋			5648454	0.28元	9825	0.55%	0.38%
<< 凉鞋			3893825	0.42元	10103	1.18%	0.55%
<< 高跟鞋			1664292	0.67元	6089	1.41%	0.35%
<< 鞋			1036808	0.65元	5809	0.88%	1.19%
<< 2016女鞋夏新款凉鞋			274078	0.23元	2514	1.61%	0.36%
<< 洞洞鞋 女			225557	1.14元	1987	4.25%	5.09%
<< 鞋 女 凉鞋			223515	0.30元	3192	2.07%	0.77%

图 3–3–13 添加关键词

步骤二，投放平台、投放时间和投放地域等的设置。在制订测款计划时，日限额的设定需根据待测商品的数量及其特性来量身定制。投放平台应优先选站内，同时需避免开启定向与智能投放功能，以确保测款数据的真实性和准确性。对于投放时间，可参照行业通用模板，或依据店铺的访问高峰期来个性化设置。在投放地域的选择上，建议全面开放，不局限于特定省市，但对于偏远地区，可以选择性排除。

步骤三，动态调整计划执行。测款的目标是累计至少 500 次点击量，整个测试过程应控制在 1 ~ 7 天内完成。为确保数据的均衡性，需每隔 3 小时检查一次数据变化，以防某些关键词的点击量异常飙升。理想情况下，点击应均匀分散至多个关键词，若单个关键词的点击数未达到 50 次，或某一关键词的点击量占比超过总量的 70%，则需及时剔除该关键词。在此过程中，商品的收藏、加购情况以及转化率都是重点观察的对象，同时还要密切关注点击率的变化。

若发现点击量持续低迷，可能是平均点击单价设置过低所致，此时应适度提高关键词出价。在平均点击单价的可承受范围内，应尽量提升广告排名，以增加曝光率。当广告获得足够的流量或花费达到预定上限时，再进行相应的价格调整。

步骤四，数据汇总与款式选定。测款结束后，需详细记录每款商品的相关数据。

通过表格对比各款商品的点击率与转化率，挑选出表现优异的款式作为主推商品。若某些款式虽未实现直接转化，但其在购物车添加与商品收藏方面表现突出，亦可考虑作为主推款。最终，依据综合数据选定 1～2 款商品进行重点推广。

思考与练习

1. 淘宝直通车选词的途径有哪些?
2. 简述淘宝直通车选款的方法。

任务评价

根据本任务的学习情况，按知识、技能两个指标进行自我评价、小组评价和教师评价，填写表 3–3–1。

表 3–3–1 “淘宝直通车选词选款”学习任务评价表

学习任务评价表					
评价指标	评价内容	配分	自我评价	小组评价	教师评价
知识	淘宝直通车选词的类型	20 分			
	淘宝直通车选款的原则	20 分			
	淘宝直通车定款的指标	20 分			
技能	完成淘宝直通车的选款	20 分			
	完成淘宝直通车的测款	20 分			
合计		100 分			
综合评价					

学习任务 4　淘宝直通车推广优化

学习目标

知识目标

熟悉淘宝直通车推广常见的问题及产生的原因

技能目标

1. 能优化质量分
2. 能优化点击率

任务描述

本任务要求学生熟悉淘宝直通车推广常见的问题，如无展现或展现少、无点击或点击少、质量分低等情况，通过相应的学习，掌握优化质量分和点击率的方法。

相关知识

一、淘宝直通车推广常见问题

1. 无展现或展现少

推广的商品没有展现量或展现量很少，主要是因为淘宝直通车各个流量入口的使用存在问题。

（1）与商品标题有关

关键词的精准度会影响商品的展现，精准度过高或过低，展现率都会受影响。精准度过高，买家的查找率就会偏低；精准度过低，会导致与商品的匹配度低，买家也难以查找到该商品。具体体现在以下几个方面：

1）关键词乱用，导致商品违规，轻则下架商品，重则不能发布。

2）关键词堆砌，与商品相关的关键词直接罗列，其中包含多个重复字词或标题语句不通顺。

3）关键词选择错误，热门词与长尾词的流量层级不同，特别是长尾词可能无流量。

4）关键词数量过少，无法多方位引入流量。

5）关键词出价较低，导致关键词的综合排名靠后。

（2）与商品属性有关

商品属性应尽可能地填写完整，且避免出现错误。整个淘宝平台就像一个大仓库，仓库里有各种货架，搜索引擎就像是一个拣货的机器人，当买家在搜索引擎输入某个关键词时，搜索引擎就会通过关键词找到对应的“货架”。所以商家在发布商品时所填写的各种商品属性，就好比将商品放在对应的“货架”上，只有正确填写商品的各种属性信息，才能让买家在搜索引擎搜索商品的时候精准地找到商品。

（3）与商品类目有关

如果商品类目没有放置准确，会导致推广权重很低，展现量自然也会很低。可以通过淘宝直通车的搜索分析功能来确定商品应该放在哪个类目下，以便更容易获得展现。例如，塑身衣商品如果直接放在女装/女士精品类目下，就很难获取到流量，正确的做法应该是将塑身衣商品放在女士内衣/男士内衣类目下。

2. 无点击或点击少

（1）店铺的展现程度不够丰富

一些特别的地域、人群等不能够搜索到相关的店铺信息，应适当放开相应权限，使得店铺进一步得到人群、地域的推送。

（2）商品关键词和商品属性的相关度不高

商品关键词和商品属性的相关度不高，尽管商品有展现，但是买家会根据主图和标题去判断商品是不是自己所需要的，如果买家希望搜索到的商品与实际所展现出的商品有出入，那么买家是不会去点击的。

（3）商品价格、标题、创意、销量不佳

当店铺中的商品与其他店铺商品差别不大时，价格太高或者太低，买家可能都不会点击。

标题没有吸引人注意的点，也会影响到买家的点击。

创意是影响广告效果的重要因素，点击率的高低与创意好坏直接相关。如果广告的创意不够吸引人，用户就不会点击进去浏览商品信息，进而导致点击率下降。

商品销量过低，无法获得好的排名，也就没有好的展现，点击率自然也无法得到提升。

3. 质量分低

（1）创意效果不佳

创意包括标题的创意、直通车图片的创意、品牌的创意、色彩及文案的创意等，创意效果主要体现在点击率上。创意效果越好，质量分越高，点击率也就越高。

（2）相关度低

如果关键词与商品类目、商品属性及标题等信息的相符程度低，则质量分也会相应较低。

（3）买家体验差

买家体验是基于用户在店铺的购物体验及近期关键词推广效果的综合评价，包括收藏和加购人数、好评率、转化率、详情页设计、旺旺回复速度、页面跳出率、平均浏览时间等，这些方面都直接或间接影响着买家体验和质量分。

二、淘宝直通车质量分优化

1. 创意效果优化

创意效果的优化重点在于对主图的优化，图片应当清晰美观，有适当的促销信息；标题应当包含主要关键词，突出商品的卖点，从而吸引买家注意并产生点击。

2. 相关度优化

（1）提升关键词的相关度

1）使用系统推荐词。添加关键词的时候，通过使用“系统推荐词”或者“相关词查询”，可以按照质量得分排序或者按照流量排序进行关键词的选择，从而快速调整关键词的质量得分。

2）运用出价技巧。可以将质量得分高的关键词提高出价，用较少的出价提升获得更多流量回报。

3）最相关的关键词多设置。可以参照商品标题属性设置更多的关键词。例如，推广一款刺绣连衣裙，可以将“刺绣连衣裙”拆分成 3 个中心词“刺绣”“连衣裙”“刺绣连衣裙”，然后分别按照这 3 个中心词去添加一些更精准的关键词。

4）权衡关键词对商品的价值与贡献。使用流量解析工具能够分析出关键词和类目的流量情况，如图 3-4-1 和图 3-4-2 所示是使用解析工具分析流量的截图。

通过分析，可以判断不同关键词对商品流量的贡献度，依此选择出最优关键词。

（2）提升类目、属性的相关度

从买家的搜索、购买行为习惯，可以归纳总结出大部分买家期望看到的商品所属类目和属性，淘宝直通车会优先展示这些类目、属性下的商品。

1）检查类目发布是否正确。很多商家对自身商品的定位很模糊，容易将商品的类目发布错误，从而导致质量分很低，所以首先需要检查商品类目是否发布正确。

2）检查属性填写是否正确。为了提高质量得分，建议严格遵守淘宝网商品发布规则，正确且完整地填写商品属性。

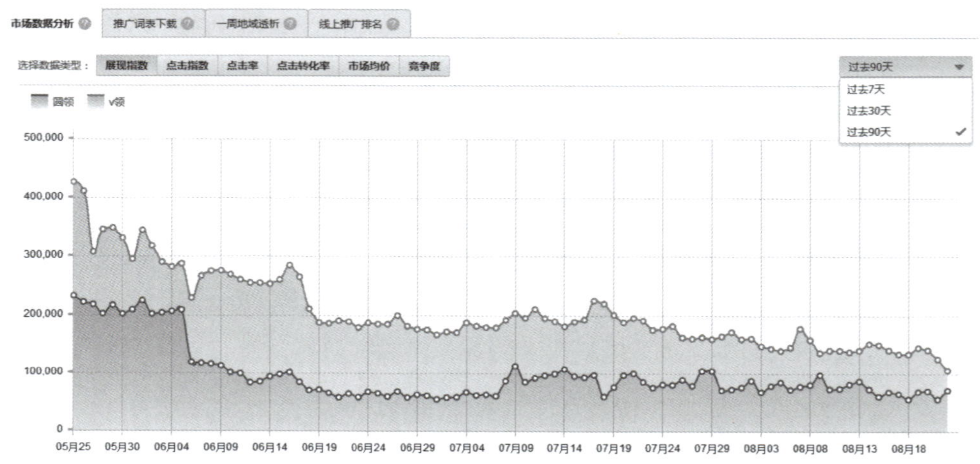

图 3-4-1　市场数据分析

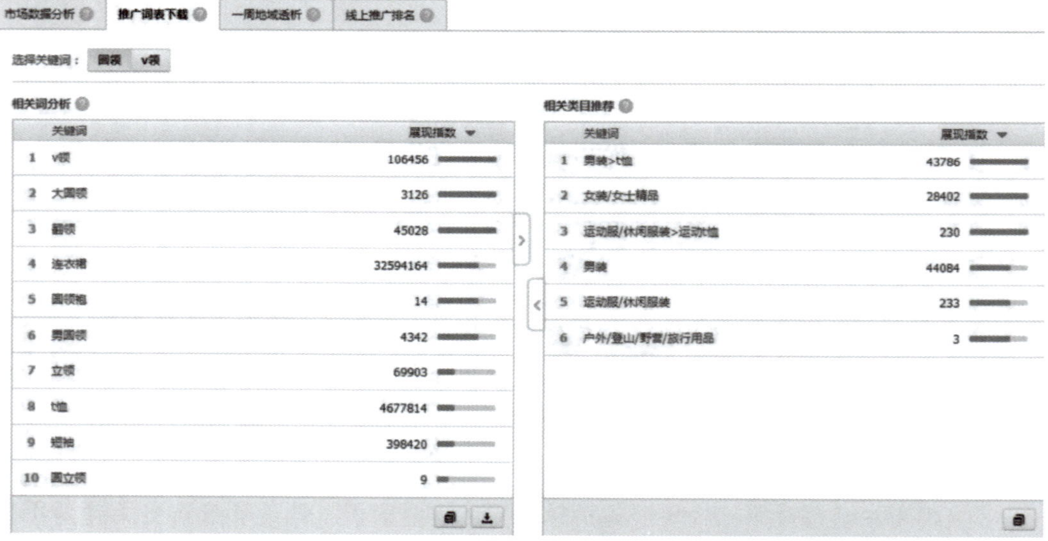

图 3-4-2　推广词表下载

3. 买家体验优化

在买家体验的影响因素中，收藏、加购、转化是影响比较大的因素。商家需要在平时维护好商品，做好售后服务，尽量减少中差评的出现，同时提高商品的销量。

三、淘宝直通车点击率优化

1. 优化标题

好的标题是提高点击率的门槛，在选择关键词的时候不能盲目地选择热度高的关

键词，而要选择符合自身商品定位和优势的关键词，这样才能够在获得流量的同时匹配到精准的用户。

2. 优化创意图

在淘宝上购买商品的时候看不到实物图，一般只能通过图片去判断商品的信息，所以在优化主图的时候，一定要保证主图简洁明了，突出商品的卖点，吸引买家的注意。

另外，在设计创意图的时候，可以利用好节假日这一创意元素，如在母亲节的时候，可以将主图文案换成“买的不是商品，买的是一颗孝心”，这样容易使买家产生共鸣心理，从而吸引买家点击并购买商品。

3. 低价引流

通过低价引流提高点击率是一个不错的做法，如可以把商品设置为单价 9.9 元，用户看到价格低的商品，点击的可能性就会增加。

技能实训

实训：某儿童服装店铺淘宝直通车推广优化分析

要求：某家主打儿童服装类目的店铺，销售的商品款式较为大众，转化率较低。在未做淘宝直通车的数据分析之前，商家一直认为是由于商品过于大众化导致的转化率偏低，进而造成直通车数据较差。下面针对其直通车推广的数据，查找具体的原因以及相应的优化方法。

具体步骤如下：

步骤一，分析店铺存在的问题。首先看该店铺 10 月的淘宝直通车推广数据，见表 3-4-1。

表 3-4-1　淘宝直通车推广数据

关键词转化数据简报（2023-10-1 至 2023-10-31）						
花费	点击量	平均点击花费	三天成交金额	三天成交笔数	三天收藏量	三天点击转化率
123 462.08 元	122 687 次	1.13 元	99 125.91 元	1 601 笔	6 015 次	1.46%

由以上数据可以总结得出，目前店铺存在的主要问题是流量基数较大，但不精准，导致投入产出不成正比。优化方向是在保证原有流量的基础上，提高转化率，降低平均点击花费，提高投入产出比。

步骤二，优化步骤详情。

1. 选款。目前，店铺的主推商品是中等价位的儿童针织衫。这款商品具有广泛的受众基础，这是其显著优势。然而，广泛的受众面也带来了市场上的激烈竞争，成为其不可忽视的劣势。这类商品通常销量提升迅速，这得益于消费者的从众购买心理。因此，想要成功推广，关键在于实现高转化率，确保该款商品在同类、同价位商品中具有更高的购买转化优势。该款商品的视觉效果颇具吸引力，能够有效捕捉买家的注意力。目前，其月销量稳定在大约 800 件，已成为店铺的小爆款（见图 3–4–3）。

该款商品在店铺中的流量占比相当大，但受到单价相对较低的影响，投资回报率也相应偏低。鉴于该商品已形成小爆款趋势，并对店铺业绩产生显著正面效应，应继续加大对这款爆款的推广力度。为了提升客单价，在众多价格略高于这款爆款的商品中精心挑选了两款进行测试。通过淘宝直通车的点击和转化测试，并详细计算了利润率和转化率等指标，最终选定了一款作为辅助推广商品（见图 3–4–4）。

图 3–4–3　主推商品

图 3–4–4　辅助推广商品

新款商品推出后迅速获得市场响应，刚上市就成功售出 300 件，显示出小爆款的潜力。随着其销量的持续增长，有望逐渐升级为大爆款。虽然目前的销售主力仍是原先的爆款商品，导致客单价仅有小幅提升，但随着新款商品的销量逐渐攀升，客单价也会随之稳步提高。

2. 选词。选词策略的制定需紧密结合店铺的实际情况。针对优化方向，可以从关键词的精准性入手进行调整。目前，主要的成交词来源于关键词和定向推广计划，但这种方式存在转化率低和竞价高的问题。

尽管“儿童服装”和“针织衫”这类关键词能带来大量流量，但由于竞争激烈，其转化率相对较低。考虑到用户的购物习惯，不必将这些词放在搜索的前列，即便放在后面，也能获得可观的流量。过度追求前排位置可能会导致投入产出比失衡，使得淘宝直通车的成本过高。

在打造爆款的初期，大流量关键词确实可以迅速提升流量，但转化率往往不尽如人意。当商品销量达到一定基数后，需要转变策略，通过提高流量的精准性来提升转化率，并降低每次点击的费用。

为此，应对关键词进行大幅调整。首先，降低“儿童服装”“针织衫”等关键词的出价，并将这部分预算转移到精准关键词的投放上。在降低关键词排名的同时，也需要解决流量减少的问题。可以以行业搜索和成交表现良好的属性词为核心，搜索并添加更多精准关键词，以弥补关键词流量减少带来的影响。这样，不仅能保证流量的稳定性，还能提高精准流量的占比，以此提高转化率。

1. 淘宝直通车如何优化质量分?
2. 淘宝直通车如何优化点击率?

任务评价

根据本任务的学习情况，按知识、技能两个指标进行自我评价、小组评价和教师评价，填写表 3-4-2。

表 3-4-2 “淘宝直通车推广优化”学习任务评价表

学习任务评价表					
评价指标	**评价内容**	**配分**	**自我评价**	**小组评价**	**教师评价**
知识	无展现或展现少的原因	20 分			
	无点击或点击少的原因	20 分			
	质量分低的原因	20 分			
技能	优化质量分的技巧	20 分			
	优化点击率的技巧	20 分			
合计		100 分			
综合评价					

项目四
阿里妈妈引力魔方推广

项目概述

阿里妈妈引力魔方是一款覆盖淘宝首页猜你喜欢、淘宝焦点图等多元化优质精准流量的推广工具，旨在全面满足商家的推广需求。从用户进入淘宝开始浏览，到点击收藏、加购，直至订单成交，阿里妈妈引力魔方的流量资源场景均有深度覆盖，从而全面解决商家在推广投放过程中遇到的流量瓶颈问题。

作为电商领域的得力助手，阿里妈妈引力魔方基于阿里巴巴庞大的大数据资源及先进的智能推荐算法，为店铺精准锁定潜在目标用户，有效激发其消费兴趣。它不仅能够高效地吸引新用户，更能强力促进转化，从而完成营销闭环，助力店铺整体流量的显著提升。

通过本项目的学习，可以掌握阿里妈妈引力魔方的功能组成和基本操作，明确阿里妈妈引力魔方在网店推广中起到的作用。

学习任务 1　认识阿里妈妈引力魔方

学习目标

- 知识目标

1. 了解阿里妈妈引力魔方的原理与作用

2. 认识阿里妈妈引力魔方的升级优势
3. 熟悉阿里妈妈引力魔方的准入条件

- **技能目标**

1. 能进行阿里妈妈引力魔方商品学习
2. 能登录阿里妈妈引力魔方平台入口

任务描述

本任务要求学生从淘宝网店的商家工作台中，选择“推广”中的“引力魔方”，学习引力魔方的原理与作用以及其新版升级的优势，同时了解其准入条件和要求，为使用阿里妈妈引力魔方开展网店推广做好准备。

相关知识

一、阿里妈妈引力魔方基础知识

阿里妈妈引力魔方通过特定的软件系统阿里妈妈向商家提供专业的服务。此服务允许商家根据自身设定的条件，在淘宝网等阿里妈妈关联网站，以及其他第三方网站（包括阿里妈妈关联公司或第三方所拥有或合法运营的因特网、移动网、软件用户端及/或其他网络形态的信息网络空间，以下统称“联盟网站”）的相关页面和/或界面上，自主发布推广信息。这一服务旨在为商家提供更加便捷、高效的推广方式，助力其业务增长。图 4-1-1 所示为阿里妈妈引力魔方界面。

图 4-1-1　阿里妈妈引力魔方界面

1. 阿里妈妈引力魔方的推广原理

阿里妈妈引力魔方的推广原理与淘宝直通车不同，只有了解这个工具的底层逻辑，才能应用好这个工具。阿里妈妈引力魔方分为 3 个工作阶段。

第一阶段：打标入池。如果要操作引力魔方，需要为商品打上标签，如果没有标签，引力魔方将不知道投给哪部分目标人群。此阶段的操作与出价和定向没有很大关系，取决于商品本身的标题属性。当商品被打上标签之后就可以入池了。

第二阶段：排名定价。只有完成第一阶段打标入池后才能进行排名定价。系统的定价公式如下：

$$系统定价 = 出价 \times 预估点击率$$

引力魔方的展现流量依据预分配原则，只有当预估点击率足够高时，获取的流量展现才会足够大。为此，需要及时删掉低点击率的创意，以便提高预估点击率。

第三阶段：数据指标优化。当有加购投产时，引力魔方系统会基于数据自动完成优化。

2. 阿里妈妈引力魔方的作用

阿里妈妈引力魔方具备卓越的人群组合投放能力，能够灵活投放各类定向组合人群，如相似商品人群、相似店铺人群、行业特色人群以及跨类目拉新人群等。在精准定位目标人群的过程中，引力魔方总能协助商家找到成本更低、效率更高的流量，这不仅降低了潜在用户转化为新客的成本，还优化了进店、收藏回购及首次购买的流转过程。

阿里妈妈通过引力魔方系统，为商家提供全面且多样的软件服务及信息发布相关功能。这些功能包括但不限于以下几点。

（1）商家可自主设置、修改或删除发布计划，并灵活调整发布时段、地域、人群及出价等条件。

（2）系统利用深度学习、数据挖掘及自然语言技术，对用户行为建模，精准理解其浏览意图，提高商品与用户兴趣的匹配效率。

（3）通过数据挖掘、深度学习及数据可视化分析，为商家提供定向人群圈选和用户画像分析，确保精准触达目标人群。

（4）借助图像检测、识别和视频理解技术，提供智能创意生成、编辑等自动化服务，降低操作成本，优化用户浏览体验。

（5）通过机器学习及数据挖掘技术，分析商家优化空间，并提供合理的优化建议。

（6）商家可便捷地设置或修改指定信息，系统支持一次上传多个信息，并自动优选展示。

（7）商家可设置日预算，系统协助控制扣费在合理范围内。

（8）商家可自主选择是否使用智能推广工具辅助推广设置。

（9）商家可自助预存软件服务费，实现自动扣费功能。

（10）系统提供详细的数据统计与报表出具服务，帮助商家了解点击量、展现量、预存款余额及消耗额等信息。

（11）商家可在淘宝网站及阿里妈妈及其关联公司的技术支持网站上享受信息发布相关服务。

（12）系统在商家发布信息时，若发现违规行为，将通过技术拦截等形式提示商家合规投放。

3. 阿里妈妈引力魔方新版升级优势

为了帮助商家降本提效，实现更高效、精准的长周期经营，阿里妈妈推出了新版引力魔方，在界面和功能上都进行了优化，主要体现在以下方面。

（1）资源升级丰富

阿里妈妈引力魔方覆盖超过 7 亿淘系用户，涵盖淘宝首页焦点图、猜你喜欢等多个淘内外核心资源，规模庞大，助力商家引爆店铺流量，新版升级所覆盖的人群规模创淘宝历史新高。

（2）营销闭环强化

通过多个资源位的整合，优质商品可获得更多展现与转化机会，构建从认知到购买的完整营销闭环，促进用户完成购买转化。

（3）人群定位精准

新增的“目标人群拓展”功能，基于选定人群特征，精准定位高价值意向人群，扩大投放规模，推动商品销量持续增长。

（4）智能出价优化

依托阿里巴巴大数据与业界领先的深度学习技术，精准筛选潜在用户，在给定成本及预算的情况下，实现营销目标最大化，提升投放效果。

（5）创意投放高效

引入创意组件与智能化创意，降低投放成本的同时，通过智能算法实现创意的个性化展示，有效吸引目标用户，提升沟通效果。

（6）管理功能升级

新版升级后的后台提供创意库管理、自定义报表等功能，实现创意的可管理、可沉淀、可复用以及报表的自由组合，满足个性化需求，同时提供多个商品工具，提升投放效率。

（7）个性化后台体验

首次推出个性化后台，根据用户不同阶段提供匹配的商品能力，优化投放效率与操作体验，实现更具个性化的服务。

（8）计划创建流程优化

新版升级后的后台采用计划组、计划、创意三层结构，简化了创建流程。计划组负责整体类型选择与管理，计划设置投放主体、定向人群等关键要素，最后绑定创意完成计划创建，实现更高效、有序的计划管理。

二、阿里妈妈引力魔方准入条件

根据《阿里妈妈营销拍档运营规则》，阿里妈妈引力魔方的准入条件如下。

1. 入驻条件

阿里妈妈引力魔方的入驻条件见表 4–1–1。

表 4–1–1　阿里妈妈引力魔方入驻条件

业务名称	入驻条件
引力魔方托管服务商	（1）必须是公司性质，且注册成立一年以上 （2）在商家服务市场注册时使用的支付宝账号已通过企业支付宝账户实名认证 （3）按对应申请的业务提供 3 份在合作中的商品托管商家协议，对应的商品需有实际消耗产生（申请时上传） （4）认可阿里妈妈广告商品对于商家的价值，将申请业务作为独立业务进行开展，且能提供近一年清晰明确的业务规划（在协议上传的同时上传）
引力魔方软件服务商	（1）必须是公司性质，且注册成立一年以上 （2）在商家服务市场注册时使用的支付宝账号已通过企业支付宝账户实名认证 （3）认可阿里妈妈广告商品对于商家的价值，将申请业务作为独立业务进行开展，且能提供近一年清晰明确的业务规划（申请时上传）

2. 保证金缴纳、变动

阿里妈妈引力魔方按不同业务类型应缴纳的保证金见表 4–1–2。

表 4–1–2　阿里妈妈引力魔方应缴纳保证金

业务类型	应缴纳的保证金
引力魔方托管	伍万元（50 000 元）
引力魔方软件	贰万元（20 000 元）

（1）服务商应缴纳的保证金将支付至服务商的支付宝账户内。

（2）服务商提供阿里妈妈营销商品托管 / 软件服务期间，淘宝平台有权根据服务商的业务发展情况或违规情形提高保证金。服务商应于收到淘宝平台通知后 10 日内补足提高部分的保证金。否则，淘宝平台有权将服务商清退出服务平台。

（3）服务商保证金按管理条例规定被扣除的，服务商应于被扣除之日起 7 日内，补足被扣除部分的保证金。否则，淘宝平台有权将服务商清退出服务平台。

技能实训

实训 1：阿里妈妈引力魔方商品学习

要求：打开阿里妈妈数智经营进行引力魔方商品学习。

具体步骤如下：

步骤一，打开阿里妈妈数智经营，界面如图 4–1–2 所示。

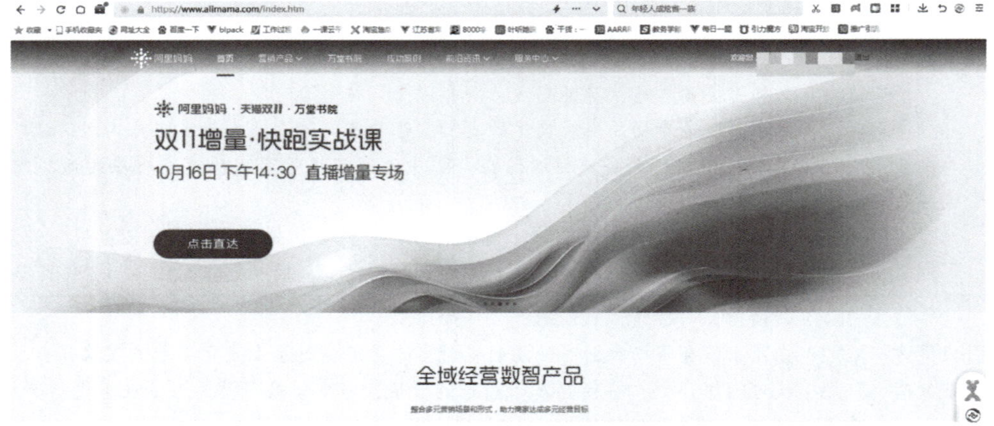

图 4–1–2 阿里妈妈数智经营界面

步骤二，选择菜单栏“营销产品”中的“引力魔方”，点击进入，如图 4–1–3 所示。

图 4–1–3 选择“引力魔方”

步骤三，进入“引力魔方”界面，点击“查看产品白皮书”，如图 4–1–4 所示。

图 4–1–4　查看产品白皮书

步骤四，选择产品白皮书左侧目录中的“平台介绍”“商户推广问题”“引力魔方计划类型建议”等进行自主学习，如图 4–1–5 所示。

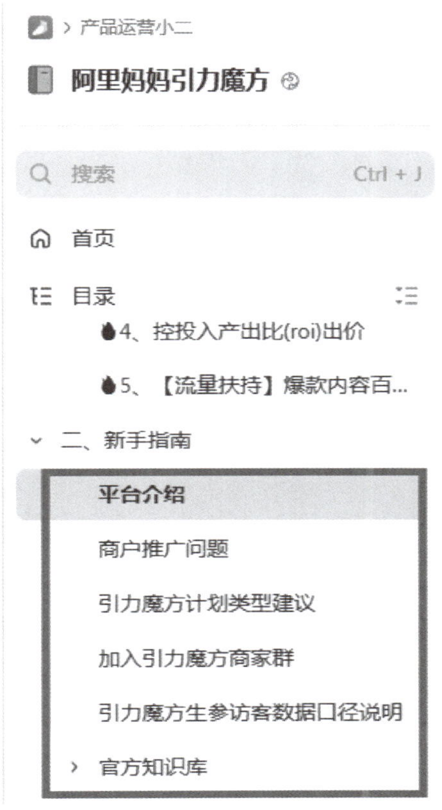

图 4–1–5　进行自主学习

实训 2：阿里妈妈引力魔方平台入口登录

要求：找到阿里妈妈引力魔方平台入口并登录。

具体步骤如下：

步骤一，进入淘宝首页，使用网店用户名和密码登录，点击页面右上角的“千牛卖家中心”，如图 4-1-6 所示。

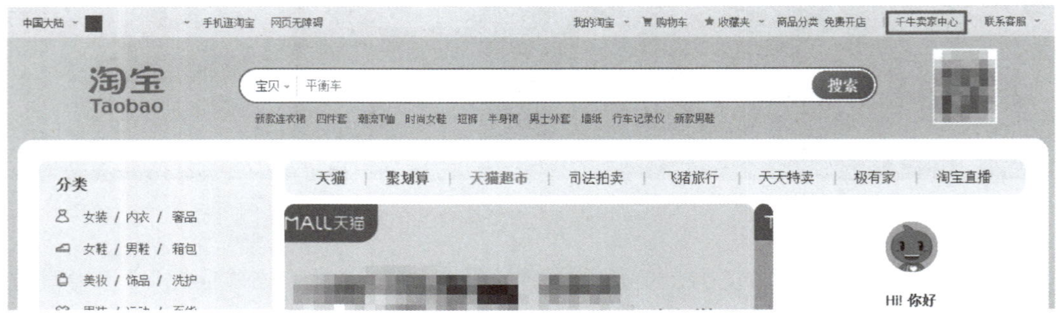

图 4-1-6　千牛卖家中心入口

步骤二，打开天猫店铺后台，选择“推广－引力魔方”，即可登录引力魔方，如图 4-1-7 所示。

图 4-1-7　引力魔方入口

思考与练习

1. 某网店想开通引力魔方进行网店推广，可是从网店后台点击“引力魔方”后显示“该账号不存在”。请分析出现这种情况的可能原因。
2. 将引力魔方与淘宝直通车进行对比，分析两者的区别。

任务评价

根据本任务的学习情况，按知识、技能两个指标进行自我评价、小组评价和教师评价，填写表 4-1-3。

表 4-1-3　“认识阿里妈妈引力魔方”学习任务评价表

学习任务评价表					
评价指标	评价内容	配分	自我评价	小组评价	教师评价
知识	阿里妈妈引力魔方的推广原理	20 分			
	阿里妈妈引力魔方的作用	20 分			
	阿里妈妈新引力魔方新版升级优势	20 分			
	阿里妈妈引力魔方准入条件	20 分			
技能	阿里妈妈引力魔方平台商品学习	10 分			
	阿里妈妈引力魔方平台入口登录	10 分			
合计		100 分			
综合评价					

学习任务 2　阿里妈妈引力魔方基础操作

学习目标

● 知识目标

1. 了解阿里妈妈引力魔方各功能模块
2. 掌握阿里妈妈引力魔方的计划类型及功能

● 技能目标

1. 能在阿里妈妈引力魔方中新建计划
2. 能在阿里妈妈引力魔方中管理计划
3. 能在阿里妈妈引力魔方中进行用户资产分析

任务描述

本任务要求学生掌握阿里妈妈引力魔方的一些基本操作，包括新建计划、管理计划、账户设置，通过这些基本操作，可以对阿里妈妈引力魔方的功能有更深入的了解，并为后续任务提供技能支撑。

相关知识

一、阿里妈妈引力魔方新建计划

阿里妈妈引力魔方标准计划分为计划组、计划、创意三层结构，通过全手动设置或手动 + 智能设置的组合，商家可以自定义投放主体、投放人群、出价等，也可以为不同目标的标准计划建立分组，方便管理和优化，如图 4-2-1 所示。

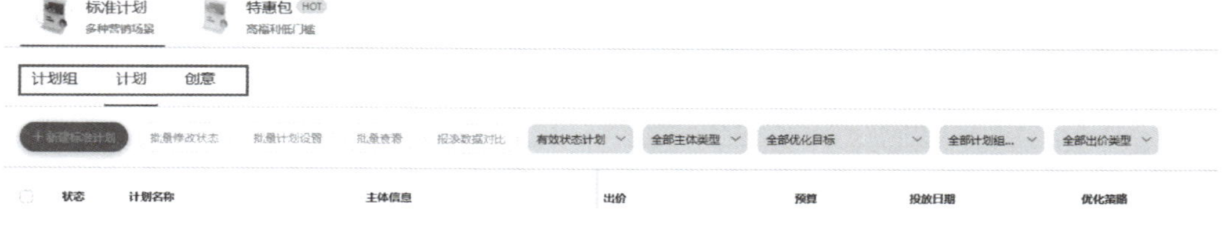

图 4-2-1 阿里妈妈引力魔方标准计划结构

1. 设置计划组

设置计划组可以选择计划组类型，以及对计划组进行管理，如图 4-2-2 所示。

2. 设置计划

设置计划可设置投放主体、定向人群、资源位、预算与排期。其中投放主体是投放计划的核心内容，分为商品、店铺、自定义 url。

（1）投放主体

投放主体的选择将直接影响资源位，其中选择“商品”时，可投放焦点图及信息流场景资源；当选择“店铺”“自定义 url”（url 代表统一资源定位符）时，仅可投放

焦点图场景资源。投放主体设置如图 4–2–3 所示。

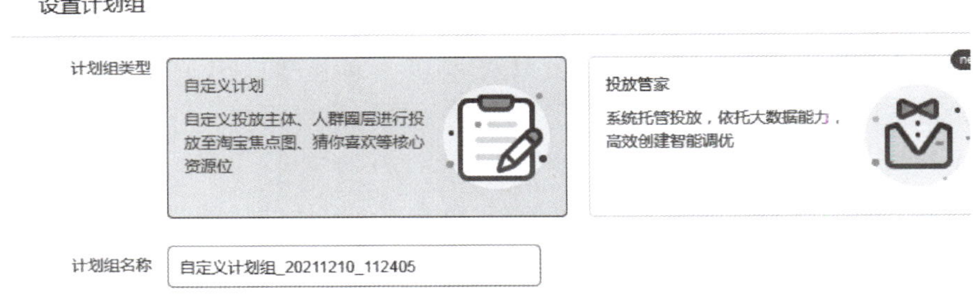

图 4–2–2　设置计划组

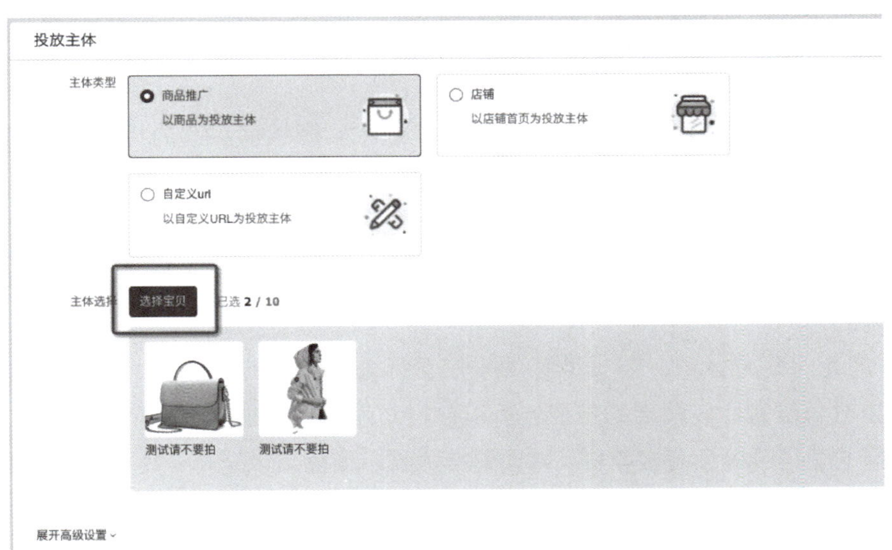

图 4–2–3　投放主体设置

1）投放主体选择“商品推广”。每条计划最多支持的商品主体上限为 10 个，即一个计划下绑定的人群和资源位将对所有商品生效。若希望对每一个商品进行单独的策略调整，可按每一个计划绑定一个商品的方式进行。为了方便操作，当选择多个商品时，可点击高级设置下的“自动拆分计划”，这样在完成计划创建后，将会把创建计划时选择的多个商品拆分为多条计划，每条计划中仅含一个商品主体，而所有计划在一个计划组下。

2）投放主体选择“店铺”。当投放主体选择“店铺”时，系统将自动获取账号背后绑定的店铺进行投放。

3）投放主体选择“自定义 url”。“自定义 url”是指可以用个性化页面去承接流量，当投放主体选择“自定义 url”时，系统将根据创意绑定的 url 进行投放。

（2）定向人群

在设置定向人群上系统提供了 AI 优选和自定义两种方式，两者相互独立，不可同时选择，如图 4-2-4 所示。

图 4-2-4　定向人群设置

1）AI 优选定向人群。通过平台大数据，系统实时根据买家的特征选择高度匹配人群进行展现，帮助商家高效地达成推广目标。同时商家也可以选择需要屏蔽的人群，如部分没有复购的类目可以屏蔽过去一个月已经购买过的人群。

需要注意的是，AI 优选定向人群存在一个学习的过程，建议拉长投放周期，以便观测效果。

2）自定义定向人群。根据商家的推广目标去圈定人群，以达到营销目的。商家如果希望对人群有比较精准的把控，可以自行对人群的圈划投放进行设定。系统根据商家选择的营销目标会有推荐群，对于这些人群，商家可以选择保留，也可以移除。

（3）资源位

阿里妈妈引力魔方融合焦点图与信息流等淘内外核心资源，资源位范围与投放主体选择绑定。

1）核心资源位。资源位分为焦点图和信息流资源位场景，支持多选，且平台提供了资源位的流量、成本、竞争热度值作为投放参考。图 4-2-5 所示为核心资源位设置。

2）优质资源位。除了核心资源位之外，系统还可以从其他资源中选择优质资源位，如图 4-2-6 所示。

资源位

核心资源位

资源位	流量	成本	竞争热度
焦点图场景			
淘系焦点图 淘内无线和PC的首页焦点图 首屏强曝光			
信息流场景			
首页猜你喜欢信息流 淘内无线和PC的首页猜你喜欢信息流			
购中猜你喜欢 淘内无线和PC的购物车等购中猜你喜欢信息流			
购后猜你喜欢 淘内无线和PC的订单列表页等购中购后猜你喜欢信息流 量大质优			
微详情minidetail 手淘猜你喜欢minidetail页面上的广告位			
红包互动权益场 芭芭农场、淘金币签到等淘内无线和PC的红包互动场景			

图 4-2-5　核心资源位设置

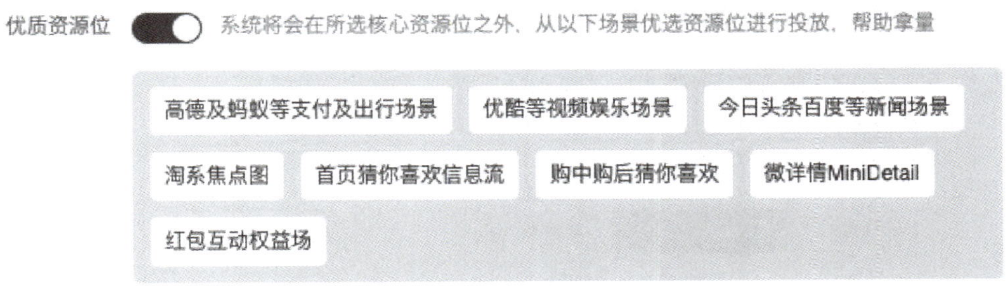

优质资源位　系统将会在所选核心资源位之外，从以下场景优选资源位进行投放，帮助拿量

高德及蚂蚁等支付及出行场景　优酷等视频娱乐场景　今日头条百度等新闻场景
淘系焦点图　首页猜你喜欢信息流　购中购后猜你喜欢　微详情MiniDetail
红包互动权益场

图 4-2-6　优质资源位设置

（4）预算与排期

预算与排期设置如图 4-2-7 所示。

不同的优化目标，其投放策略略有不同。其中，促进曝光目标下仅能自定义出价。促进加购及促进成交目标下，可以有两大出价方式：一是控成本，也就是控制商家设置的营销目标，如点击一次不超过 × 元、收藏加购一笔不超过 × 元或者成交一笔不超过 × 元等；二是最大化加购收藏量，即系统自动出价，商家只需要设置每日花费预算即可。而在促进点击目标下，则是三种出价方式均可选择。

需要注意的是，如果选择的是促进曝光策略，自定义出价则按照千次展现付费进行设置。如果选择的是促进点击策略，自定义出价则按照单次点击付费进行设置。

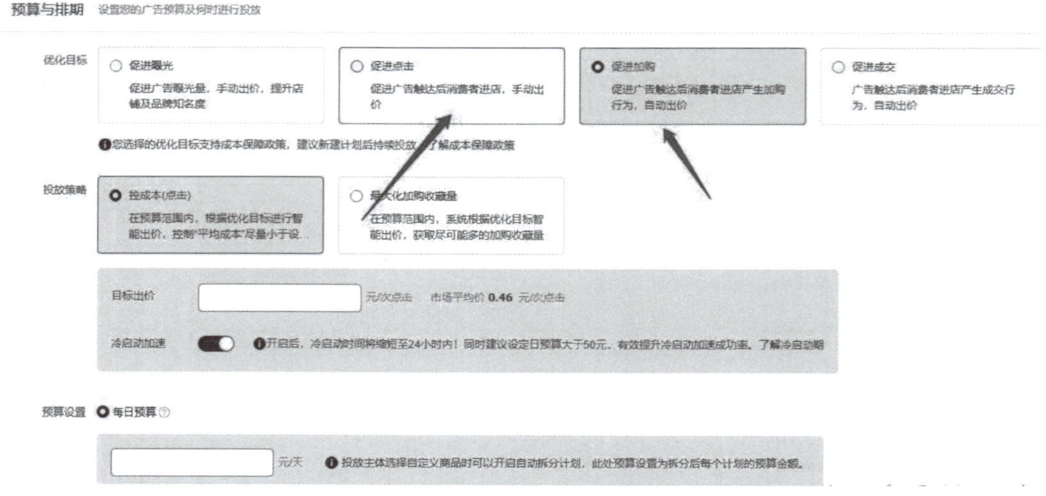

图 4–2–7　预算与排期设置

3. 设置创意

在新建计划流程中，设置创意是其中的核心步骤之一。用户可以通过“计划 –** 计划 – 创意”（注：** 为计划名称的占位符）进入界面，并点击“添加创意”进行操作。在此过程中，商家可以选择从已有的创意库中选取、新增图片创意或新增视频创意等多种方式，如图 4–2–8 所示。

图 4–2–8　创意设置

二、阿里妈妈引力魔方管理计划

管理计划入口在顶部菜单栏，用于查看实时数据、调整数据字段、新建及调整计划组 / 计划 / 创意，如图 4–2–9 所示。

此处所展现的数据为实时数据，在“详细数据”模块中，点击右侧“设置”，可对显示字段及字段列宽进行调整。

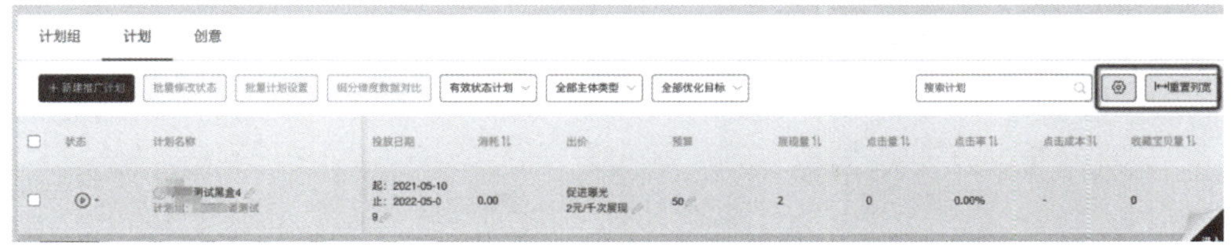

图 4-2-9　引力魔方管理计划入口

1. 查看定向人群

查看单个计划定向，操作路径：计划管理→进入具体计划→切换定向查看，如图 4-2-10 所示。

批量查看计划定向，操作路径：计划管理→勾选计划→批量查看定向。

编辑计划查看定向，操作路径：计划管理→编辑计划→查看定向人群。

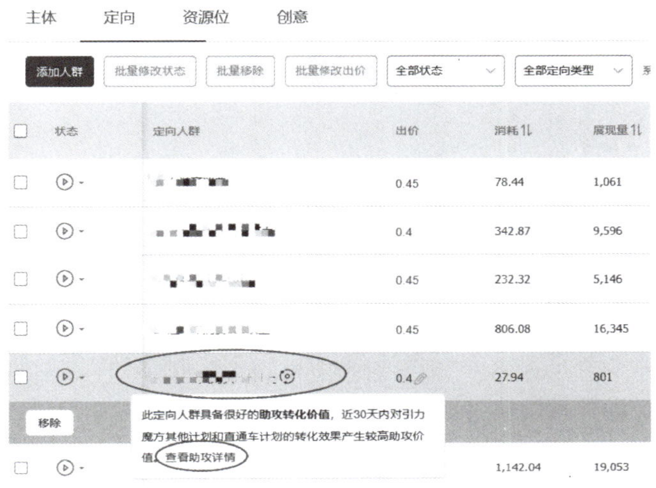

图 4-2-10　查看单个计划定向

2. 查看定向助攻详情

点击“定向助攻详情”，查看该定向人群的助攻成交订单量与订单金额，如图 4-2-11 所示。

3. 平台报表

作为一战式人群经营工具，结合人群方舟计划，引力魔方提供了以人群运营为主的报表，帮助商家关注人群流转的效率。在原自定义分析报表的基础上，引力魔方增加了店铺人群运营报表和品牌人群运营报表，提供人群规模、成本、转化率等重要字段，实现对人群运营效果与价值的深入分析。

定向助攻详情

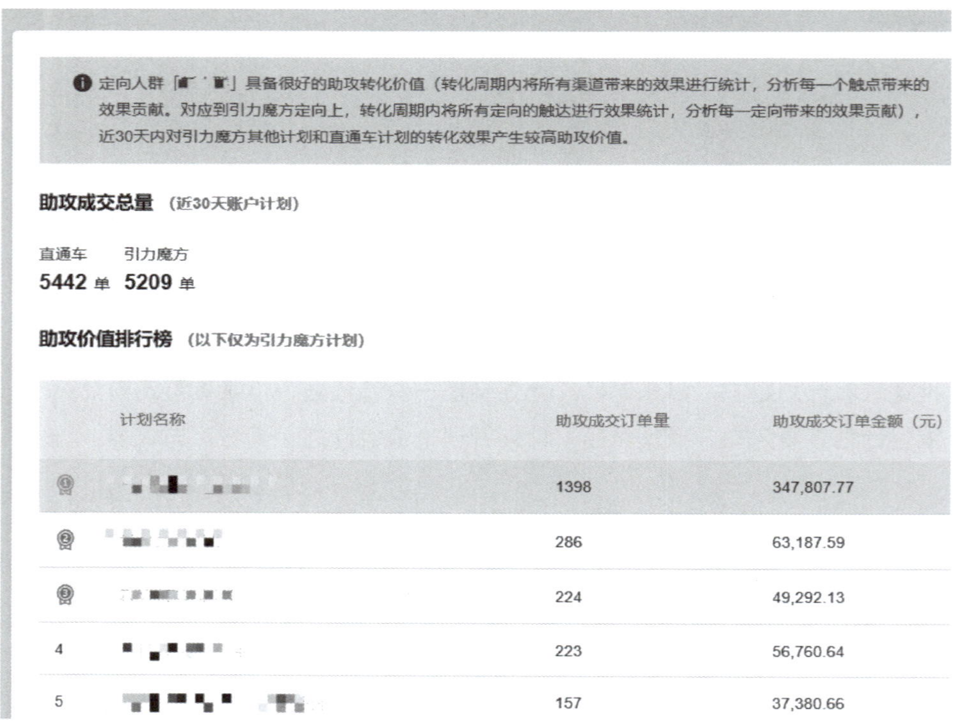

图 4-2-11　查看定向助攻详情

（1）店铺人群运营报表

店铺人群运营报表汇总数据包含核心指标（如店铺新客增量、新客获取成本、新客转化率、新客长期贡献）、店铺互动行为和基础效果，如图 4-2-12 所示。

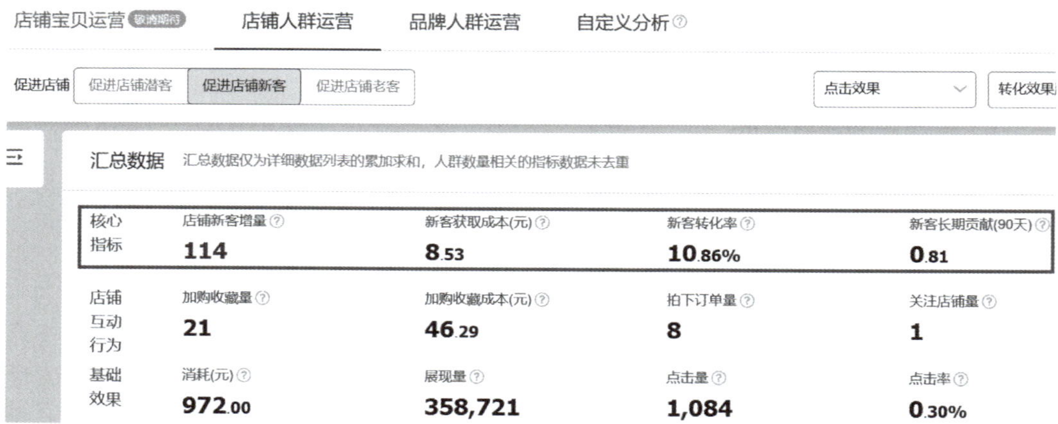

图 4-2-12　引力魔方店铺人群运营报表

（2）品牌人群运营报表

品牌人群运营报表汇总数据包含核心指标（如行动人群增量、行动人群获取成本、行动人群转化率、行动人群长期贡献）、品牌互动行为和基础效果，如图 4–2–13 所示。

店铺宝贝运营 敬请期待　店铺人群运营　品牌人群运营　自定义分析

促进品牌 全部品牌　促进发现人群-D　促进种草和互动-E　促进行动人群-P　促进购买人群-INK　点击效果　转化效果周期1

汇总数据　汇总数据仅为详细数据列表的累加求和，人群数量相关的指标数据未去重

核心指标	行动人群增量 14	行动人群获取成本(元) 30.04	行动人群转化率 4.58%	行动人群长期贡献(90天) 0.00
品牌互动行为	加购收藏量 16	加购收藏成本(元) 26.28	拍下订单量 2	
基础效果	消耗(元) 420.52	展现量 51,645	点击量 320	点击率 0.62%

图 4–2–13　引力魔方品牌人群运营报表

（3）自定义分析报表

自定义分析报表汇总数据包含基础效果、成交意向和成交转化，主要展现的是货品维度的数据，如图 4–2–14 所示。

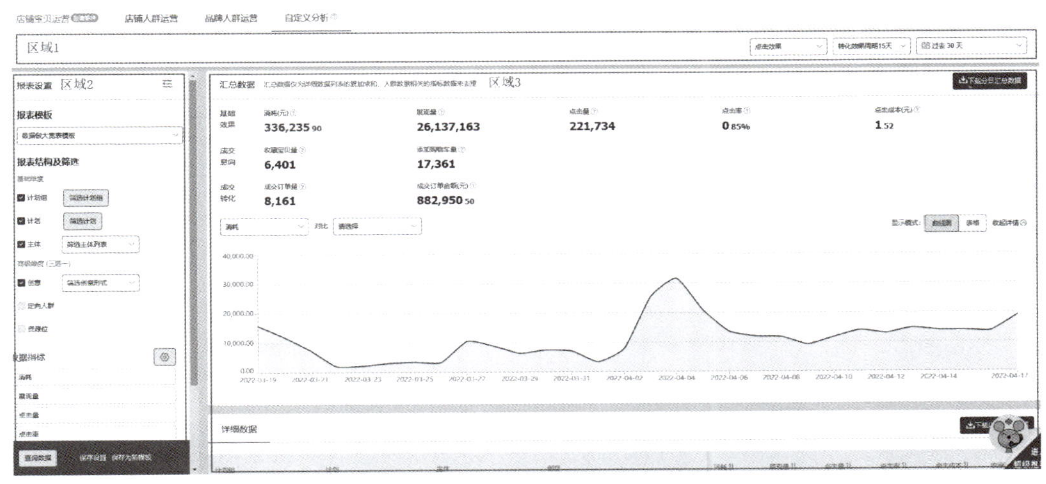

图 4–2–14　引力魔方自定义分析报表

4. 分析用户资产

用户资产即用户为品牌带来的综合价值。通过精细化的用户关系管理，品牌能够

不断积累并增值这些资产，进而培养出更多高价值的忠诚用户，从而实现品牌的持续增值。

用户资产分析界面如图 4-2-15 所示，可以在菜单栏点击“洞察”进入。

图 4-2-15　用户资产分析界面

三、阿里妈妈引力魔方账户设置

1. 账户充值

点击引力魔方后台首页菜单栏中的“充值”进行充值，支持个人及企业支付宝支付，如图 4-2-16 所示。

图 4-2-16　引力魔方账户充值

2. 账户提醒及自动充值

（1）自动充值余额提醒

假如设置的提醒条件为“账户余额小于 1 000 元时”，一旦实时账户余额低于 1 000 元，系统将立即通过短信 / 旺旺进行通知，00：00～09：00 的通知短信将在 09：00 后发送。

（2）计划预算提醒

假如商家设置的提醒条件为“尽快投放计划的日预算在当天 20：00 前小于 100 元时”，系统将在 00：00～20：00 之间实时监测商家各个尽快投放计划的剩余预算，一旦有计划的剩余预算低于 100 元，系统将立即通过短信 / 旺旺进行通知，00：00～09：00 的通知短信将在 09：00 后发送。

通过点击引力魔方后台首页菜单栏中的“自动充值及提醒”，可进入提醒设置界面，如图 4-2-17 所示。

图 4-2-17　引力魔方账户提醒和自动充值

技能实训

实训 1：阿里妈妈引力魔方设置计划——投放主体

要求：在引力魔方设置计划时同时投放商品和店铺。

具体步骤如下（本次流程以淘积木为例）：

步骤一，新建落地页，创建完成后保存投放链接，如图 4-2-18 所示。

步骤二，点击“新建标准计划→店铺商品运营→投放主体”，选择“自定义 url”，如图 4-2-19 所示。

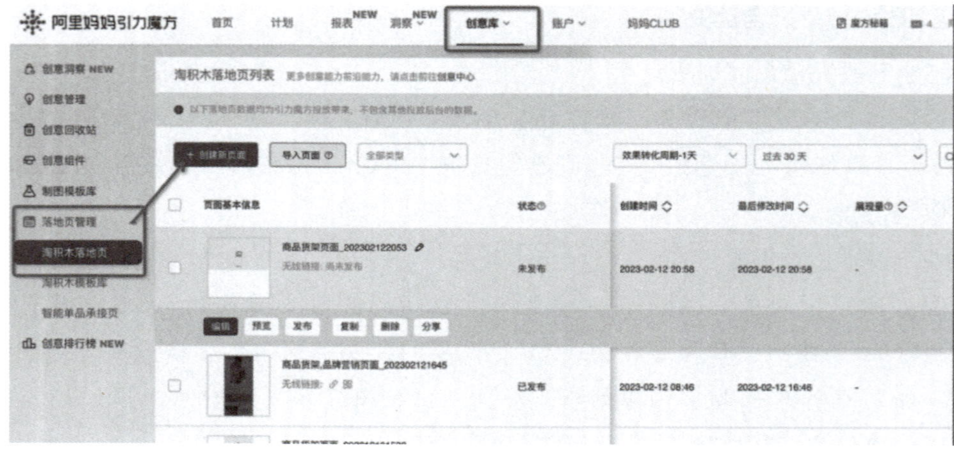

图 4-2-18　新建落地页

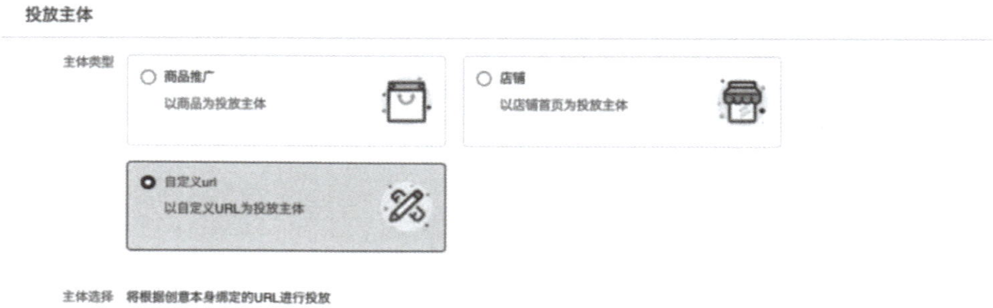

投放主体

主体类型　商品推广　以商品为投放主体　店铺　以店铺首页为投放主体　自定义url　以自定义URL为投放主体

主体选择　将根据创意本身绑定的URL进行投放

图 4-2-19　新建标准计划

步骤三，投放主体填写第一步所保存的链接，如图 4-2-20 所示。

图 4-2-20　创建创意并绑定落地页

实训 2：阿里妈妈引力魔方用户资产分析

要求：在阿里妈妈引力魔方中进行用户资产分析。

具体步骤如下：

步骤一，进入引力魔方首页，选择“洞察”，进入用户资产分析界面，如图 4-2-21 所示。

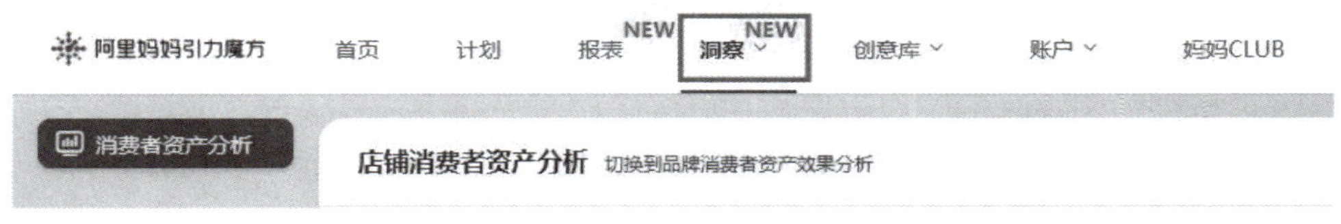

图 4-2-21　用户资产分析界面

步骤二，选择品牌、时间周期、转化效果、计划范围等，查询相关数据，如图 4-2-22 所示，可以看到用户资产总览。

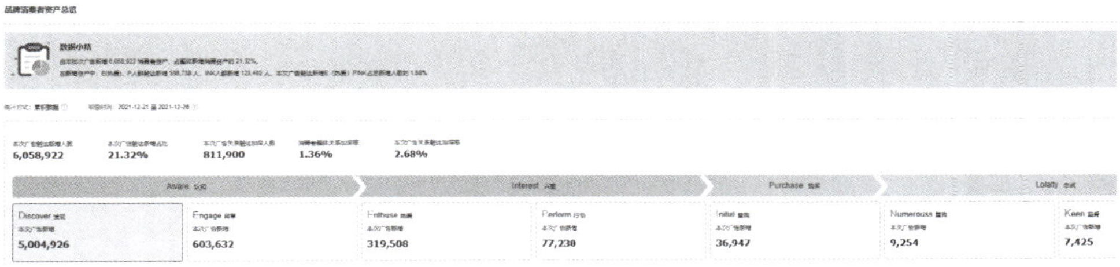

6,058,922　21.32%　811,900　1.36%　2.68%

Aware　Interest　Purchase　Loyalty

Discover 5,004,926　Engage 603,632　Enthuse 319,508　Perform 77,230　Initial 36,947　Numerouss 9,254　Keen 7,425

图 4-2-22　用户资产总览界面

步骤三，选择“消费者资产加深分析”，分析用户资产整体变化情况，如图 4-2-23 所示。

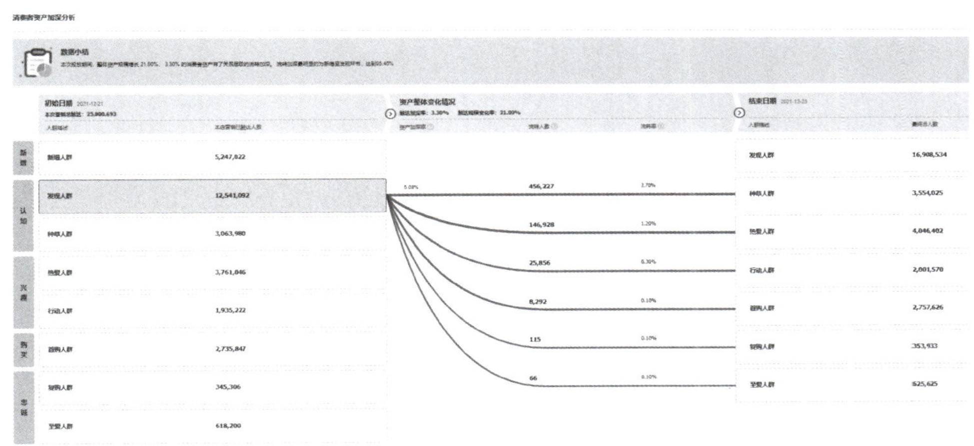

图 4-2-23　用户资产整体变化

步骤四，结合用户资产新增 / 加深 / 画像等分析，创建特定人群二次营销应用，图 4-2-24 所示为投后画像透视界面。

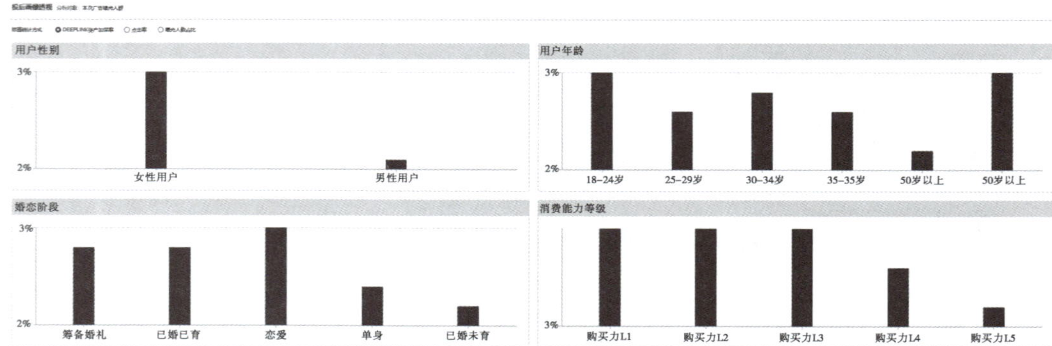

图 4-2-24　投后画像透视页面

思考与练习

1. 引力魔方的核心资源位有哪些?
2. 在引力魔方中，不同的优化目标，其投放策略有什么不同?

任务评价

根据本任务的学习情况，按知识、技能两个指标进行自我评价、小组评价和教师评价，填写表 4-2-1。

表 4-2-1　“阿里妈妈引力魔方基础操作”学习任务评价表

学习任务评价表					
评价指标	评价内容	配分	自我评价	小组评价	教师评价
知识	阿里妈妈引力魔方各功能模块	20 分			
	阿里妈妈引力魔方的计划类型及功能	20 分			
技能	阿里妈妈引力魔方新建计划	20 分			
	阿里妈妈引力魔方管理计划	20 分			
	阿里妈妈引力魔方账户设置	20 分			
合计		100 分			
综合评价					

学习任务 3 阿里妈妈引力魔方营销工具

学习目标

- 知识目标

1. 了解阿里妈妈引力魔方各营销工具的功能
2. 了解阿里妈妈引力魔方各营销工具的商品路径

- 技能目标

1. 能在阿里妈妈引力魔方中找到各营销工具的入口
2. 能根据营销目标选择合适的营销工具
3. 能使用阿里妈妈引力魔方开展营销工作

任务描述

本任务对阿里妈妈引力魔方中各营销工具进行了介绍，包括其功能、商品入口及路径、使用方法以及支持的其他功能等。要求学生能够熟练掌握各营销工具的使用场景及特点，并能在此基础上根据商家的营销目标，选择合适的营销工具。

相关知识

一、淘积木落地页投放

1. 功能介绍

淘积木是阿里妈妈推出的一款服务于商家的落地页制作工具，完全免费。淘积木并非落地页，而是淘宝旺铺的一种高级形态。淘宝旺铺主要分为智能版和专业版，其中专业版在功能完备性和效果上更胜一筹。淘积木工具作为专业版的进阶版，在组件运用上更为便捷高效，能够提供更为出色的实操效果。

目前，淘积木工具主要适用于三种场景：长图页面、H5 页面以及智能单品页面。其中，长图页面的应用不仅省时高效，还支持深度自定义，使其能够灵活适应各种营销需求。这种页面形式不仅有助于提升转化率，还能优化用户的阅读体验。在淘积木应用中，长图页面制作是极为关键的一环，其制作过程与传统的二级承接页面相似，但更注重页面逻辑的清晰以及营销元素的巧妙融入。

2. 使用方法

（1）进入引力魔方

进入阿里妈妈引力魔方首页，在“计划”下开始新建投放计划。

（2）新建投放计划

在设置计划时，主体选择“自定义 url”。

（3）新增创意内容编辑

可从创意库中选择图片素材，或者新增创意图片，进行新增创意内容编辑。

（4）设置投放主体

完成新增创意内容编辑后，填写创意信息、设置投放主体、输入希望投放的淘积木落地页链接。

（5）完成创建

淘积木落地页投放创建完成，如图 4-3-1 所示。

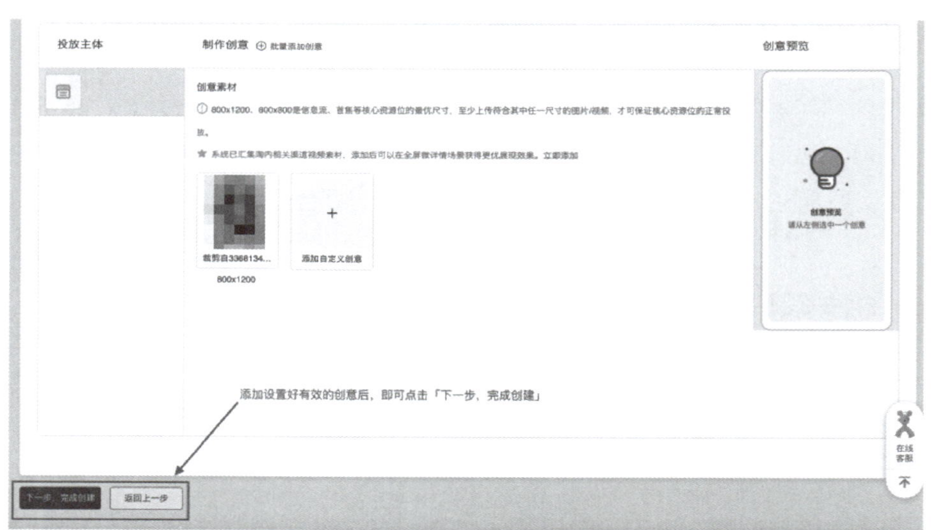

图 4-3-1　淘积木落地页投放创建完成

二、营销目标切换工具

1. 功能介绍

为了满足商家在不同阶段调整策略的需求，引力魔方提供了灵活的切换功能。商家可以轻松地在促进点击、加购和成交计划之间进行相互切换，同时也可以调整投放

策略或出价方式。需要注意的是，营销目标的切换可能会对计划效果及流量获取产生一定的影响。因此，为确保稳定性，每个计划每天仅支持切换一次。这一设计旨在帮助商家在策略调整过程中保持有序和高效，从而实现更好的营销效果。

2. 使用方法

（1）使用入口

在计划管理页中的“投放策略”字段下，点击“营销目标编辑”即可打开营销目标切换界面，如图 4–3–2 所示。

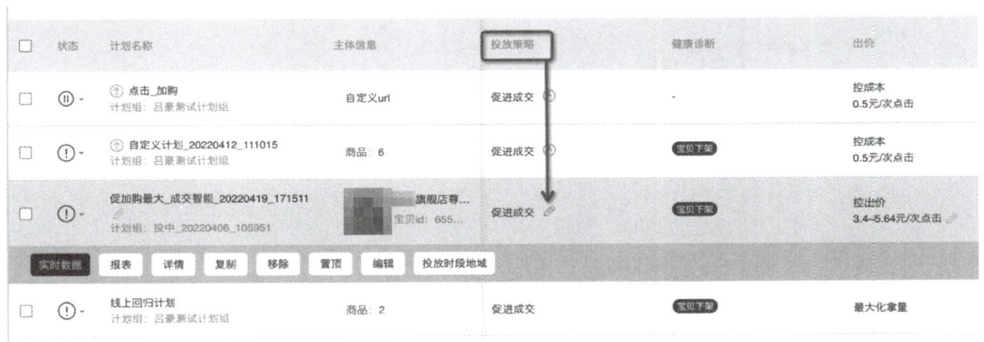

图 4–3–2　营销目标切换界面

（2）选择所需要切换的优化策略

促进曝光、促进点击、促进加购、促进成交均支持相互切换，如图 4–3–3 所示。

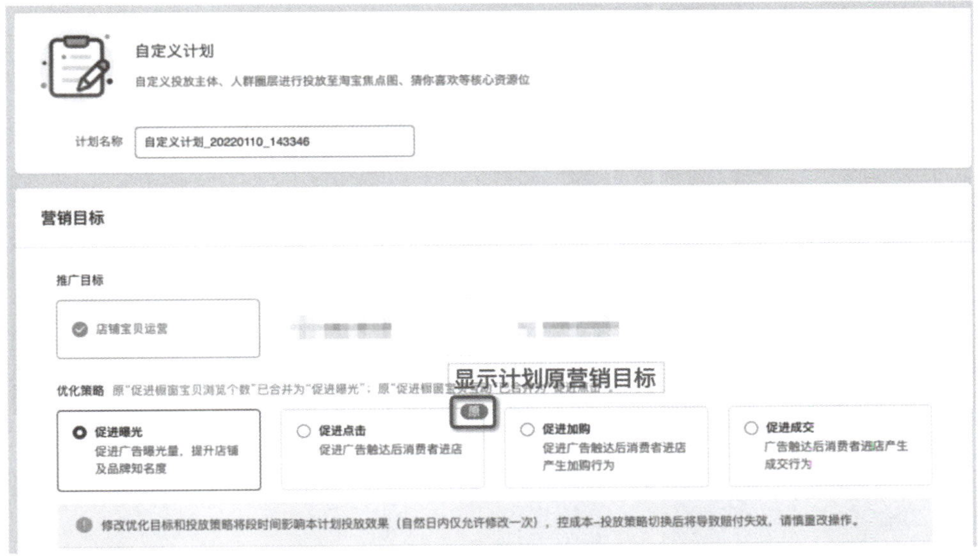

图 4–3–3　优化策略的切换界面

（3）选择投放主体、定向人群、资源位

选择其他营销目标后，投放主体、定向人群不发生改变，默认继承计划原配置；资源位受到营销目标切换影响，将可能发生变更。

（4）选择出价方式

由于不同营销目标下的出价方式不同，切换后若新的营销目标下无原出价方式，则需要重新选择，如图 4–3–4 所示。

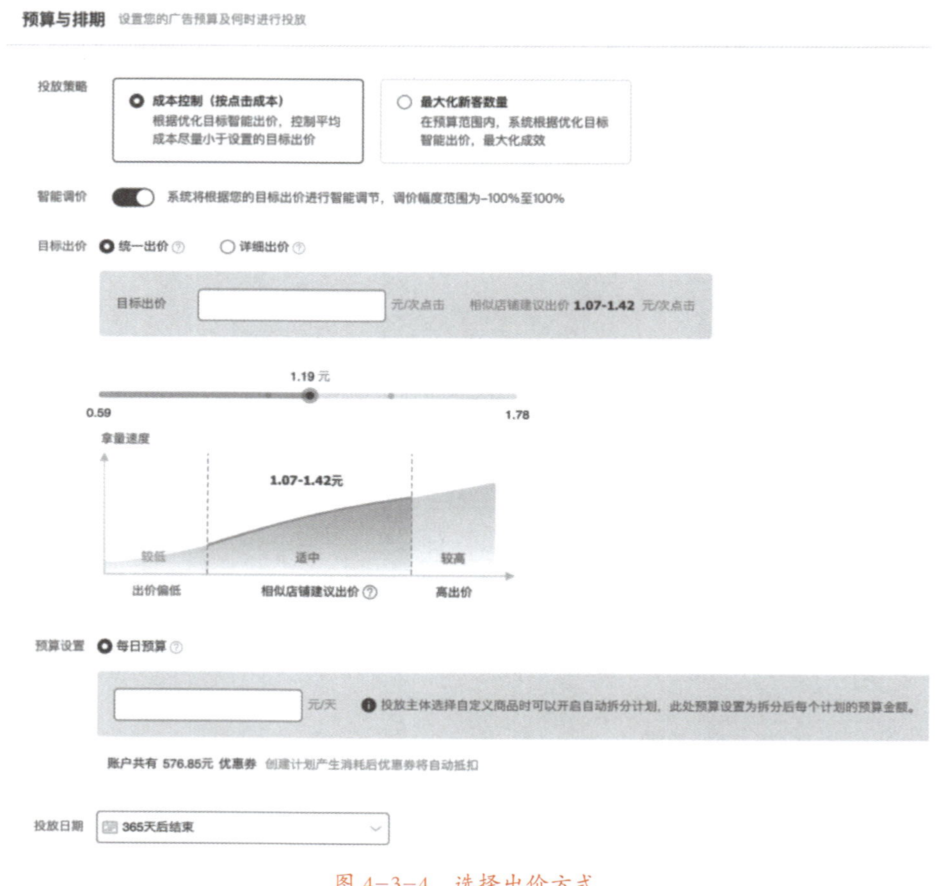

图 4–3–4　选择出价方式

（5）信息变更

切换完成后，计划管理页中“优化策略”字段下的信息将变更为最新状态。

三、潜力计划识别工具

1. 功能介绍

在投放过程中，商家时常面临调价后计划拿量能力变化不明显的情况。此时，如

何准确判断哪个计划更具备拿量潜力成为关键。为此，阿里妈妈引力魔方推出了潜力计划识别工具，该工具能够依托系统智能地筛选出具备高度潜力的计划。这些计划往往仅需进行小幅度的价格调整，便有望实现展现量的显著增长。利用这一工具，商家能够更精准地把握计划的拿量潜力，从而提升投放效果。

2. 使用界面

（1）使用入口

点击计划管理页中的“计划组”，在“有效计划”下选择“潜力计划”。若未找到“潜力计划”字段，可通过计划页“设置”按钮进行添加，如图 4–3–5 所示。

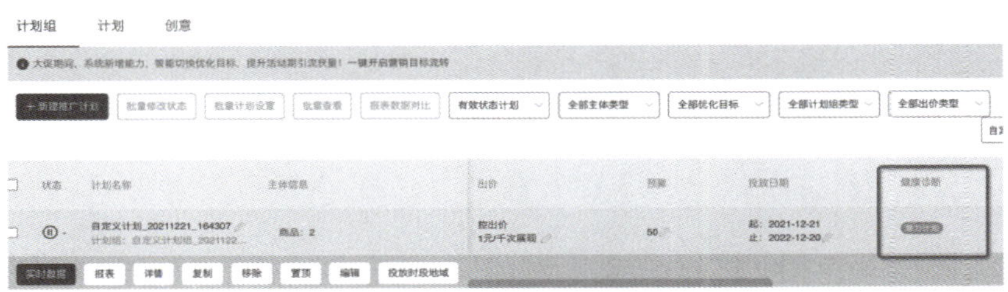

图 4–3–5　潜力计划识别工具使用入口

（2）使用界面

点击“潜力计划”后即弹出浮层，含有潜力计划详细介绍、出价提升后带来的效果预估、采纳建议出价等信息，如图 4–3–6 所示。

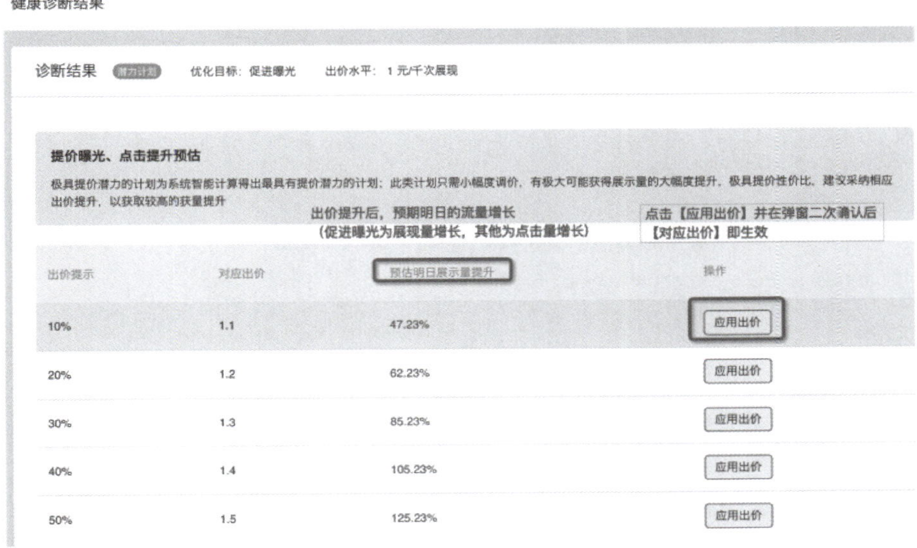

出价提示	对应出价	预估明日展示量提升	操作
10%	1.1	47.23%	应用出价
20%	1.2	62.23%	应用出价
30%	1.3	85.23%	应用出价
40%	1.4	105.23%	应用出价
50%	1.5	125.23%	应用出价

图 4–3–6　潜力计划识别工具使用界面

四、相似店铺建议出价工具

1. 功能介绍

为了给商家更多的出价参考，引力魔方将出价建议从“市场平均价”变更为“相似店铺出价”，范围更精准，并为商家预览出价变化后的拿量变化趋势，帮助商家更有效地把控投放成本，获取更多机会流量。

相似店铺出价根据店铺行业/类目、推广主体、资源位、定向人群等综合评估后产出，任意变量改变后，出价建议将更改，建议出价每天更新一次。

2. 使用方法

（1）当出价方式选择为“统一出价”时，如图4-3-7所示，右侧预估量需要先填入日预算后，拖动浮标才会显示。

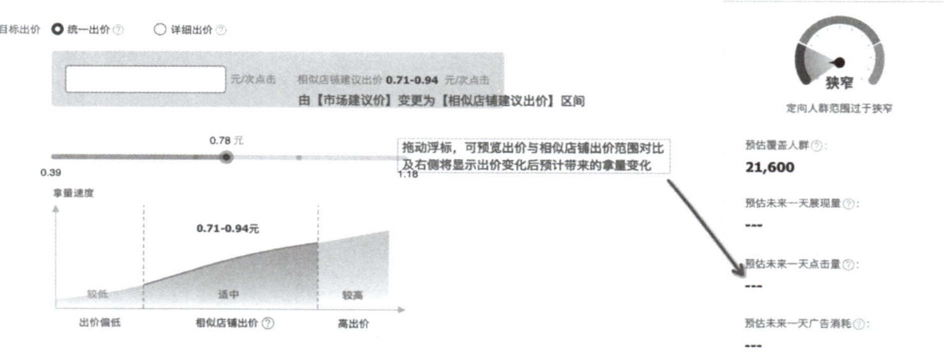

图 4-3-7　出价方式为“统一出价”

（2）当出价方式选择为“详细出价”时，则预估量直接显示，如图4-3-8所示。

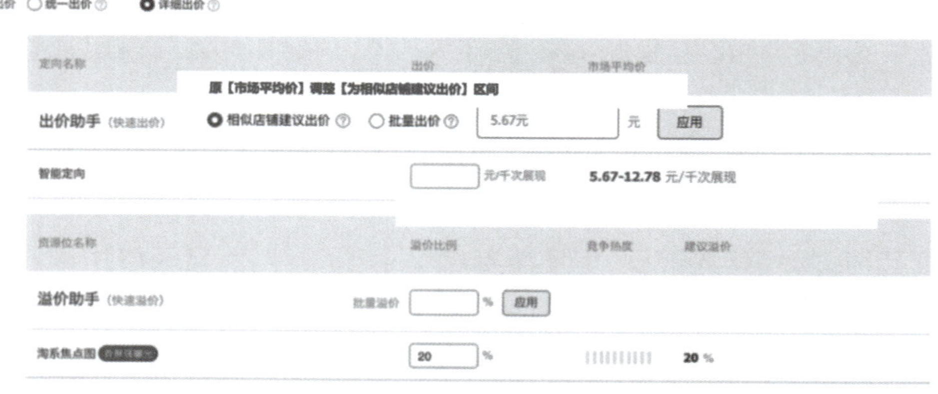

图 4-3-8　出价方式为“详细出价”

五、大促营销目标流转工具

1. 功能介绍

大促营销目标流转工具能够在一个计划下分阶段自动切换不同的营销目标，满足商家在大促不同阶段差异性投放的诉求。

2. 使用方法

（1）单个计划调整

新建或编辑计划的出价步骤，注意手动出价需勾选“启用营销策略智能切换”，自动出价中最大化拿量需点击“高级设置”展开后配置，如图 4–3–9 所示。

1）开始时间。设置每个阶段切换营销目标时间，由于系统切换阶段目标需要一定时间（预计 1 小时左右），建议提前一日设置具体的开始时间。

2）阶段策略（所有出价都支持）。选择每个阶段所需的营销目标，根据上方设置的开始时间自动切换。

3）点击扩大成本（仅支持自动出价—控成本的出价模式）。对于每个阶段均可设置，最终出价 = 计划原目标出价 × 所填写系数，如目标出价设置为 1 元，点击成本扩大倍数为 1.3，则最终出价 =1 × 1.3=1.3 元。

图 4–3–9　单个计划调整界面

（2）批量计划调整

打开首页顶部的大促焦点图，点击“一键开启计划营销目标自动流转”，如图 4–3–10 所示。

图 4–3–10　批量计划调整界面

1）选择所需流转的计划。

2）设置不同类型计划所需流转的配置，与单个计划配置逻辑一致。

3）点击完成批量设置。

（3）状态查看

可以在计划管理页“健康诊断”中查看计划是否打开营销目标自动流转工具。点击“未开启大促流转”也可以进行开启，如图 4–3–11 所示。

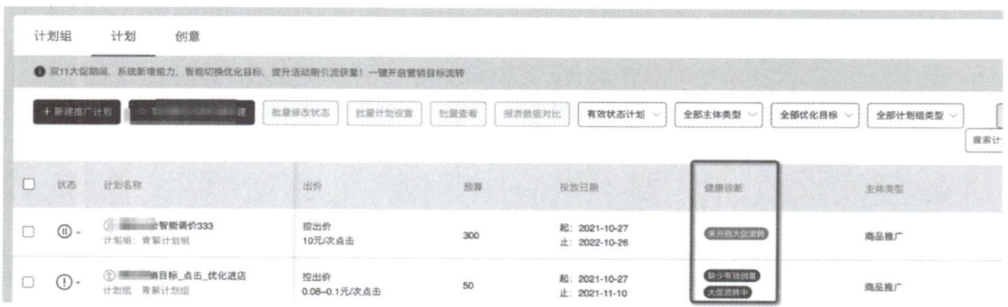

图 4–3–11　状态查看界面

若开启了大促营销目标流转工具，计划管理页中的出价将显示为乘以了点击成本扩大系数后的最终值，如图 4–3–12 所示。

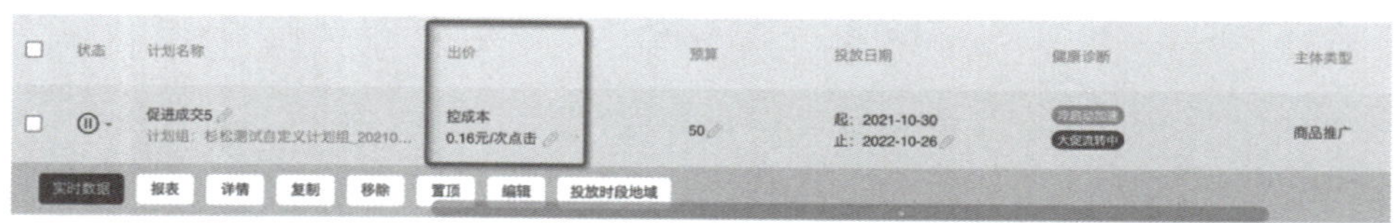

图 4–3–12　状态显示界面

六、智能诊断工具

1. 功能介绍

阿里妈妈引力魔方的智能诊断工具可以快速定位计划异常原因，并提供投放建议，提升店铺拿量规模。

红色提示表示当前问题已直接影响计划投放进行，如未绑定创意、日预算已花完等。

黄色提示表示当前计划的一些设置已经影响到正常拿量，如拿量困难等。

绿色提示表示计划正常投放，但做一定调整后可以带来显著收益，如潜力计划等。

2. 使用方法

（1）位置示意

首页将提醒当前账户下存在问题的计划，点击相应类型后跳转到计划页查看。

首页点击不同计划类型后，跳转至计划管理页，并筛选出对应计划。在“健康诊断结果”下可查看到计划当前诊断结果，并查看诊断详情页，详情页中冷对计划当前诊断结果进行详细分析，如图 4–3–13 所示。

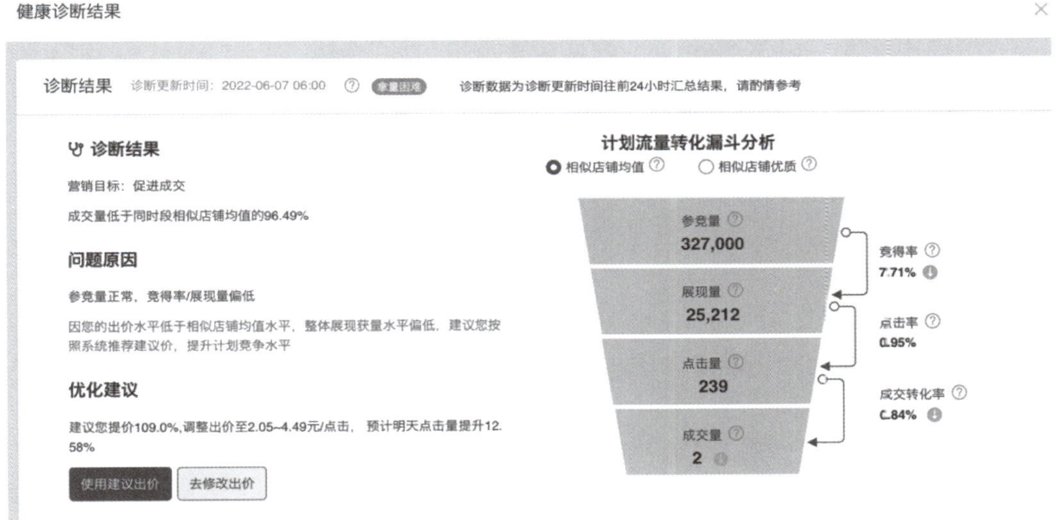

图 4–3–13　健康诊断详情页

（2）诊断优化提醒

当参竞量、展现量、点击量、收藏加购量、竞得率、点击率、转化率不及相似店铺时，将在横向管理界面提示计划“拿量困难”，该状态每 2.5 小时刷新一次，如图 4–3–14 所示。

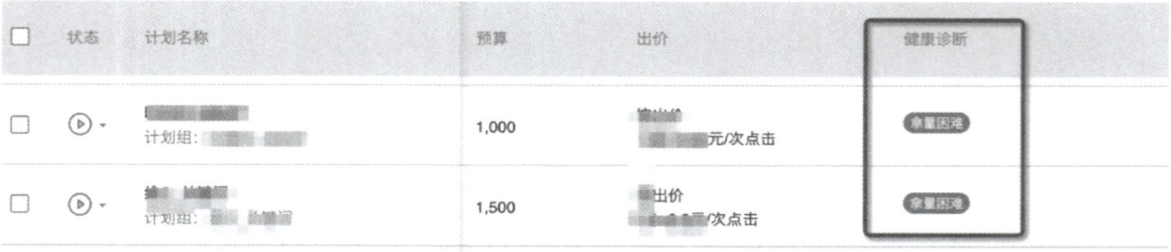

	状态	计划名称	预算	出价	健康诊断
☐		[illegible] 计划组：[illegible]	1,000	[illegible] [illegible]元/次点击	拿量困难
☐		[illegible] 计划组：[illegible]	1,500	[illegible]出价 [illegible]/次点击	拿量困难

图 4-3-14 诊断优化提醒界面

这时可将鼠标放置于“拿量困难”上，并点击查看诊断分析建议，将弹出诊断浮层。在健康诊断详情页中，能够看到从参竞到最终拿量每一环节的流转情况，通过与相似店铺的对比可得出当前拿量困难的原因，并针对该环节提供具体建议，包括出价相关问题及建议、人群相关问题及建议等。

（3）投放故障提醒

1）创意故障。当前计划无有效创意，无法投放；计划中有审核拒绝的创意。

解决方式：绑定创意和调整被审核拒绝的创意。

2）商品故障。计划中存在商品下架情况，包括店铺内下架或违反审核规则下架。

解决方式：绑定其他审核通过商品，或该商品修改并重新上架后，重新绑定该商品及创意。

3）预算故障。当前计划消耗达到日预算上限，账户余额不足。

解决方式：调整日预算上限和进行充值。

4）即将到期。计划投放时间即将到期。

解决方式：编辑计划，延长有效期。

七、千牛小程序工具

1. 入口介绍

打开千牛移动应用，选择“首页—全部—流量推广—引力魔方”，即可进入千牛小程序。

2. 支持功能

（1）账户充值

在首页点击“立即充值”，如图 4-3-15 所示。

（2）创建计划

在首页点击“投放计划”，选择“创建计划”，仅支持投放管家创建，如图 4-3-16 所示。

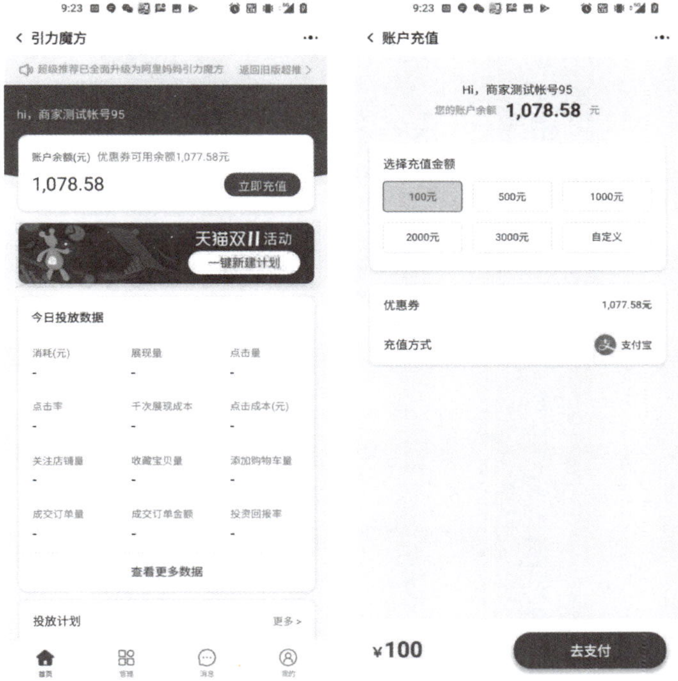

图 4-3-15　账户充值界面

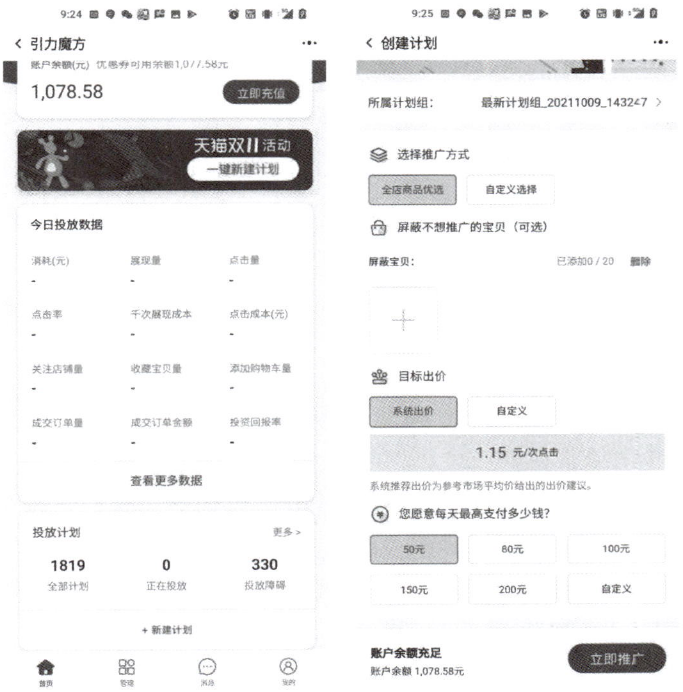

图 4-3-16　创建计划界面

（3）计划管理

在首页点击“计划管理”，可以设置投放状态、每日预算等，如图 4-3-17 所示。

图 4-3-17　计划管理界面

八、冷启动加速工具

在推广计划建立初期，由于计划的数据量过少，系统预估存在困难，导致计划前期拿量速度较缓。因此，平台针对该情况推出了冷启动加速工具，以帮助计划快速度过冷启动期。

1. 功能介绍

通过系统优化出价，在快速拿量和成本上限控制下最大化点击量，帮助系统快速累积样本，使点击率预估表现稳定，促使计划拿量趋向稳定。

相较于用户抬价缩短冷启动期，使用冷启动加速工具的优势是：

- 系统有效控制成本，相较人为抬价更加精准。
- 系统能够识别计划是否已度过冷启动期。
- 冷启动期结束后，系统将自动结束冷启动加速功能。

2. 使用方法

（1）冷启动开启

当投放计划选择“自动出价”方式时，在“目标出价”下方将出现“冷启动加速”滑动按钮，点击打开即可，如图 4–3–18 所示。

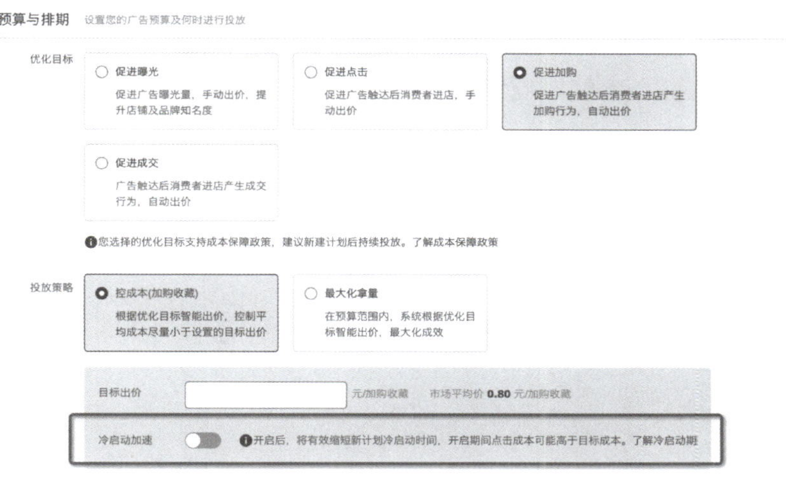

图 4–3–18　冷启动开启界面

（2）判定已经度过了冷启动期

在计划管理界面展现了计划的冷启动状态，标识了计划在“冷启动”或“冷启动加速”中，若无状态显示，则表示已度过冷启动期。若冷启动加速超过 4 天，计划仍未达到稳定状态，则冷启动失败，需要分析创意、定向人群等是否存在问题，如图 4–3–19 所示。

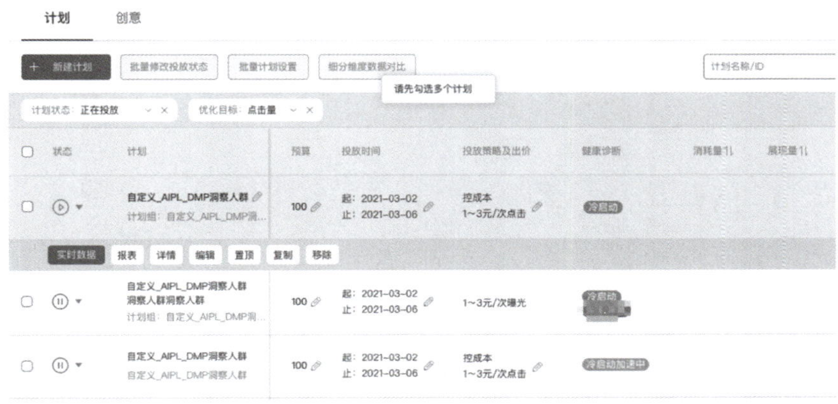

图 4–3–19　冷启动状态判定界面

技能实训

实训 1：阿里妈妈引力魔方营销工具——创建特惠包投放

要求：在阿里妈妈引力魔方中创建特惠包投放。

具体步骤如下：

步骤一，登录引力魔方，在计划列表页选择“特惠包计划—新建特惠包计划”，如图 4-3-20 所示。

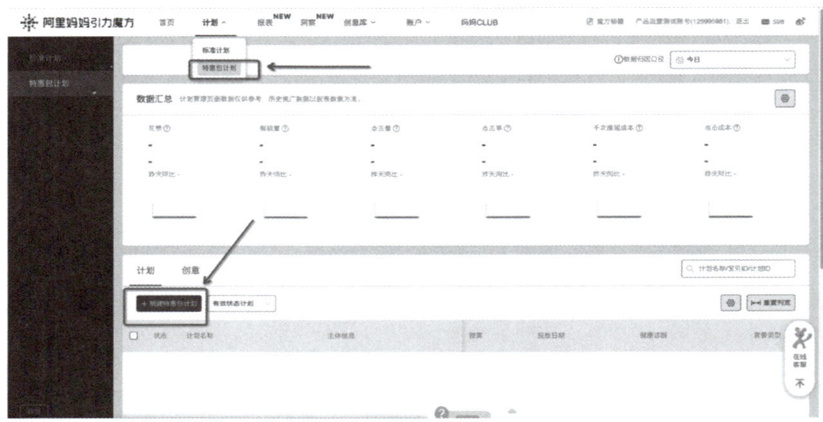

图 4-3-20　新建特惠包计划

步骤二，进入创建页，可以选择相应的套餐金额及商品，支付后即可成功创建，如图 4-3-21 所示。

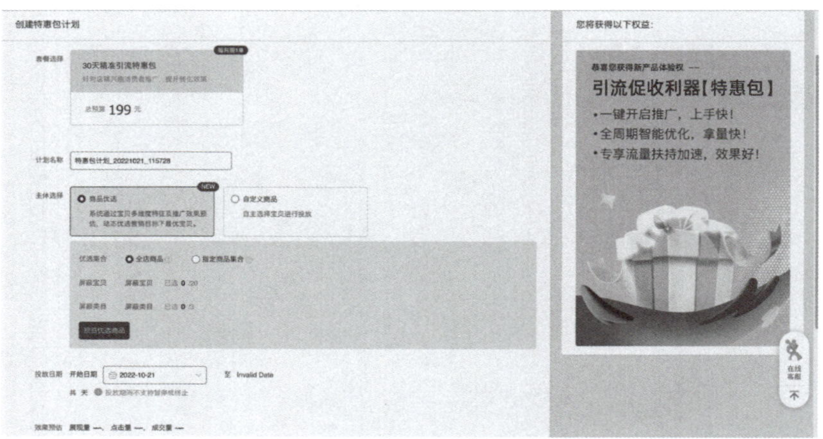

图 4-3-21　选择特惠包套餐并完成支付

步骤三，完成创建后，可以在计划列表页中的“特惠包计划”下查看投放相关信息，同时也可以在报表中的“特惠包计划”下查看历史投放信息，如图 4–3–22 所示。

图 4–3–22　查看特惠包投放信息

实训 2：阿里妈妈引力魔方营销工具——大促组件

要求：在阿里妈妈引力魔方中应用大促组件。

具体步骤如下：

步骤一，常规大促组件使用。新建计划或编辑历史计划，进入“设置创意”部分，勾选“618 限时系统推荐”，如图 4–3–23 所示。

图 4–3–23　设置创意模板

步骤二，高阶大促创意组件使用。大促期间开放全部店铺人群运营、人群方舟、新品飞车等营销场景，设置计划时选择“宝藏场景—全屏微详情”，如图 4-3-24 所示。

图 4-3-24　选择“全屏微详情”

步骤三，设置创意。选择“创意模板（全屏微详情）—多品连投组件”，点击“应用在当前商品”，如图 4-3-25 所示。

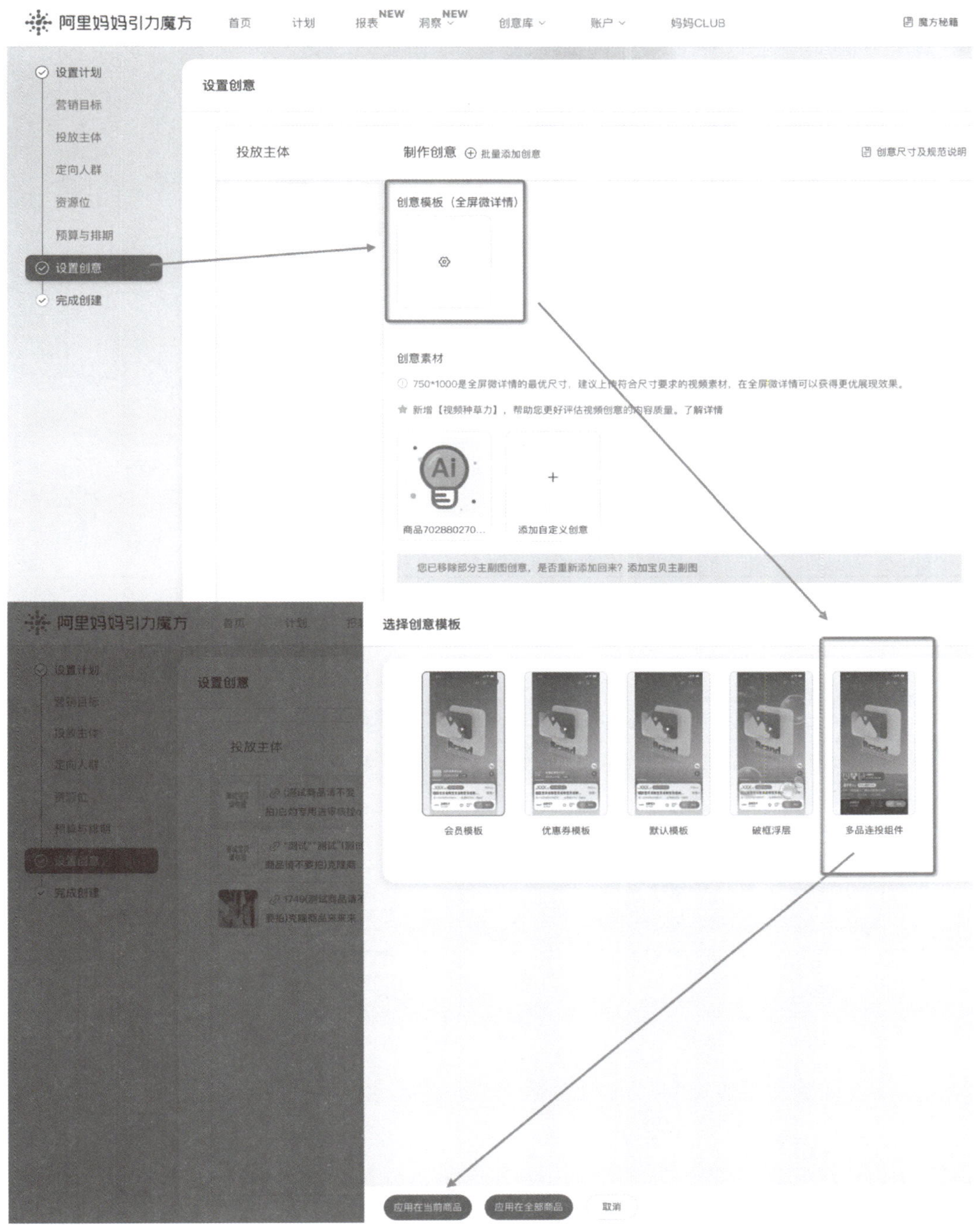

图 4-3-25 选择“多品连投组件”

思考与练习

1. 大促期间，商家通过阿里妈妈引力魔方进行人群运营可以实现哪些运营目的？
2. 阿里妈妈引力魔方账户报表支持的转化周期是多长？

任务评价

根据本任务的学习情况，按知识、技能两个指标进行自我评价、小组评价和教师评价，填写表 4-3-1。

表 4-3-1 “阿里妈妈引力魔方营销工具”学习任务评价表

学习任务评价表					
评价指标	**评价内容**	**配分**	**自我评价**	**小组评价**	**教师评价**
知识	找到阿里妈妈引力魔方各营销工具的功能	20 分			
	找到阿里妈妈引力魔方各营销工具的商品路径	20 分			
技能	找到阿里妈妈引力魔方各营销工具的入口	20 分			
	根据营销目标选择合适的营销工具	20 分			
	使用阿里妈妈引力魔方各营销工具开展营销工作	20 分			
合计		100 分			
综合评价					

项目五 第三方推广平台推广

项目概述

第三方推广平台是指为电商企业或网店提供广告投放、品牌推广和用户增长等服务的在线平台，帮助电商企业和网店更好地了解用户需求，优化推广策略，提升市场竞争力。

通过本项目的学习，可以了解第三方推广平台的相关知识，掌握今日头条、抖音、微信等常见第三方推广平台的推广机制及简单应用。

学习任务 1　认识第三方推广平台

学习目标

- **知识目标**

1. 了解第三方推广平台基础知识
2. 熟悉第三方推广平台定向人群
3. 了解第三方推广平台竞价机制和排名机制

- **技能目标**

1. 能进行第三方推广平台的选择
2. 能完成第三方推广平台的推广设置

任务描述

本任务要求学生了解第三方推广平台的优势、发展趋势，熟悉第三方推广平台的常见形式和推广策略，掌握第三方推广平台的选择方法，熟悉其推广机制并简单应用。

相关知识

一、第三方推广平台基础知识

1. 第三方推广平台的概念

第三方推广平台是一种专门为电商企业和网店提供网络营销服务的平台。它通过整合各种网络推广资源和技术手段，帮助用户实现网络营销的成功。无论是想要提升品牌知名度、增加网站流量、提高转化率，还是增加销售额，通过第三方推广平台进行网络推广都可以有效实现。

2. 第三方推广平台的推广优势

（1）第三方推广平台的流量优势

网店自身积累的用户体量和“粉丝”群体往往相对有限，而第三方推广平台凭借其庞大的规模和特色，拥有巨大的流量资源。以抖音平台为例，截至 2023 年 1 月，其日活跃用户量已突破 10 亿人次，这一数字足以彰显其庞大的用户基础。如此庞大的日活跃用户群体，为商品提供了广阔的曝光空间，同时也为品牌形象推广提供了理想的场所。因此，相较于网店自身，这些第三方推广平台拥有无可比拟的巨大流量优势，能为商家提供更为广阔的市场空间和营销机会。

（2）第三方推广平台的品牌优势

每一个第三方推广平台都拥有其独特的品牌优势，这种优势能够为在其平台上推广的内容带来积极的连带效应。以小红书平台为例，该平台长期致力于构建优质内容生态，为商家提供富有传播力和影响力的广告内容。小红书平台汇聚了大量对平台品牌高度认可的用户，这些用户构成了其独特的用户基础。

小红书平台与商家能够携手共创内容，利用社区内的口碑效应助力品牌迅速积累影响力。通过多元化的推广手段，品牌能够在小红书平台上获得广泛的曝光。由于小红书平台本身的品牌光环，平台上推广的有价值内容更易于被用户接受和认可，从而使得网店推广的品牌能够在短时间内显著提升其影响力。

与具有良好口碑的第三方推广平台合作，不仅有助于扩大商家的影响力，还能有效提升自身品牌的知名度。这种合作能够充分发挥第三方推广平台的品牌优势，为网店推广带来更为显著的效果。

（3）第三方推广平台的用户资源优势

第三方推广平台各具特色，拥有各自独特的用户群体特征。在不同的第三方推广平台进行推广时，可以针对各自的用户群体特征进行精准定位。通过对标不同用户群体，更容易培养其品牌忠诚度，并避免资源浪费和无效曝光。这种精准锁定目标用户的方式，将有助于提高推广效果并优化资源利用。

（4）第三方推广平台的多样性优势

第三方推广平台涵盖专业广告、营销服务、直播带货、内容推广及创意视频等多个领域，为营销推广提供了丰富多样的可能性。商家可以根据自身需求和目标用户特点，选择合适的平台进行推广，以实现最佳的营销效果。

（5）第三方推广平台的成本优势

与第三方推广平台开展合作，对于商家而言是拓展销售渠道的有效途径。通过合作，商家能够接触到更广泛的潜在用户群体，进而扩大市场影响力。同时，这种合作方式还能实现资源共享，包括人力、技术和资金等，从而有效降低营销推广的成本投入。

不仅如此，第三方推广平台通常具备丰富的销售经验、行业经验和资源积累，能够为商家提供更专业的市场分析和策略建议。这有助于商家更快速地适应市场变化，高效开展销售推广活动，提升整体运营效率。

此外，通过与第三方推广平台的合作，商家还能更好地应对市场风险和挑战。平台方提供的市场洞察和应对策略，能够帮助商家及时调整经营策略，减少风险损失。

（6）第三方推广平台的渠道优势

网络推广的成功在于对各种渠道与手段的综合运用。部分第三方推广平台具备强大的多渠道整合能力，可实现线上线下的全面覆盖，同时融合广告与内容，以及社交媒体与搜索引擎等多种资源。这些平台能够根据用户的特定需求与目标，精心策划并执行整合营销方案，并确保方案的有效监测与调整。通过此类多渠道的整合策略，网络推广的覆盖范围和效果得以最大化，进而提升整体推广成效。

（7）第三方推广平台的数据分析优势

在网络推广过程中，数据分析发挥着至关重要的作用。第三方推广平台具备专业的数据收集、分析与解读能力，能够全面覆盖网站流量、用户行为、转化率等网络营销数据。基于这些数据分析结果，平台能够为商家提供精准而有效的营销策略及优化建议。通过深入的数据分析，商家能够更清晰地了解目标受众群体的特征与喜好，进而优化营销活动，提升推广效果和投资回报率。这一过程不仅有助于实现更精准的营销定位，还能够为商家带来更高的商业价值。

（8）第三方推广平台的口碑优势

网络口碑在塑造企业形象和推动销售业绩方面具有举足轻重的作用。优质的第三方推广平台具备专业的网络口碑监测与管理能力，可协助商家高效应对各类口碑挑战。平台能够迅速响应并妥善处理用户评价和评论，确保信息反馈的及时性与准确性。同时，平台还擅长进行舆情监控和危机公关，有效化解潜在风险，维护品牌声誉。

通过建立稳固的用户关系与积极的口碑营销策略，第三方推广平台能够显著提升用户对品牌的信任度和好感度。网络口碑管理的实施，有助于商家树立正面的品牌形象，进而吸引更多潜在用户的关注与青睐。

因此，借助第三方推广平台的网络口碑管理能力，商家能够更有效地管理网络口碑，提升品牌形象，促进销售业绩的稳步增长。

3. 常见的第三方推广平台

（1）社交类平台

社交类平台可以帮助商家扩大品牌知名度，吸引潜在用户并提高销售业绩。常用的社交类平台如图 5–1–1 所示。

图 5–1–1　常用的社交类平台

1）微信。微信作为一款功能丰富的即时通讯工具，不仅涵盖聊天功能，还融入公众号、视频号、朋友圈等多项特色内容。作为拥有庞大用户基础且备受喜爱的社交类平台之一，微信支持文字、图片、语音、视频等多种形式的内容创作，为用户提供了广阔的创意空间。

通过在微信公众号、视频号及朋友圈等平台发布围绕热门话题撰写的软文，企业或个人能够更有效地吸引目标受众的关注，并促进信息的广泛传播。这种策略不仅有

助于提升品牌或个人的知名度，还能在社交媒体环境中构建更加紧密的互动关系，进一步拓展影响力。

2）新浪微博。用户可以在微博这一社交媒体平台进行发布、转发、评论及点赞等多种互动行为，是一个广受欢迎的免费推广阵地，可以实现更为广泛的品牌传播与市场推广。

3）QQ。QQ 作为早期的即时通讯软件，积累了庞大的用户群体，为品牌推广提供了广阔的市场空间。其中，通过加入与自身行业紧密相关的 QQ 群，商家能够与群友展开深入的交流、分享与互动，进而有效地宣传自己的品牌或商品。这种推广方式不仅有助于提升品牌知名度，还能促进潜在用户的转化，实现营销目标。

4）知乎。作为一个知识共享平台，知乎因其内容的优质与专业性而备受瞩目，通过在知乎上发布有价值的软文，能够有效吸引广大用户的关注与阅读，从而实现品牌推广与知识传播的双赢局面。

5）豆瓣。豆瓣平台旨在助力都市人群发掘生活中的美好事物，涵盖书影音推荐、线下同城活动以及小组话题交流等多元化服务，使用户能够轻松评价电影、音乐、书籍等文化艺术作品，分享个人见解与感受。

不同的社交类平台各具特色，并拥有独特的用户群体。商家在选择社交类平台开展营销活动时，需综合考虑品牌定位、目标受众以及宣传需求等多重因素，选出最合适的平台以实现最佳的推广效果。

（2）短视频类平台

短视频类平台有很多，图 5-1-2 所示为一些常见的短视频类平台。

图 5-1-2　短视频类平台

1）抖音。抖音是一款创意短视频社交软件，用户可以通过抖音平台来宣传品牌、商品或服务，吸引更多的用户关注和转化。

2）快手。快手是一款记录和分享生活的平台，用户可以上传、观看和分享视频。

在快手平台上进行广告推广，通过精准定位目标用户，可以将品牌或商品的信息传达给潜在用户，从而实现营销目标。

3）哔哩哔哩。哔哩哔哩是一个以在线动画、游戏、动漫为主题的弹幕视频网站，深受年轻用户喜爱。在哔哩哔哩上发布与目标用户相关的软文，可以获得更多用户的关注和转发。

4）秒拍。秒拍是一个短视频分享应用平台，它支持视频同步分享到微博、微信朋友圈、QQ 空间等社交平台，并提供了众多潮流短视频分享功能。

5）微视。微视是一个短视频创作与分享平台，用户不仅可以在微视上浏览各种短视频，而且可以通过创作短视频来分享自己的所见所闻。同时，微视还支持将视频分享给好友和社交平台。

6）美拍。美拍是最有代表性的娱乐直播平台，它聚集了众多明星、网红、机构和媒体等开展直播活动。

（3）自媒体平台

互联网时代，自媒体迅速扩张。各大互联网公司都提供自媒体平台，如今日头条、小红书、百度百家号、新浪看点等，如图 5-1-3 所示。通过这些自媒体平台，商家可以迅速扩大品牌影响力。

图 5-1-3　自媒体平台

1）今日头条。今日头条是一个定制化推送新闻的平台，也是一个自媒体平台。今日头条拥有庞大的用户基础，在今日头条上发布有价值的软文，可以通过平台的推送算法让更多用户看到。

2）小红书。小红书是一个生活方式平台，旗下设有电商业务。小红书的特点在于其注重用户的购物体验，为用户提供了优质的商品推荐和购物指南。此外，小红书还拥有大量的原创内容和社区互动，用户可以在平台上分享自己的购物心得、使用体验和生活方式。这些特点使得小红书在短时间内迅速发展成为国内最具影响力的生活

方式平台之一。

3）百度百家号。百度百家号是百度为创作者打造的集创作、发布、变现于一体的内容创作平台，也是众多企业实现营销转化的运营新阵地。平台支持发布图文、视频、动态、直播、图集等多类型内容，创作者发布的内容将在百度移动应用、好看视频等多平台分发，并被百度搜索收录。

在百度百家号平台上，商家可以实现品牌营销转化，通过发布优质的内容吸引目标受众，提高品牌知名度和美誉度。同时，百度百家号还提供多种变现方式，如广告投放、内容电商等，帮助创作者实现商业价值。

4）新浪看点。新浪看点是新浪网为自媒体提供的原创内容生产平台，是全方位打通新浪网、新浪微博的高曝光自媒体阵地，帮助自媒体人扩大自身影响力、提升品牌美誉度、实现收益增值。

（4）论坛贴吧、门户网站

论坛贴吧和门户网站都非常适合进行营销推广。图 5-1-4 所示为一些常见的论坛贴吧和门户网站。

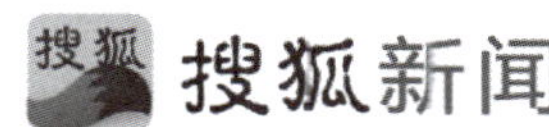

图 5-1-4　论坛贴吧和门户网站

1）百度贴吧。百度贴吧是百度旗下的独立品牌。百度贴吧与搜索紧密结合，准确把握用户需求，在与自己专业相关的贴吧上发布软文，可以引起相应用户的讨论和关注。

2）百度百科。百度百科是百度推出的涵盖所有领域的知识搜索平台。在百度百科中，用户可以参与词条编辑，分享和贡献自己的知识，并对其他用户的编辑进行评价和讨论。商家也可以通过编写百度百科词条入驻百度百科，提升自身形象和知名度。

3）搜狐新闻。搜狐新闻是搜狐旗下的一个新闻资讯平台，提供国内和国际时政、民生、娱乐等各类新闻资讯。用户可以通过搜狐新闻用户端或网站获取最新的新闻资讯，同时也可以参与评论、分享自己的观点。作为一个综合性的新闻门户网站，搜狐新闻拥有庞大的用户群体和良好的内容传播平台。在搜狐新闻上发布优质的软文，可以扩大文章的曝光度和影响力。

4. 第三方推广平台广告的投放

商家可以在第三方推广平台选择合适的广告渠道进行广告投放，以扩大品牌影响

力，提高商品曝光率和转化率。

（1）常见的第三方推广平台广告投放方式

1）搜索引擎广告投放。利用搜索引擎的关键词进行广告投放，可以精确地定位目标受众，提高广告的点击率和转化率。

2）社交媒体广告投放。在社交媒体平台上进行广告投放，可以利用社交媒体的传播效应，吸引更多的潜在用户。

3）网站广告投放。在网站上投放广告，可以通过网站的流量和用户群体，吸引目标受众的关注。

4）大号推广。利用微博、微信等社交媒体平台的大号进行推广，可以扩大品牌影响力，提高商品曝光率。

5）视频平台广告投放。在视频平台上进行广告投放，可以利用视频的传播效应，吸引更多的潜在用户。

（2）第三方推广平台广告投放注意事项

1）选择合适的第三方推广平台。网店推广时，应该根据品牌的需求和目标受众，选择合适的第三方推广平台进行广告投放。

2）确定广告目标和预算。广告投放首先需要明确广告的目的，是为了推广品牌、活动、商品，还是实现某一目的，如提高转化率、点击率等。在明确目的的基础上，确定目标受众。然后再根据网店的经济实力和推广需求，制定合理的广告预算。在制定预算时，需要考虑广告的投放平台、投放时间、投放内容等成本因素，以及广告的效果和回报率。

3）选择合适的广告形式和投放策略。根据网店及经营品牌的特点和推广目标，选择最合适的广告形式和投放策略。例如，品牌推广广告可以选择在社交媒体平台或搜索引擎上进行投放，而针对商品销售的广告则可以选择在搜索引擎或电商平台上进行投放。

4）监测和分析广告效果。在广告投放过程中，通过数据分析和优化服务监测和分析广告效果，包括点击率、转化率、曝光量等指标，这有助于网店及时调整广告策略和预算，以提高广告效果。

总之，第三方推广平台的广告投放需要结合品牌的需求和目标受众，选择合适的广告渠道和形式，制订合理的投放计划，并进行数据分析和优化服务，以提高广告效果。

（3）第三方推广平台的广告渠道

第三方推广平台的广告渠道有很多，以下是一些常见的渠道。

1）百度营销。百度营销是百度提供的营销推广平台，它依托于百度搜索引擎，通过关键词广告、网站推广、移动推广等多种形式，帮助商家实现精准营销，如图 5–1–5 所示。

图 5–1–5　百度营销标志

百度营销的优势在于其拥有庞大的用户群体和广泛的覆盖面，同时可以根据用户的搜索行为和兴趣爱好进行精准投放，提高广告效果和转化率。此外，百度营销还提供了多种数据分析和优化工具，帮助商家更好地了解用户需求和行为，从而不断优化广告策略。

除了搜索引擎营销之外，百度营销还提供了多种营销服务，如移动推广、网站建设、品牌推广等，以帮助商家实现全渠道的营销推广。

2）巨量引擎。巨量引擎流量巨大，多元覆盖用户生活场景。平台除了基于海量用户画像准确锁定目标人群外，还提供智能工具，辅助“从创意制作到效果优化”的一站式投放。巨量引擎还能通过精准定向和智能推荐等技术提高广告效果，如图 5–1–6 所示。

图 5–1–6　巨量引擎标志

3）腾讯广告。腾讯广告用户体量大、黏性大、用户活跃度高，多用于信息流投放，符合多种类型的移动应用投放需求，如图 5–1–7 所示。

图 5–1–7　腾讯广告标志

4）微博粉丝通。微博粉丝通可根据用户属性与社交关系将信息投递给目标人群，如图 5–1–8 所示。

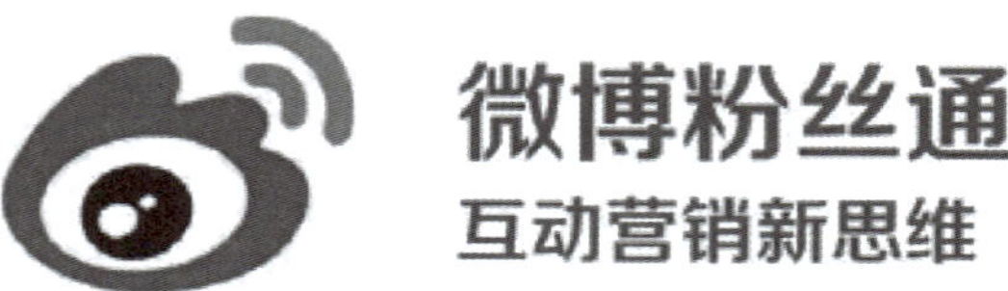

图 5–1–8　微博粉丝通标志

5）快手磁力智投。快手磁力智投是快手公司推出的信息流投放平台，主要做站外引流，它通过整合多方数据，实现精准锁定目标人群，最终达成签约购买等营销目标，如图 5–1–9 所示。

图 5–1–9　快手磁力智投标志

快手磁力智投的优势在于其拥有快手的海量用户和广泛覆盖面，同时可以根据用户的兴趣爱好和行为特点进行精准投放，提高广告效果和转化率。此外，快手磁力智投还提供了多种数据分析和优化工具，帮助商家更好地了解用户需求和行为，不断优化广告策略。

6）爱奇艺。爱奇艺目前是在线视频行业翘楚，其中的“奇麟神算——爱奇艺效果推广”平台，依托于爱奇艺优质内容、海量用户以及技术优势，根据不同企业主自身特点，从娱乐、资讯、社交等多领域提供娱乐全触点营销式的网络推广整体解决方案，满足企业主的推广需求，如图 5–1–10 所示。

图 5–1–10　爱奇艺标志

7）优酷睿视。优酷睿视是一个视频程序化营销平台，专注于视频广告的自主投放。主要是通过优酷土豆视频前中后贴片、视频暂停、角标、其他位置图片资源等，进行定向广告投放，起到品牌 + 效果的宣传。优酷睿视支持跨屏投放，可设置投放的

频道、节目、人群性别、年龄段等，如图 5-1-11 所示。

图 5-1-11　优酷睿视标志

8）新浪扶翼。新浪扶翼平台是通过对新浪网、新浪微博、移动用户端的数据进行多维度挖掘，为广告主提供精准定向和创意优化双维度服务的自助竞价广告平台。新浪扶翼平台覆盖范围广，可覆盖 32 个频道，近 600 个资源位；可通过用户历史浏览行为精准定向，识别需求明确的用户及潜在用户；平台支持按效果付费，预算可控，如图 5-1-12 所示。

图 5-1-12　新浪扶翼标志

二、第三方推广平台的人群定向

第三方推广平台的人群定向是一种广告投放策略，通过使用第三方数据来帮助商家更准确地定位目标受众，如图 5-1-13 所示。

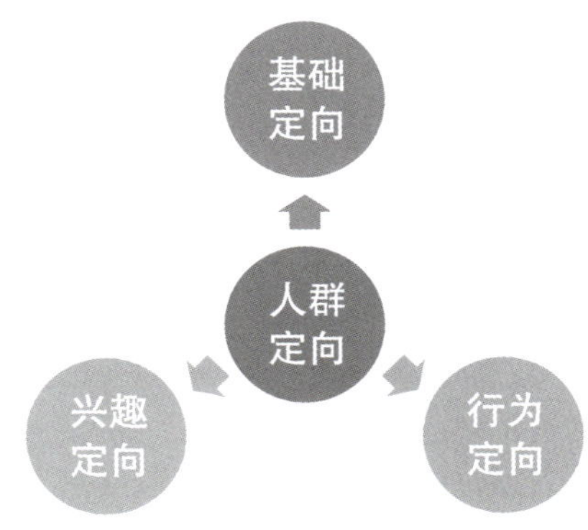

图 5-1-13　人群定向

1. 基础定向

基础定向是指在广告投放中针对基础属性进行定位，如性别、年龄、地域、系统版本、网络类型、机型等。在第三方推广平台中，基础定向是一种常见的广告定向方式。以下是基础定向的一些常见方法。

（1）性别定向

根据商家的需求和目标受众的性别进行定向，如只向女性用户投放美容美妆类广告。

（2）年龄定向

根据商家的需求和目标受众的年龄进行定向，如只向年轻人投放运动鞋类广告。

（3）地域定向

根据商家的需求和目标受众的地域进行定向，如只在北京地区投放北京奥运会相关的广告。

（4）系统版本定向

根据商家的需求和目标受众所使用的操作系统版本进行定向，如只向安卓用户投放游戏类广告。

（5）网络类型定向

根据商家的需求和目标受众所使用的网络类型进行定向，如只向无线用户投放视频类广告。

（6）机型定向

根据商家的需求和目标受众所使用的机型进行定向，如只向小米手机用户投放小米相关商品广告。

2. 行为定向

行为定向是指根据用户在特定网站或应用中的行为进行定向投放，包括浏览行为定向和购买行为定向。

（1）浏览行为定向

基于用户在特定网站或应用中的浏览内容，广告投放可实施精准定向策略。商家可选择依据用户的浏览记录和搜索历史进行定向投放，也可以根据其个人兴趣标签和购买意图进行精准匹配。这种定向方式有助于商家更为精确地锁定目标受众群体，并在用户热衷的领域内展示相关广告，从而有效提升广告效果和用户参与度。

（2）购买行为定向

通过分析用户在社交媒体或其他平台上的购买行为，商家可以实施精准定向投放策略。具体而言，即通过深入研究用户在电商平台的购买记录，可以洞察其商品

偏好、价格区间以及购买频率等信息。基于这些深入的数据分析，商家可以更加精确地定向投放广告，确保广告内容能够触达具有购买需求的潜在用户。这种定向方式不仅提升了广告投放的精准性，还有效增强了广告效果，可为商家带来更高的回报。

3. 兴趣定向

兴趣定向作为一种广告定向方式，基于用户的兴趣爱好进行精准投放。在第三方推广平台的推广过程中，它能够有效帮助商家将广告内容准确传达给目标受众，从而增强广告效果并提升转化率。

兴趣定向的核心在于深入剖析用户的基本信息、兴趣爱好以及社交行为等数据，进而确定其兴趣偏好。这种方法更侧重于用户的长期兴趣，结合用户的历史行为和兴趣偏好，为其推荐相关广告内容。例如，当用户在社交媒体上点赞或评论某位音乐家的作品时，系统便能智能地识别其音乐偏好，并推送相关音乐家的演唱会门票广告。

兴趣定向在多个场景中表现出色，尤其适用于那些需要引导用户或激发其兴趣的领域，如娱乐和时尚等。在这些场景下，兴趣定向通过分析用户的兴趣点，精准推荐符合其需求的广告内容。例如，当用户在健身类移动应用中浏览健身器材信息时，系统能够识别其潜在需求，并推送相应的健身器材品牌广告。同样，对于经常浏览篮球相关网页的用户，系统也会智能推送篮球装备品牌的广告。通过兴趣定向，商家能够更精准地触达目标用户，实现广告效果的最大化。

三、第三方推广平台的竞价机制和排名机制

第三方推广平台的竞价机制是指在特定平台进行广告投放时，商家采用竞价的方式争夺广告展示机会的一种策略。在此机制下，商家根据自身的广告预算和商品需求，在平台上选定投放广告的媒体和类型，并设定相应的出价。这个出价代表着商家愿意为每次广告点击支付的费用，是其参与竞价的最低标准。

当用户进行关键词搜索或浏览相关页面时，广告系统会综合考虑商家的出价和广告质量等因素，对广告的排名和展示顺序进行精准评估。广告质量是由广告系统根据广告的点击率、页面质量等因素综合评估得出的分数，它直观地反映了广告的受欢迎程度和转化率。

通过这种竞价机制，商家能够更有效地利用有限的广告资源，确保广告在目标用户群体中实现精准投放，从而提升广告效果和投资回报率。

竞价机制和排名机制是搜索引擎营销中的两个重要概念，它们相互关联，但又有一定的区别，如图 5-1-14 所示。

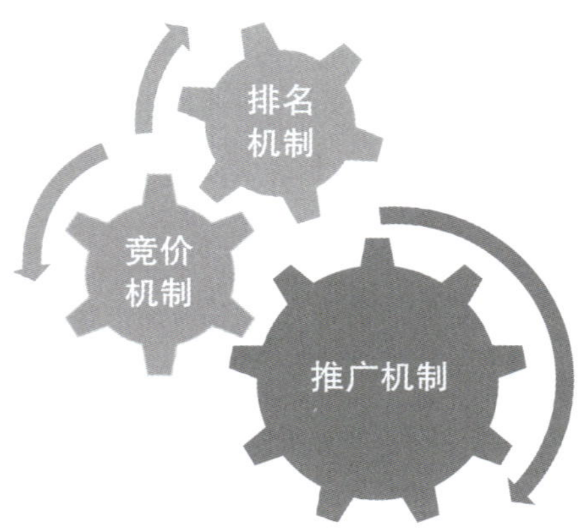

图 5-1-14　第三方推广平台机制

1. 竞价机制

竞价机制是搜索引擎营销中的一种重要策略，它允许商家通过出价来争夺有限的广告展示机会。在这种机制下，商家可以针对特定的关键词或广告位置设定不同的出价，以追求最佳的广告展示效果。出价的高低将直接决定广告在搜索结果中的排名和展示频率。

因此，竞价机制本质上是一种“价高者得”的竞争方式。商家需根据自身的预算和市场竞争情况，审慎设定合理的出价，以在有限的广告资源中获得更有利的展示位置。这种策略的运用不仅要求商家对市场有深入的了解，还需要灵活调整出价策略，以适应不断变化的市场环境。

2. 排名机制

排名机制是搜索引擎依据特定算法和规则对网页或广告进行排序的一种方式。在搜索引擎营销中，商家可以通过精心优化其网站或广告内容，提升在搜索结果中的排名，进而获取更多的曝光机会和点击量。这一机制在运作时会综合考虑多个关键因素，如关键词的相关度、网页或广告的质量以及用户行为等。因此，排名的高低并不完全取决于出价多少，而更多地受到商家网站或广告的质量以及其他相关因素的影响。

竞价机制与排名机制在搜索引擎营销中相互交织，共同为商家提供多样化的推广手段。竞价机制尤其适用于那些对广告展示效果有较高期待，并愿意通过出价竞争来争取更佳排名的商家。而排名机制则更受那些注重自然排名和品牌声誉的商家的青睐，他们可以通过持续优化网站或广告内容来提升排名，从而获取更多的曝光度和点击率。这两种机制相辅相成，为商家提供了灵活多变的推广策略选择。

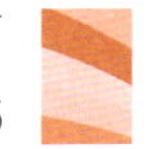

技能实训

实训 1：微博营销推广

要求：在微博上发布一条【新品上市】的推广信息。

参考推广信息：

【新品上市】快来体验我们的全新商品！#某某商品#，让你拥有不一样的体验！点击链接查看更多详情。转发 + 评论，有机会赢取精美礼品！快来参与吧！

具体步骤如下：

步骤一，打开新浪微博网页端，如图 5–1–15 所示。

微博
weibo.com
搜索微博
搜索

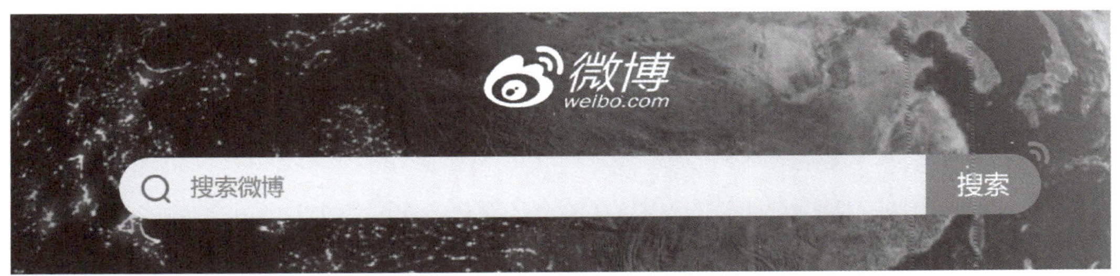

图 5–1–15　新浪微博网页端界面

步骤二，在网页右上角找到"立即注册"入口，点击进入注册界面，如图 5–1–16 所示；填写相关信息，进行个人账户的注册，如图 5–1–17 所示。

随时随地
发现新鲜事
立即登录
还没有微博？立即注册！

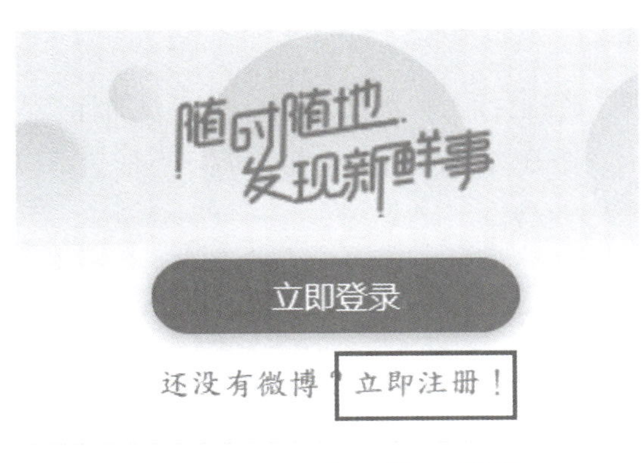

图 5–1–16　新浪微博注册界面

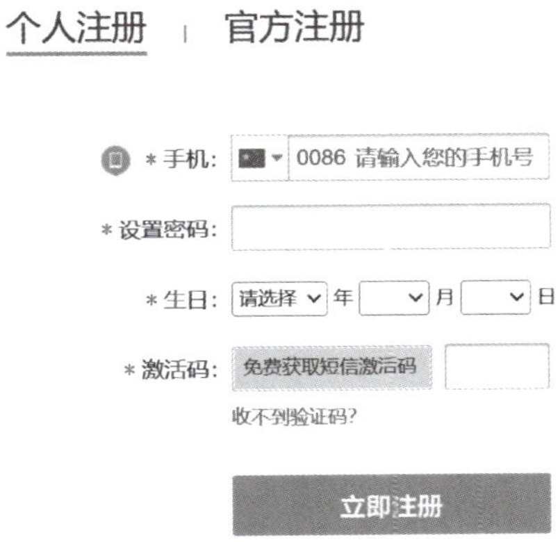

个人注册
官方注册
* 手机:
0086 请输入您的手机号
* 设置密码:
* 生日:
请选择
年
月
日
* 激活码:
免费获取短信激活码
收不到验证码?
立即注册

图 5–1–17　填写相关信息

步骤三，完成个人账户注册后在登录界面登录，如图 5–1–18 所示。

步骤四，进入微博首页，可以浏览"全部关注"内容，如图 5–1–19 所示。

步骤五，在微博首页找到"信息发布"对话框，如图 5–1–20 所示。

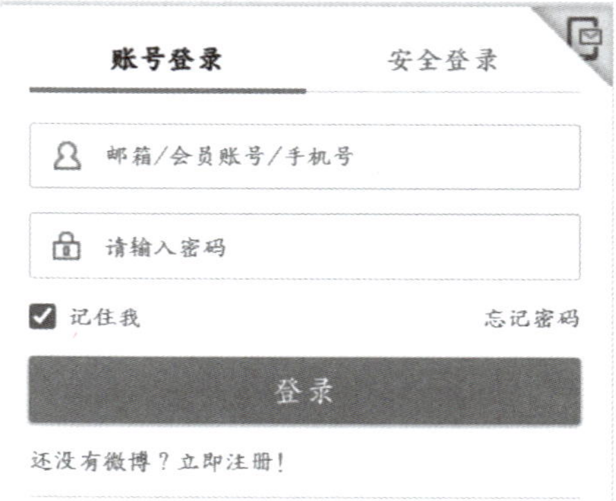

账号登录 安全登录

邮箱/会员账号/手机号

请输入密码

记住我 忘记密码

登录

还没有微博？立即注册!

图 5-1-18 新浪微博登录界面

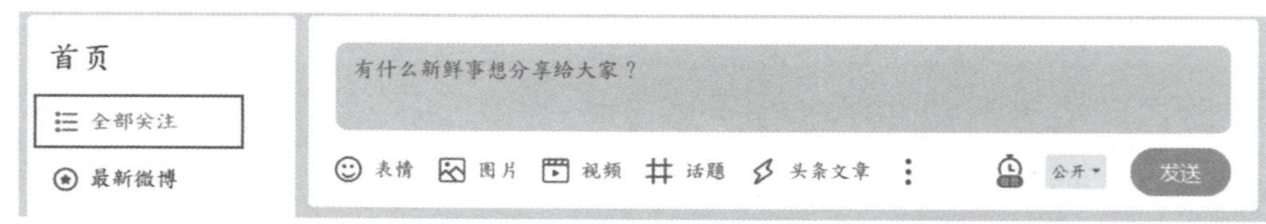

图 5-1-19 进入微博首页

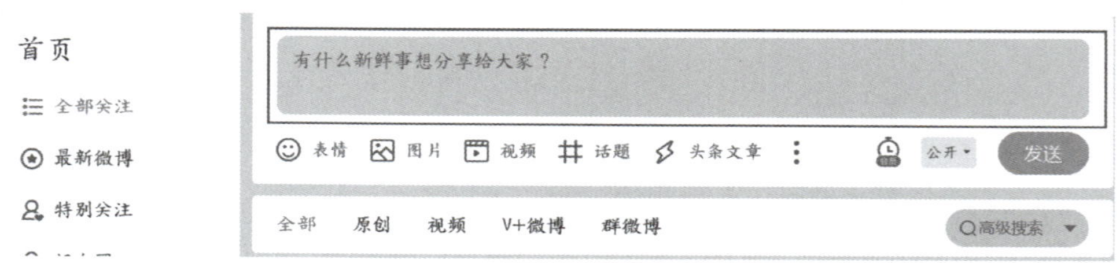

图 5-1-20 “信息发布”对话框

步骤六，输入【新品上市】的推广信息，包括标题和正文内容，可以添加标签和话题，以便让更多的人关注和参与讨论，如图 5-1-21 所示。推广信息要求言词简洁、图文并茂，以增加可读性。

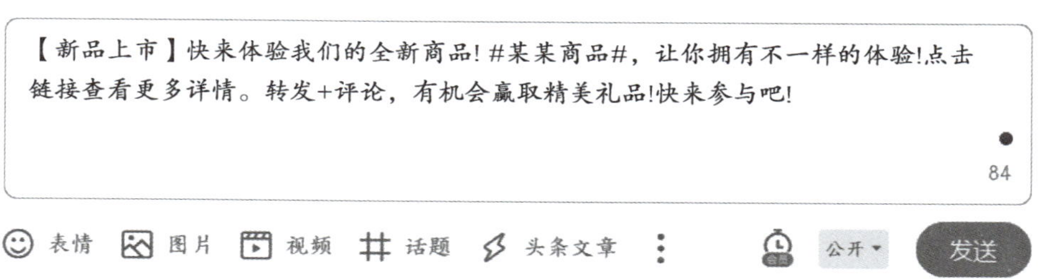

图 5-1-21 输入要发布的推广信息

步骤七，确认无误后，点击“发送”即可，如图 5-1-22 所示。

【新品上市】快来体验我们的全新商品! #某某商品#，让你拥有不一样的体验!点击链接查看更多详情。转发+评论，有机会赢取精美礼品!快来参与吧!

84

表情　图片　视频　话题　头条文章

图 5-1-22　确认并完成发布

实训 2：小红书推广

要求：在小红书上发布【试用体验】的新品试用文章。

参考试用文章：

【试用体验】#×× 商品 #，让你拥有不一样的体验！

最近，我非常荣幸地获得了 ×× 商品的试用机会。在使用这款商品的过程中，我深深感受到了它带给我的不一样体验。

首先，这款商品的外观设计非常精美，让人一眼就能感受到它的品质。打开包装后，商品的细节处理得非常到位，给人一种高端的感觉。

在使用过程中，我发现这款商品的功效非常出色。它能够有效地解决我的皮肤问题，让我拥有更加健康、美丽的肌肤。同时，它的使用方法也非常简单，让我能够轻松上手。

总的来说，×× 商品给我带来了非常好的试用体验。如果你也想拥有不一样的体验，不妨试试这款商品吧！

具体步骤如下：

步骤一，下载小红书移动应用，注册并登录。

步骤二，打开小红书移动应用，点击下方的“+”图标，进入发布界面。

步骤三，选择需要发布的图片，可以从相册中选择或者进行拍照，如图 5-1-23 所示。完成后点击右下角的“下一步”按钮，如图 5-1-24 所示。

步骤四，对选中的图片进行编辑，完成后点击右上角的“下一步”按钮，如图 5-1-25 所示。

步骤五，在编辑界面中，可以添加标题、描述和标签，还可以进行图片编辑和滤镜处理，如图 5-1-26 所示。

步骤六，确认信息无误后，点击下方的“发布笔记”即可，如图 5-1-27 所示。

图 5-1-23　选择图片界面

图 5-1-24　点击“下一步”按钮

图 5-1-25　编辑图片　　图 5-1-26　编辑界面　　图 5-1-27　点击“发布笔记”

实训 3：百度百科推广

要求：某网店经营品牌为“好好童趣”的商品，在百度百科上为其创建百度词条，进行品牌宣传。

参考品牌资料：

【品牌名称】好好童趣。

【品牌简介】好好童趣是一家专注于儿童用品的品牌，致力于为儿童提供健康、舒适、有趣的成长环境。该品牌由一位有丰富儿童用品设计经验的创始人创立，他深知儿童的需求和喜好，因此创立了好好童趣品牌，旨在为儿童带来更好的商品体验。

【品牌理念】好好童趣秉承"让童年更美好"的品牌理念，致力于为儿童提供高品质、时尚潮流的儿童用品。该品牌注重商品的品质和安全性，采用环保、健康的材料制作而成，让儿童在使用过程中更加放心。

【品牌文化】好好童趣品牌注重企业文化建设，倡导"快乐、健康、成长"的企业文化。该品牌注重员工培训和团队建设，为员工提供良好的工作环境和发展空间。同时，好好童趣品牌还积极参与公益事业，为社会做出贡献。

【品牌形象】好好童趣品牌的形象简洁明了，以黄色和蓝色为主色调，代表着阳光、活力和清新。该品牌的标志采用卡通形象和字母设计相结合的方式，具有很强的识别性和记忆性。此外，好好童趣品牌的商品包装设计也十分精美，采用环保材料制作而成，让用户更加放心使用。

【未来展望】好好童趣品牌将继续秉承"让童年更美好"的品牌理念，不断创新和进步，带来更多高品质、时尚潮流的儿童用品。同时，该品牌还将继续加强企业文化建设和团队建设，为员工提供更好的工作环境和发展空间。

具体步骤如下：

步骤一，打开百度网页端，注册百度账号并登录。

步骤二，打开百度百科网页版，在首页点击"创建词条"按钮，如图 5-1-28 所示。

图 5-1-28 百度百科网页版首页

步骤三，进入创建词条界面后点击“百科资深用户，无需引导直接编写”按钮，如图 5-1-29 所示。

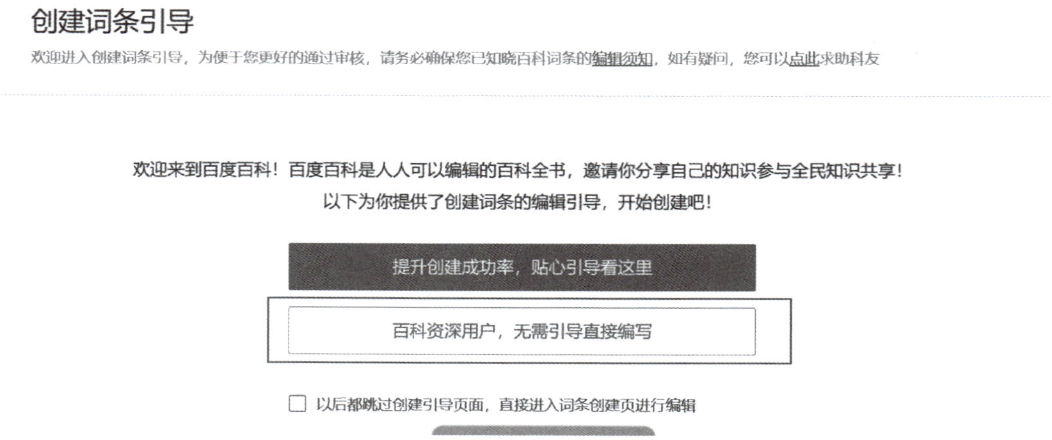

创建词条引导

欢迎进入创建词条引导，为便于您更好的通过审核，请务必确保您已知晓百科词条的编辑须知，如有疑问，您可以点此求助科友

欢迎来到百度百科！百度百科是人人可以编辑的百科全书，邀请你分享自己的知识参与全民知识共享！

以下为你提供了创建词条的编辑引导，开始创建吧！

提升创建成功率，贴心引导看这里

百科资深用户，无需引导直接编写

以后都跳过创建引导页面，直接进入词条创建页进行编辑

图 5-1-29　创建词条引导界面

步骤四，在词条名输入框中输入品牌名称，然后点击“创建词条”按钮，如图 5-1-30 所示。

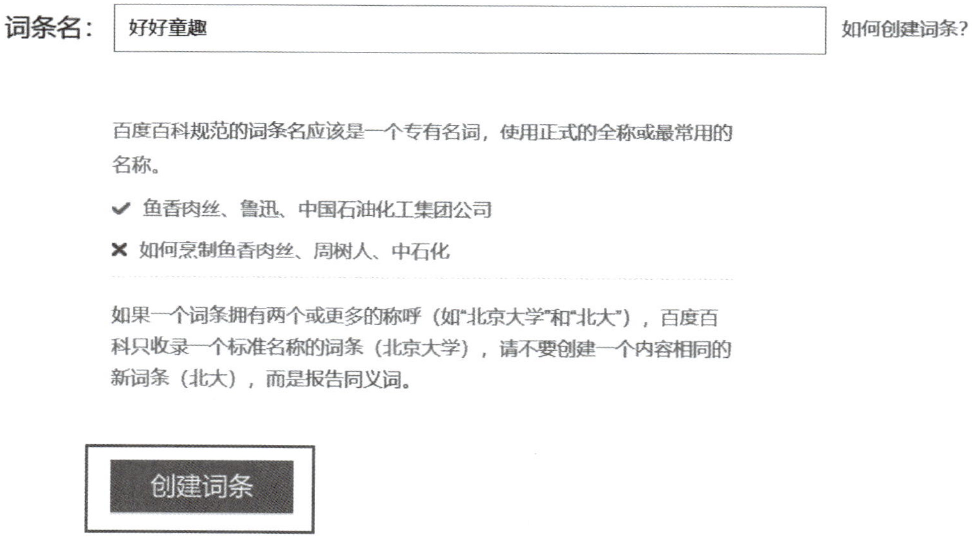

词条名：好好童趣　如何创建词条?

百度百科规范的词条名应该是一个专有名词，使用正式的全称或最常用的名称。

✔ 鱼香肉丝、鲁迅、中国石油化工集团公司

✖ 如何烹制鱼香肉丝、周树人、中石化

如果一个词条拥有两个或更多的称呼（如"北京大学"和"北大"），百度百科只收录一个标准名称的词条（北京大学），请不要创建一个内容相同的新词条（北大），而是报告同义词。

创建词条

图 5-1-30　创建词条窗口

步骤五，在弹出的词条选择对话框中选择“生活”下的“品牌”词条，然后点击“确定”按钮，如图 5-1-31 所示。

词条类型 生活 > 品牌

请输入要搜索的内容

人物　自然　**生活**　地理　历史　艺术　体育　社会　文化　科技　娱乐　交通　其他

城市轨道交通	民用机场	火车站	铁路线路	城市公交系统	城市公交线路	桥梁	港口口岸
隧道	交通工具	楼盘	营业场所	生活用品	菜品	饮料	品牌
汽车	娱乐活动	其他生活					

目录（示例）

- 品牌历史
- 产品及服务
- 品牌文化
- 所获荣誉

信息栏（示例）

中文名	百度	创立时间	2000年1月
外文名	Baidu	创始人	李彦宏
所属行业	网络信息服务	所属公司	百度公司

确定

图 5-1-31　词条类型选择窗口

步骤六，在义项名输入框中输入该品牌的特征，然后在下方的词条简述输入框中输入该品牌的品牌简介，如图 5-1-32 所示。

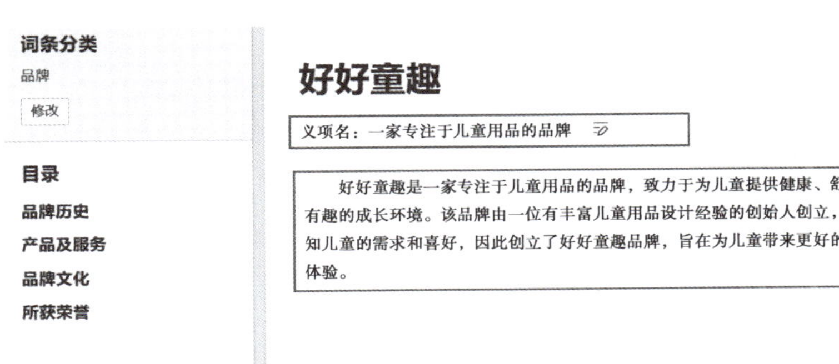

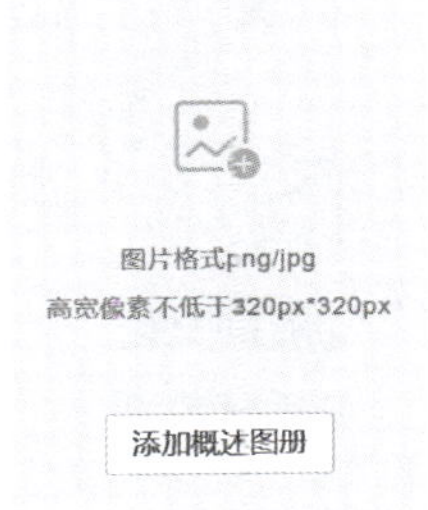

图 5-1-32　词条简述窗口

步骤七，在下方的“信息栏”中输入品牌的中文名、外文名、创立时间、创始人、所属行业及所属公司，如图 5-1-33 所示。

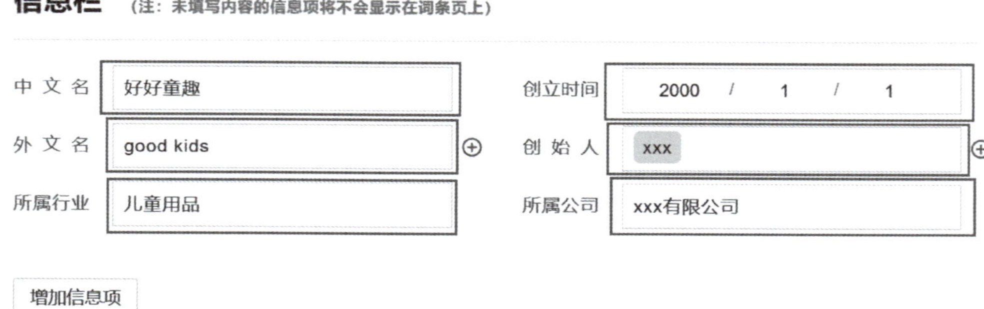

图 5-1-33 信息栏窗口

步骤八，在下方的“正文”中选择“品牌历史”，点击弹出的“+”图标，如图 5-1-34 所示。

图 5-1-34 正文窗口

步骤九，在弹出的对话框中点击“创建段落”按钮，如图 5-1-35 所示。

图 5-1-35 点击“创建段落”按钮

步骤十，在弹出的文本框中输入相应的内容，如图 5-1-36 所示。

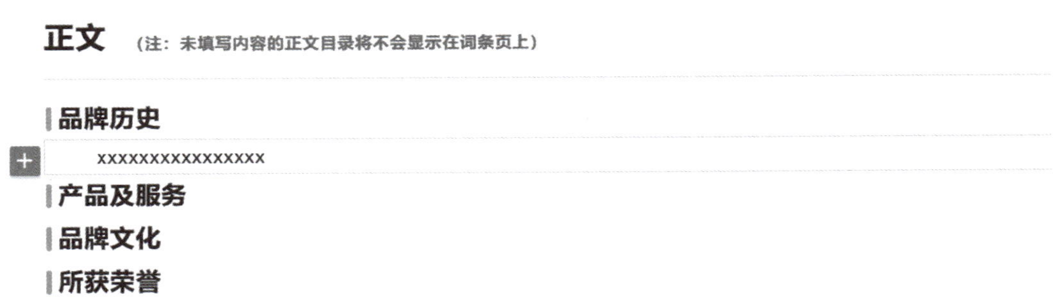

图 5-1-36　文本框

步骤十一，按以上步骤完成词条编辑，点击右上角的“提交”按钮，如图 5-1-37 所示。

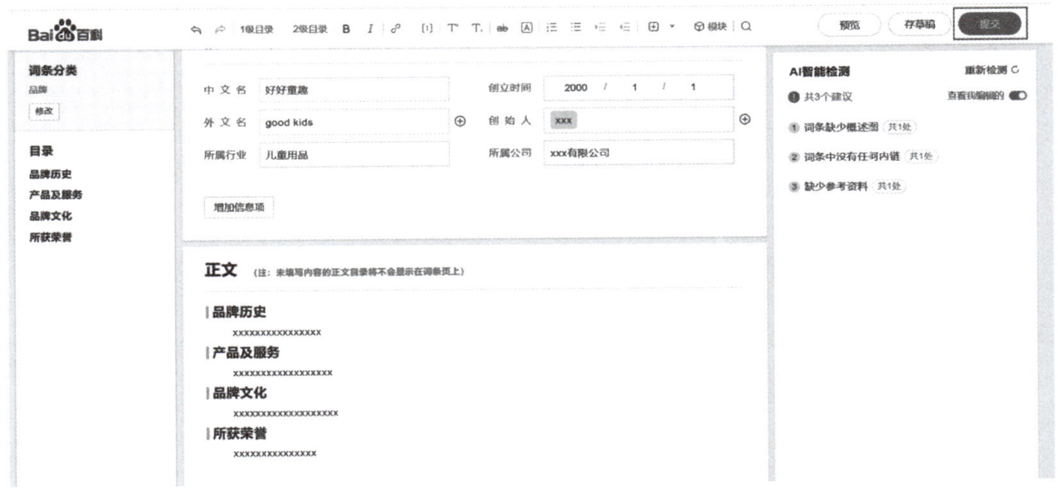

图 5-1-37　完成提交

步骤十二，在弹出的词条创建原因中点击“词条未收录”，并点击下方的“提交”按钮，如图 5-1-38 所示。

步骤十三，提交成功，等待百度百科系统审核。

图 5-1-38　提交词条

实训 4：哔哩哔哩推广

要求：在哔哩哔哩上发布一条视频，并进行推广。

具体步骤如下：

步骤一，打开哔哩哔哩网页端，点击右上角的“登录”按钮，如图 5-1-39 所示。

图 5-1-39　哔哩哔哩网页端首页

步骤二，使用手机号验证码登录或注册，如图 5-1-40 所示。

步骤三，登录后点击右上角的“投稿”按钮跳转到投稿入口，如图 5-1-41 所示。

步骤四，点击“视频投稿”，拖入要上传的商品视频，如图 5-1-42 所示。

图 5-1-40　登录 / 注册界面

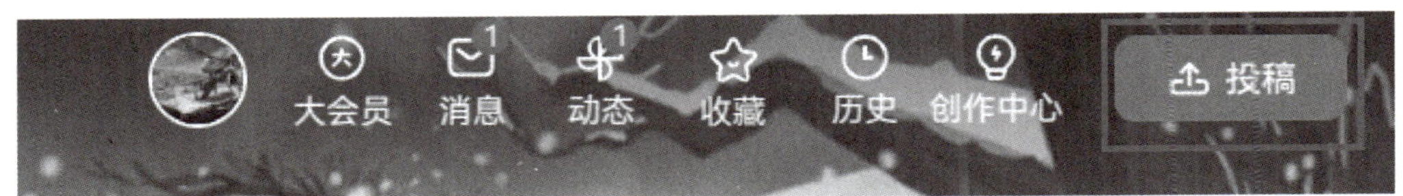

图 5-1-41　首页投稿入口

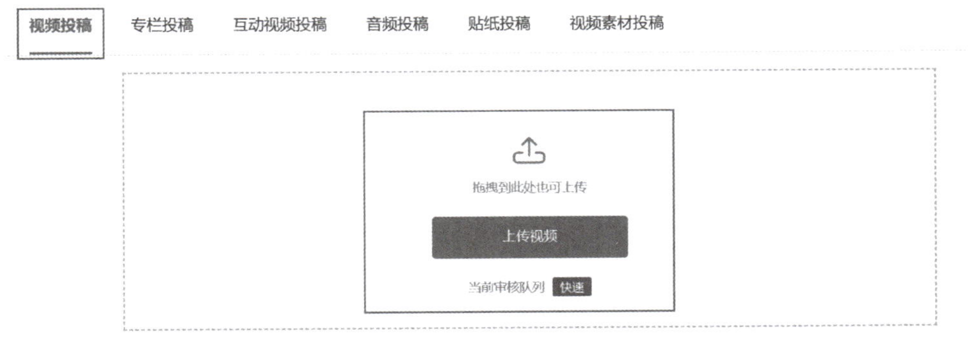

图 5-1-42　上传视频界面

步骤五，修改视频封面、标题，视频类型选择“自制”，分区选择“生活”分区下的“家居房产”分区并添加视频的标签，如图 5-1-43 所示。

步骤六，编辑视频简介并在商业推广项下勾选“增加商业推广信息”，点击“其他”推广，选择商品类型、推广品牌以及推广形式，如图 5-1-44 所示。

步骤七，点击“立即投稿”按钮进行投稿，如图 5-1-45 所示。

图 5-1-43　视频基本设置修改

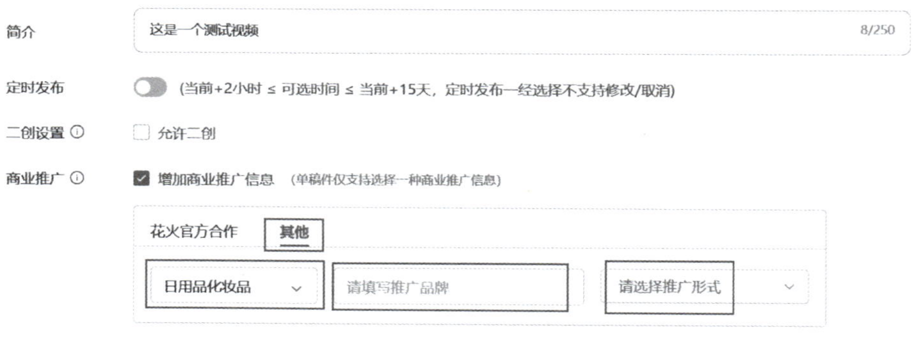

图 5-1-44　商品简介及商业推广修改

图 5-1-45　完成投稿

思考与练习

1. 第三方推广平台有哪些？
2. 简述第三方推广平台的竞价机制。
3. 在微博注册并发布一条网店推广信息。

任务评价

根据本任务的学习情况，按知识、技能两个指标进行自我评价、小组评价和教师评价，填写表 5-1-1。

表 5-1-1　“认识第三方推广平台”学习任务评价表

学习任务评价表					
评价指标	评价内容	配分	自我评价	小组评价	教师评价
知识	第三方推广平台的概念	10 分			
	第三方推广平台的推广优势	10 分			
	常见的第三方推广平台	10 分			
	第三方推广平台的广告投放方式	10 分			
	第三方推广平台的人群定向	10 分			
	第三方推广平台的竞价机制和排名机制	10 分			
技能	微博营销推广	10 分			
	小红书推广	10 分			
	百度百科推广	10 分			
	哔哩哔哩推广	10 分			
合计		100 分			
综合评价					

学习任务 2　今日头条推广

学习目标

知识目标

1. 认识今日头条
2. 熟悉今日头条引流推广相关知识

技能目标

1. 能完成今日头条引流素材的准备
2. 能完成今日头条广告的投放

任务描述

本任务要求学生了解今日头条的推广机制、引流方式，掌握今日头条的引流推广技巧，学习网店推广引流内容、素材的准备，并且实践今日头条的广告投放。

相关知识

一、认识今日头条

今日头条作为一款移动应用平台，致力于为用户提供新闻资讯、个性化推荐以及社交互动等全方位服务，如图 5-2-1 所示。在此平台上，用户可以轻松获取最新的新闻动态、热点话题以及娱乐八卦等各类信息。同时，根据用户个人的兴趣偏好和行为数据，今日头条还能够精准推送个性化的内容，满足用户的多样化需求。

图 5-2-1　今日头条标志

此外，今日头条还集成了丰富的社交互动功能，如关注、评论、点赞和分享等，为用户提供了一个与其他用户交流互动的平台。用户可以在此分享自己的看法和感受，与他人展开深入的讨论和交流，适合各类用户群体使用。

1. 今日头条的营销特点

今日头条的营销特点主要体现在以下几个方面，如图 5-2-2 所示。

图 5-2-2　今日头条的营销特点

（1）海量用户

今日头条拥有数亿用户，这使得商家可以在这个平台上接触到大量的潜在用户。而且今日头条的用户活跃度高，日均使用时间超过 76 分钟，每日平均启动 9 次，这为商家提供了更多的营销机会。

（2）精准定位

今日头条可以基于大数据算法解读用户社交行为，通过用户画像和大数据分析发现用户的兴趣点，实时调整用户所属标签，精准地将广告投放给目标受众，广告效果更明显。

（3）多种广告形式

今日头条支持多种广告形式，如图文、视频广告等，能够满足不同商家的多样化需求。

（4）智能推荐

今日头条采用智能推荐算法，能够根据用户的兴趣和偏好推荐相关内容，增加广告的曝光率和点击率。

（5）数据分析精准

今日头条提供了丰富的数据分析和统计功能，商家可以通过数据分析了解广告的展示情况、点击率、转化率等指标，更好地了解广告投放的效果和转化情况，并根据数据进行调整和优化广告投放策略。

（6）多种转化类型

今日头条支持多种转化类型，可以最大限度地将商品、服务实现最优质的销售转化。

（7）跨平台投放

今日头条支持跨平台投放，能够在不同的设备和平台上展示广告，扩大广告的覆盖面。

2. 今日头条的平台功能

今日头条提供最新的新闻资讯，包括国内、国际、社会、娱乐、体育等各个领域的新闻报道，其内容形式丰富多样，包括文字新闻、短视频和音频内容等，用户可以根据自己的喜好选择不同的阅读方式。今日头条还提供高清流畅的视频播放服务，包括电影、电视剧、综艺节目、纪录片等各类视频内容。今日头条平台的功能主要包括以下几个方面。

（1）个性化推荐

今日头条通过分析用户的浏览历史、兴趣爱好和社交关系，能够为每个用户提供最相关和最有价值的新闻内容。这种个性化推荐的方法使得用户更容易获取感兴趣的内容，提高了用户体验。

（2）搜索功能

用户可以通过搜索关键词或话题标签，在今日头条上查找自己感兴趣的内容。

（3）发布文章

用户可以在今日头条上直接发布文章，并查看订阅用户、推荐用户以及头条号指数等信息。

（4）用户互动

今日头条允许用户在每篇新闻下方发表评论和观点，用户可以关注自己喜欢的作者和自媒体账号，与他们互动交流，分享自己的看法和感受。这种互动机制增加了用户的参与感，可以有效提升用户黏性。

（5）离线阅读

今日头条用户可以在无网络环境下离线阅读已下载的文章和新闻，节省流量并提高阅读体验。

（6）订阅服务

今日头条用户可以订阅自己感兴趣的自媒体账号和专栏，获取最新的文章和资讯推送。

二、今日头条的引流推广

1. 今日头条的引流方式

在今日头条上进行引流，可以采取图文引流、视频引流、直播引流、问答引流和评论引流等引流方式。

（1）图文引流

图文引流是商家创作优质的图文内容，并在内容中适当添加一些吸引人的图片或视觉元素，用户在浏览图文内容时，会关注到推广信息并主动关注甚至联系商家。但今日头条不允许在图文内容中放置微信、微博等联系方式，所以商家更需要通过高质量的图文内容引发用户留言互动并关注账号，以私信的方式添加微信等，以此实现引流。图文引流是目前效果最好的引流方式，当热门内容产生时，其阅读量和互动量会非常可观，引流效果显著。商家在进行图文引流时，可以用微头条形式发布，会更容易被用户传播、关注，如图 5-2-3 所示。

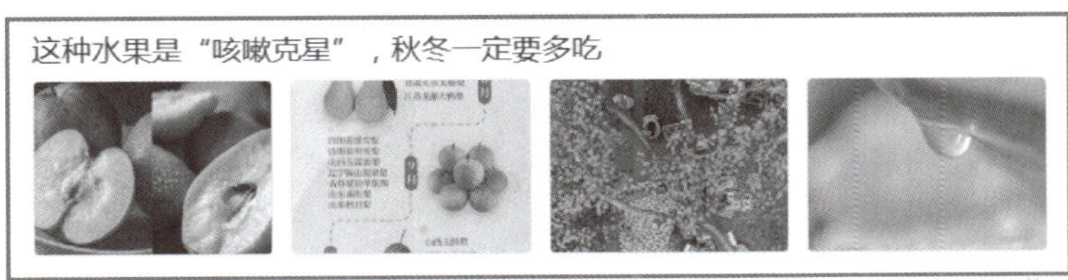

图 5-2-3　图文引流

（2）视频引流

视频引流和图文引流类似，制作具有吸引力和独特性的视频内容在今日头条发布，也能起到很好的引流效果。今日头条视频包括短视频和长视频，内容可以涵盖生活日常、教程分享、娱乐搞笑等。在视频描述中添加相关关键词，可以提高被搜索到的可能性，如图 5-2-4 所示。

图 5-2-4　视频引流

（3）直播引流

在如今竞争激烈的市场环境下，直播引流已经成为一种不可忽视的重要引流方式。直播引流即通过在今日头条直播间进行直播，将信息传播给更多的潜在用户，提高直播间的曝光度和影响力，进而促进销售。通过直播形式与用户进行互动，分享商家的专业知识或经验，可以提高商家的知名度，从而增强品牌影响力。在直播过程中，可以引导用户关注商家的头条号、购买相关商品等，如图 5-2-5 所示。

图 5-2-5　直播引流

（4）问答引流

今日头条有问答版块，商家可以积极参与头条的问答版块，主动提问或者回答用户提出的问题，并提供有价值的信息和建议。通过回答问题展示专业知识和经验，可以建立问答达人的形象，获得更大程度的曝光，吸引更多人的关注和信任。如果问答版块经营得当，今日头条系统还会认定对应账号是某个垂直领域的专家，主动推送相关问题，形成良性互动，如图 5–2–6 所示。

图 5–2–6　问答引流

（5）评论引流

评论引流作为一种有效的推广策略，其核心在于通过撰写有吸引力的评论，在热门平台或对标账号下引导用户关注特定账号或进入特定销售渠道。在今日头条这样的平台上，评论引流同样适用。商家或用户可以在热门文章或视频下方发表评论，以此吸引其他用户的注意。

与此同时，积极与其他用户互动，回复他们的评论，提供有价值的建议和反馈，也是获取用户关注的有效途径。这种互动不仅能够增强用户黏性，还能进一步提升账号或商品的曝光度。

当商家发布分享文章并遇到用户在评论区提问时，可以通过回复“私信我”的方式，与用户建立沟通渠道，进而引导用户进入其他销售渠道，实现有效引流。这种方式既能够解答用户的疑问，又能够将潜在用户转化为实际购买者，提高转化率。

2. 今日头条的推荐算法

今日头条的推荐算法主要基于机器学习和大数据分析，通过分析用户的浏览历史、兴趣偏好、地理位置等因素，为每个用户生成个性化的推荐列表。该算法主要基于协

同过滤和深度学习两个核心原理。

（1）协同过滤

通过分析用户的历史行为和其他相似用户的行为，预测用户的兴趣偏好。例如，如果一个用户经常点击与体育相关的新闻，那么该用户可能对体育类新闻感兴趣，系统会为其推荐更多体育类新闻。

（2）深度学习

通过深度神经网络模型，对海量的用户行为数据进行分析和学习，逐步优化算法，提高推荐准确度。

具体来说，今日头条的推荐机制包括以下几个步骤：

步骤一，用户行为分析。系统会收集和分析用户的浏览历史、环境特征等数据，以了解用户的行为和兴趣。

步骤二，提取关键词。对于每篇文章，系统会提取关键词，作为描述文章内容的一种特征。

步骤三，内容分类。系统会将文章打上标签，并分类到不同的领域，如教育、体育、职场等。

步骤四，个性化推荐。系统会根据用户的行为和兴趣，以及文章的内容和标签，为用户推荐最相关和最有价值的新闻内容。

步骤五，实时更新。系统会根据用户的反馈和文章的新鲜度，实时更新推荐结果，以提高推荐的准确性和时效性。

3. 今日头条的广告投放

（1）今日头条广告投放开户条件

1）合法注册的企业。商家必须是合法注册的企业，具备有效的营业执照、税务登记证等相关证件。

2）良好的商业信誉。商家应具有良好的商业信誉，无违法违规记录，确保广告投放的合规性。

3）优质的广告内容。商家需要提供优质的广告内容，确保广告真实、合法、有吸引力，能够吸引用户关注。

4）明确的广告投放需求。商家需要有明确的广告投放需求，包括投放目标、投放预算、投放时间等，以便平台提供更具针对性的服务。

5）遵守平台规则。商家应遵守今日头条的平台规则，配合平台的推广活动，共同维护市场秩序。

图 5-2-7 所示为今日头条广告投放界面。

图 5-2-7　今日头条广告投放界面

（2）今日头条的广告形式

1）开屏广告。开展广告是指打开今日头条时出现的全屏展现视频广告，用于助力品牌曝光，可支持分时间段展示广告素材，满足用户个性化的推广需求。开屏广告包括视频、图片、开屏入画、头条炫屏和开屏点睛等形式，如图 5-2-8 所示。

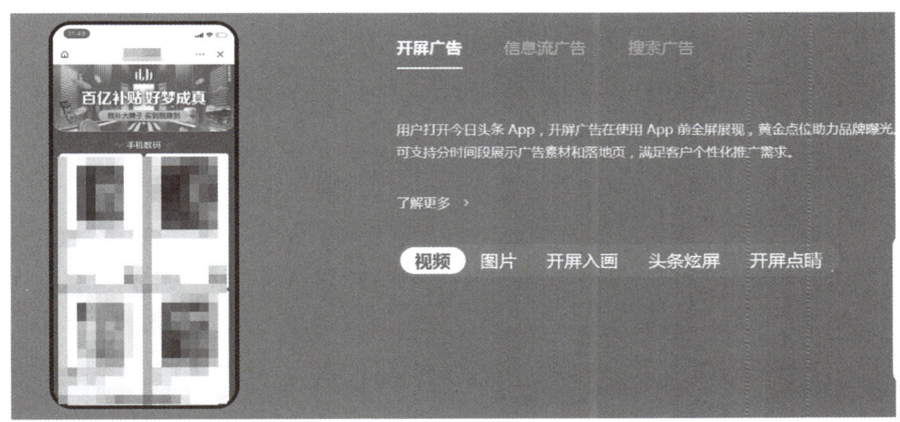

图 5-2-8　开屏广告

2）信息流广告。信息流广告是指在今日头条资讯流中穿插展现的广告，是契合资讯深度阅读体验的广告形式，适用于线索收集、移动应用下载、商品推广、品牌传播等多种推广目标。信息流广告包括图片、神灯、精品栏和随心互动等形式，如图 5-2-9 所示。

3）搜索广告。搜索广告是崭新的流量蓝海，用户在今日头条搜索内容，命中关键词后，搜索结果将展示推广信息，可以大幅提升转化率。搜索广告包括品牌专区、超级品专、搜索彩蛋和竞价广告等形式，如图 5-2-10 所示。

（3）今日头条广告投放开户步骤

步骤一，注册账号。商家需要在今日头条平台注册一个账号，填写相关信息并设置密码。建议选择企业账号进行注册。

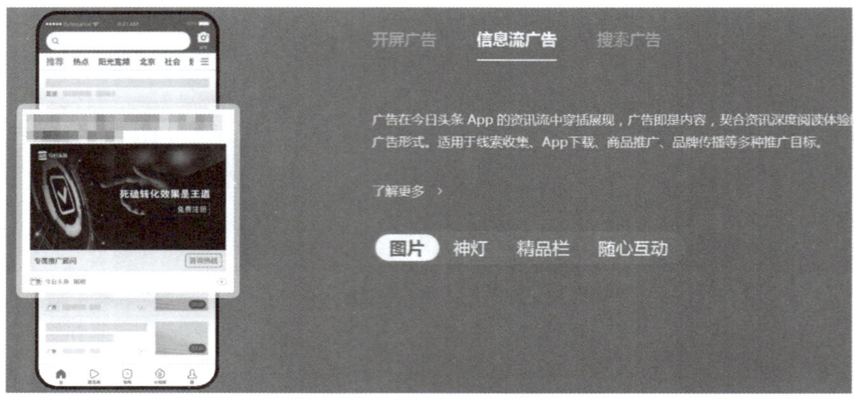

图 5-2-9　信息流广告

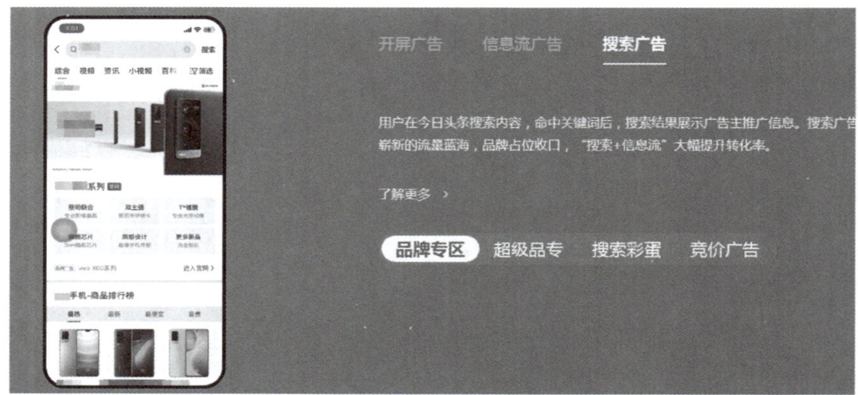

图 5-2-10　搜索广告

步骤二，提交资质证明。注册成功后，商家需要提交相关证件和资料，包括营业执照、税务登记证等，以便平台进行审核。需确保提供的资质证明文件清晰、完整且真实有效。

步骤三，等待审核。提交资质证明后，平台将对商家的资质和信誉进行审核，一般需要 3～5 个工作日。在此期间，商家可登录平台查看审核进度。

步骤四，完善账户信息。审核通过后，商家需要登录账户完善相关信息，包括账户名称、联系方式、广告投放需求等，这将有助于平台为商家提供更好的服务。

步骤五，充值账户。根据广告投放需求，商家需要对账户进行充值，确保账户余额充足以支持广告投放。需选择合适的充值方式，并确保资金安全。

步骤六，创建广告计划。商家需要根据投放需求创建广告计划，设置投放目标、投放预算、投放时间等参数。同时，选择合适的广告形式（如信息流广告、开屏广告等）和定位（如地域、年龄、性别等），以提高广告投放效果。

步骤七，制作并上传广告素材。商家需要制作符合平台要求的广告素材，包括图片、视频、文案等。需确保广告内容具有吸引力、创意性和合规性，能够吸引用户关注。

步骤八，提交广告计划等待审核。将制作好的广告计划和素材提交至平台进行审核。等待审核期间可以对广告计划和素材进行微调以符合平台要求。审核通过后方可进行广告投放。

步骤九，开始投放并实时监测。广告投放审核通过后，商家可以设置广告投放并进行实时监测。关注广告投放效果，包括曝光量、点击率、转化率等指标，以便及时调整投放策略。同时可以利用今日头条提供的数据分析工具进行更深入的效果分析。

步骤十，定期优化与分析。定期对广告投放效果进行数据分析，找出问题所在并制定优化策略，提升广告投放效果，降低成本。根据数据分析结果调整广告定向、创意和出价等参数，以优化投放效果。

4. 自营广告设置

如果要在今日头条设置自营广告，可以按照以下步骤进行：

步骤一，登录自己的头条账号，确保已经开通了自营广告。

步骤二，在广告设置中找到自营广告选项。

步骤三，选择自营广告的类型（建议使用图文形式）。

步骤四，填写广告的标题和描述，标题要吸引人，描述要简洁明了。

步骤五，设置广告的落地页地址，即广告链接到的网址。

步骤六，根据需要设置广告的投放类型，可以选择自动同步内容或手动更新内容。

步骤七，提交需要投放的头条号账号，无须等待审核，自营广告立即生效。

在今日头条设置自营广告需要先开通自营广告功能，然后根据要求填写相关信息，设置投放类型和落地页地址，最后提交头条号账号即可。

5. 今日头条广告创意素材要求

（1）标题通顺

标题是广告创意的重要组成部分，好的标题可以吸引用户的注意力。因此，标题语句通顺、没有错别字、不添加特殊无意义的符号是基本要求。

（2）内容与形式统一

广告创意素材应与广告推广的商品或服务相符合，同时要注意广告素材的呈现形式，如图片、视频等是否清晰、美观以及是否与品牌形象相符合等。

（3）突出卖点

广告创意应突出商品或服务的卖点，让用户能够快速了解商品或服务的持点和优势。

（4）简洁明了

广告创意应简洁明了，避免过于复杂或难以理解的内容，以免影响用户的阅读体验。

（5）符合法律法规

广告创意必须符合相关法律法规的规定，不得含有违法、不良、低俗等内容，以免影响广告的合法性和品牌形象。

（6）素材质量高

广告创意素材应具有高质量、高清晰度、高分辨率等特点，以保证广告的展示效果和用户体验。

（7）与用户需求匹配

广告创意应与用户需求相匹配，根据用户的行为、兴趣爱好等特征进行个性化推荐，以提高广告的精准度和转化率。

6. 在今日头条发布视频

在今日头条发布视频的流程如下。

（1）下载并安装今日头条

在应用商店中搜索并下载今日头条，并安装完成。

（2）打开应用并登录账号

打开今日头条，点击底部导航栏的“我的”图标，进入页面后点击“登录”按钮，输入账号和密码或使用其他方式登录。

（3）进入发布界面

在今日头条首页点击“+”图标，弹出发布界面后可以选择发布视频。

（4）选择视频

在发布界面中，可以从手机相册中选择已经拍摄好的视频，或者直接录制新的视频。点击“选择视频”后，浏览手机相册，选择想要发布的视频。

（5）编辑视频

在选择好视频后，可以对视频进行一些简单的编辑，如裁剪视频长度、添加滤镜、调整音量等。编辑完成后，点击“下一步”。

（6）添加标题和描述

在这一步中，需要为视频添加一个吸引人的标题和相关的描述。标题和描述能够帮助用户更好地了解视频内容，吸引更多的用户观看和分享。

（7）选择发布位置和标签

在这一步中，可以选择视频发布的位置和添加相关的标签。选择适当的位置和标签能够让更多的人发现视频作品。

（8）发布视频

在完成以上步骤后，点击“发布”按钮将视频上传到今日头条。上传完成后，视频将会在今日头条上展示给其他用户观看。

需要注意的是，发布的视频需要符合今日头条的内容规范和法律法规，确保视频的质量和合法性。此外，还可以使用今日头条的推广功能，如通过分享链接到其他社交媒体平台、微信朋友圈等方式增加观看量和转发量。

技能实训

实训 1：在今日头条上发布推广图文

要求：在今日头条上发布一篇图文来宣传网店商品。

参考图文资料：

标题：【独家爆料】全新智能科技，改变你的生活方式！

配图：一款全新智能科技商品的实物图或者渲染图。

正文：

今天，我们将推出一款全新的智能科技商品，它将彻底改变你的生活方式！这款神秘的智能科技商品不仅具有颠覆性的创新设计，而且功能强大，便捷实用。它将成为你生活中不可或缺的一部分，让你体验前所未有的便利和乐趣。

【全新设计】

这款智能科技商品采用了全新的设计理念，外观时尚简约，线条流畅优美。它采用了高质量的材料和精湛的工艺制作而成，细节之处彰显品质。无论是放在家中还是办公室，它都能成为你空间中的亮点。

【强大功能】

这款智能科技商品拥有丰富的功能，可以满足你的各种需求。它可以连接你的智能家居设备，实现智能化控制；它可以为你提供个性化的推荐服务，根据你的喜好和需求推送相关内容；它还可以帮助你管理日常事务，提醒你注意重要事项。无论是娱乐、工作还是生活，它都能为你提供便捷的帮助。

【便捷实用】

这款智能科技商品非常便捷实用，你可以随时随地使用它。它支持无线连接和移动操作，你可以通过手机、平板等设备与它进行互动。它还具备智能语音助手功能，只需要说出你的需求，它就能为你快速执行。无论是在家中、在路上还是在旅行中，你都能享受到它带来的便利。

【限时优惠】

为了庆祝这款全新智能科技商品的上市，我们推出了限时优惠活动。在活动期间购买，你将享受到特惠价格和丰厚的礼品赠送。这是你体验这款商品的绝佳机会，千万不要错过！快来了解这款全新智能科技商品吧！它将为你带来全新的生活方式和前所未有的便利。点击下方链接了解更多详情并立即购买吧！

（链接）

限时优惠活动火热进行中，数量有限，先到先得！快来加入我们，一起体验智能科技的魅力吧！

具体步骤如下：

步骤一，打开今日头条网页版，点击右上角的“登录”按钮，如图 5-2-11 所示。

图 5-2-11　今日头条网页版首页

步骤二，登录今日头条后在右上角找到“发布作品”按钮，将鼠标挪至此处，选择弹出的“写文章”选项，如图 5-2-12 所示。

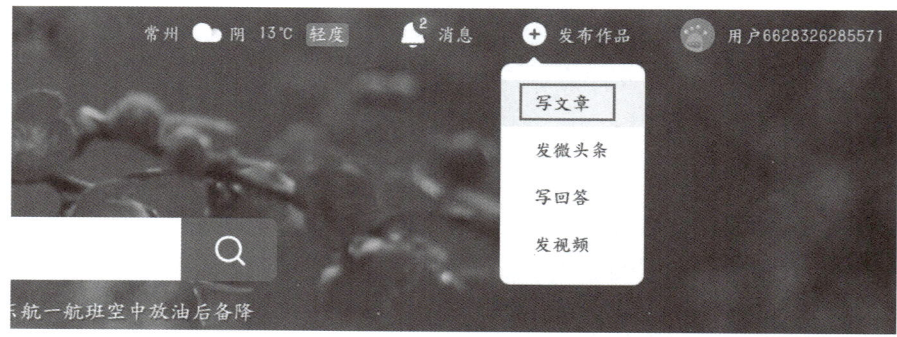

图 5-2-12　发布作品

步骤三，进入文章编辑器，输入相应的标题和正文，如图 5-2-13 所示。

步骤四，下滑文章编辑器，设置相应的多个标题及文章封面，如图 5-2-14 所示。

步骤五，确认文章内容无误后点击右下角的“预览并发布”按钮，完成图文发布，如图 5-2-15 所示。

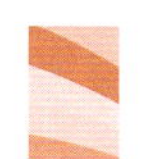

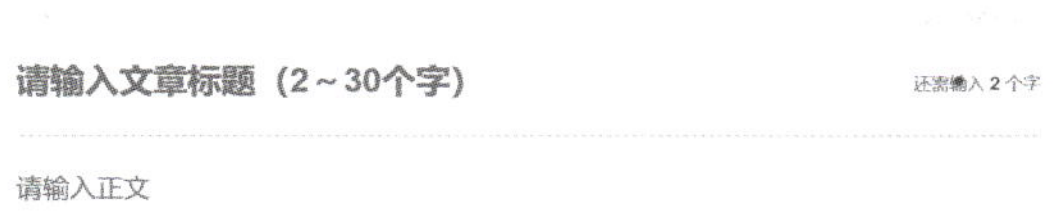

请输入文章标题（2～30个字）
还需输入 2 个字
请输入正文

图 5-2-13　文章编辑器

* 标题设置
单标题
多标题
不同标题会推荐给不同用户，获得更多推荐流量
示例
请输入标题
0/30
＋添加标题
还能添加 4 个
* 展示封面
单图
三图
无封面
预览
优质的封面有利于推荐，格式支持JPEG、PNG

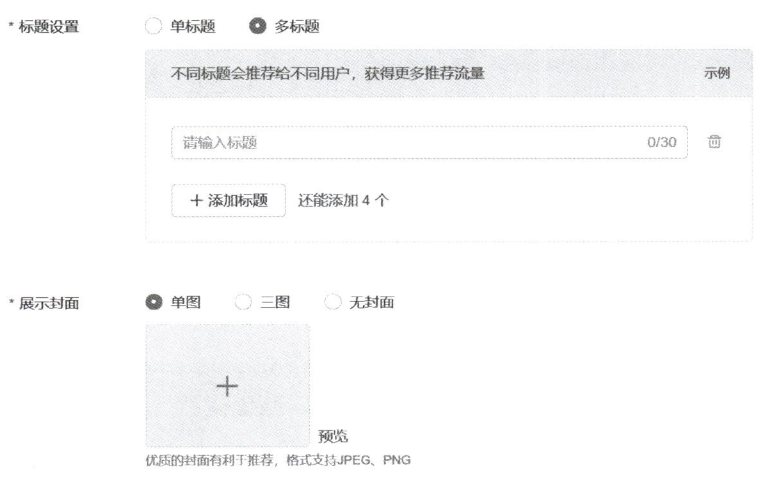

图 5-2-14　标题及封面设置

* 标题设置
单标题
多标题
不同标题会推荐给不同用户，获得更多推荐流量
示例
测试1
3/30
测试2
3/30
＋添加标题
还能添加 3 个
* 展示封面
单图
三图
无封面
编辑 | 替换
预览
优质的封面有利于推荐，格式支持JPEG、PNG
稿已保存
共 650 字
回到顶部
预览
定时发布
预览并发布

图 5-2-15　发布文章

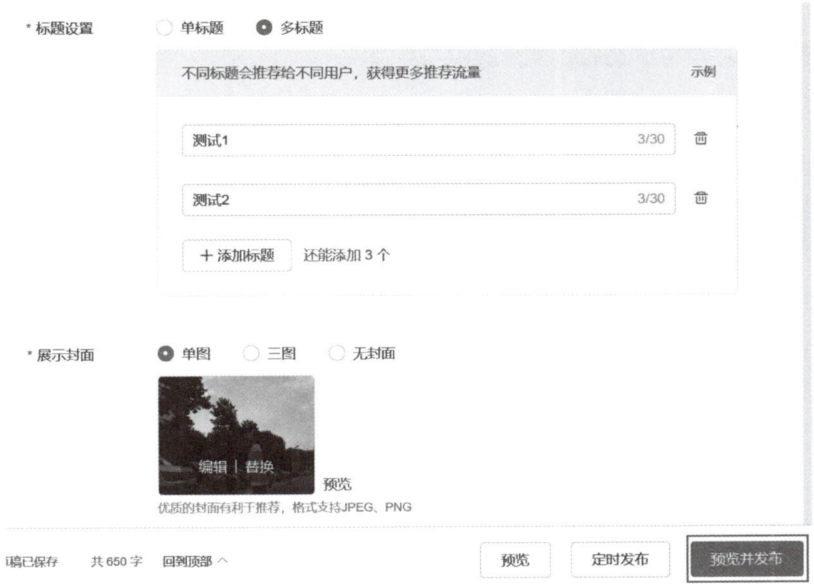

实训 2：在今日头条发布推广视频

要求：在今日头条上发布一条视频来宣传网店商品。

具体步骤如下：

步骤一，打开今日头条网页版，点击右上角的“登录”按钮，如图 5–2–16 所示。

图 5–2–16　今日头条网页版首页

步骤二，登录今日头条后在右上角找到“发布作品”按钮，将鼠标挪至此处，选择弹出的“发视频”选项，如图 5–2–17 所示。

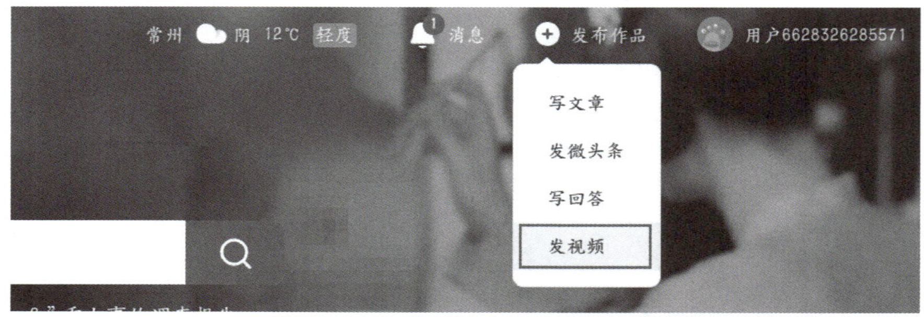

图 5–2–17　发布作品

步骤三，将要发布的视频拖入上传区域内，如图 5–2–18 所示。

图 5–2–18　上传视频界面

步骤四，输入宣传视频的标题，选择相应的话题，如图 5–2–19 所示。

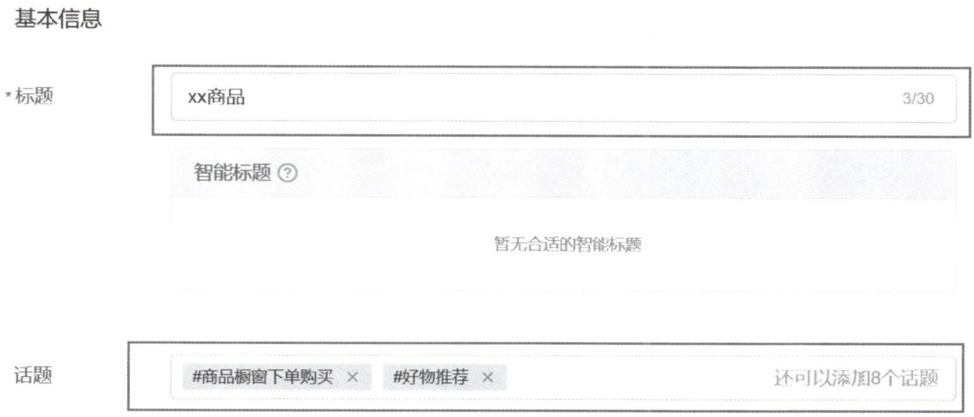

基本信息

*标题　xx商品　3/30

智能标题 ?

暂无合适的智能标题

话题　#商品橱窗下单购买 ×　#好物推荐 ×　还可以添加8个话题

图 5–2–19　标题及话题输入框

步骤五，选择视频的封面并添加视频简介，如图 5–2–20 所示。

图 5–2–20　视频封面及简介修改框

步骤六，完成并确认后点击右下方的“发布”按钮，如图 5–2–21 所示。

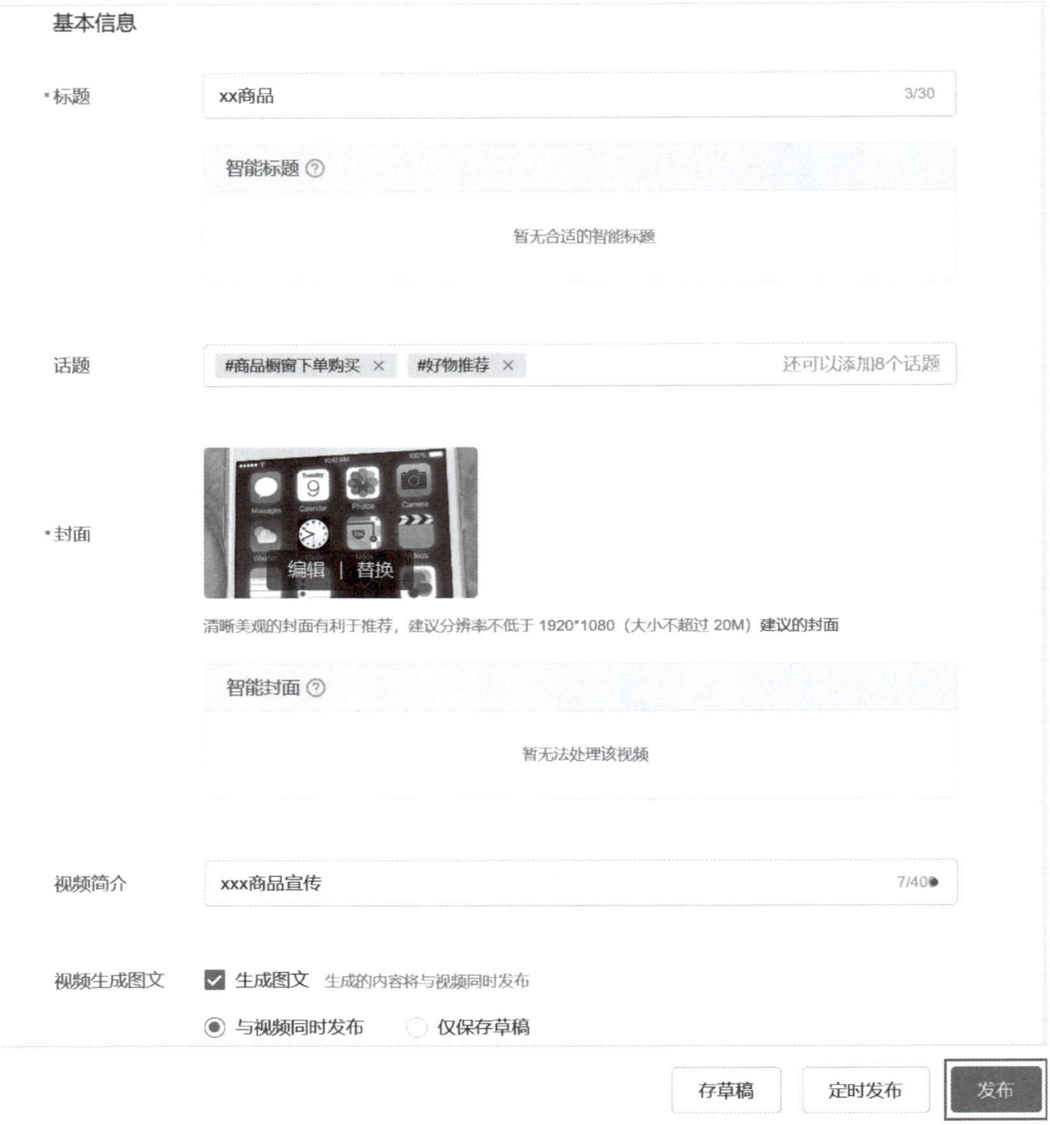

基本信息

*标题 xx商品 3/30

智能标题 ⓘ

暂无合适的智能标题

话题 #商品橱窗下单购买 × #好物推荐 × 还可以添加8个话题

*封面 编辑 | 替换

清晰美观的封面有利于推荐，建议分辨率不低于 1920*1080（大小不超过 20M）建议的封面

智能封面 ⓘ

暂无法处理该视频

视频简介 xxx商品宣传 7/400

视频生成图文 ☑ 生成图文 生成的内容将与视频同时发布

◉ 与视频同时发布 ○ 仅保存草稿

存草稿 定时发布 发布

图 5-2-21 发布视频

实训 3：在今日头条进行评论引流

要求：在今日头条平台上，通过评论进行引流。

具体步骤如下：

步骤一，打开今日头条网页版，找到一个与自营网店销售商品相关的推广图文，如图 5-2-22 所示，点击进入推广贴。

步骤二，点击左侧的“评论区”按钮，打开图文评论区，如图 5-2-23 所示。

图 5-2-22　今日头条网页版首页

图 5-2-23　打开图文评论区

步骤三，找到右侧评论区的输入框，输入用来引流的图文，完成后点击下方的“评论”按钮，如图 5-2-24 所示。

步骤四，完成评论，图 5-2-25 所示为完成的效果图。

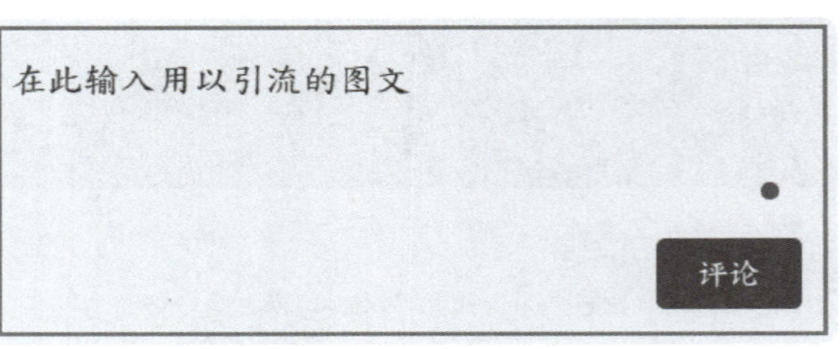

图 5-2-24 输入引流图文

9

我花999元买了某米净水饮水机，自带净化后水质监测的。现在，即使来不及换滤芯，水质也比直接用自来水好多了。

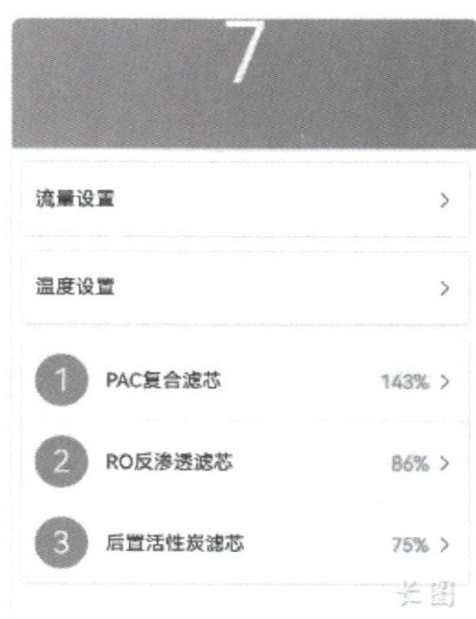

回复 · 11月26日

查看全部 5 条回复

图 5-2-25 引流评论效果图

1. 今日头条的引流方式有哪些?
2. 在今日头条上发布一条视频。

任务评价

根据本任务的学习情况，按知识、技能两个指标进行自我评价、小组评价和教师评价，填写表 5-2-1。

表 5-2-1　“今日头条推广”学习任务评价表

学习任务评价表					
评价指标	评价内容	配分	自我评价	小组评价	教师评价
知识	今日头条的营销特点	10 分			
	今日头条的平台功能	15 分			
	今日头条的引流推广	15 分			
	今日头条的推荐算法	20 分			
技能	在今日头条上发布推广图文	20 分			
	在今日头条上发布推广视频	10 分			
	在今日头条上进行评论引流	10 分			
合计		100 分			
综合评价					

学习任务 3　抖音推广

学习目标

- **知识目标**

1. 认识抖音
2. 熟悉抖音短视频推广
3. 熟悉抖音直播推广

- **技能目标**

1. 能进行抖音短视频推广
2. 能进行抖音品牌推广策划
3. 能进行抖音直播推广策划

任务描述

本任务要求学生了解抖音的发展及特色，认识抖音推广的优势，学习抖音的引流推广机制，要求学生能在抖音上发布短视频，并完成抖音平台的推广方案策划。

相关知识

一、认识抖音

1. 抖音的发展及特色

（1）抖音的发展

1）起步阶段。抖音是今日头条推出的短视频分享移动应用，于 2016 年 9 月上线，是一个专注于年轻人音乐短视频创作分享的社区平台。抖音在起步阶段主要是在商品打磨和体验优化上不断进行改进，如增加滤镜、贴纸等特效，提升视频加载和播放流畅度等，同时注重短视频质量和清晰度的提升。

2）推广阶段。抖音在 2017 年 4 月 28 日至 2017 年 9 月 26 日期间，大力推广并实现了口碑传播和用户积累。在该时期，抖音新增了 3D 系列的抖动水印、炫酷的道

具和贴纸，并进一步提升了滤镜和美颜效果。

3）成长期。自 2017 年 9 月 26 日之后，抖音进入成长期。在这个阶段，由于用户素质的多元性和差异性，抖音需要处理低俗恶趣的视频和评论，因此抖音优化了举报和评论功能，上线了反沉迷系统，并邀请各界代表研讨拟订《抖音社区公约》。同时，抖音还发布了海外版本，吸引了大批海外用户。

4）成熟期。抖音历经多年的发展日趋成熟。2023 年 9 月，北京市委网信办坚持问题导向，针对重点环节出实招、破难题，指导属地重点网站平台在热搜热榜设置固定辟谣位，抖音成为首批试点平台。

（2）抖音的特色功能

1）泛娱乐化内容。抖音的推荐机制助推了大量娱乐性短视频的传播，使得创作者在创作短视频时更加注重娱乐性和观赏性。

2）多种特效工具。抖音提供了丰富的特效工具，包括滤镜、贴纸、道具等，使用这些工具，用户可以轻松地制作具有个性和创意的短视频。

3）社交互动性强。抖音允许用户在每篇新闻下方发表评论和观点，与其他用户进行交流和讨论，这种互动机制增加了用户的参与感和黏性。

4）音乐。抖音实质上是一个专注年轻人的音乐短视频社区，用户可以选择歌曲，配以短视频，形成自己的作品。

5）老友计划。2021 年 3 月 24 日，抖音推出了“老友计划”，该计划致力于提升老年用户的使用体验，丰富老年用户生活。

6）评论发文警示。2022 年 2 月 25 日，抖音发布公告宣布多举措预防网暴，首次上线“评论发文警示”等功能。

7）青少年模式。2022 年 3 月，抖音青少年模式上线语音搜索、“自然”科普、百科等功能，助力青少年更加主动、系统化地学习知识。

8）展示账号 IP（网络之间互连的协议）属地。2022 年 4 月 15 日，抖音安全中心宣布，为维护真实有序的讨论氛围，减少冒充热点事件当事人、恶意造谣、蹭流量等不良行为，抖音在个人主页等位置展示账号 IP 属地。

9）评论点踩。2022 年 8 月 25 日，抖音上线“评论点踩”功能，当评论区出现恶意评论时，用户可点击“心碎”图标点踩该条评论，点踩之后该条评论就会在该用户界面内折叠，当某条评论被大量网友点踩时，系统会自动降低它的排序展示或是优先安排人工处理等处罚。

2. 抖音推广的优势

（1）用户基数大

抖音作为社交媒体平台，拥有庞大的用户群体。截至 2023 年 1 月，抖音的日活跃用户量已超过 10 亿人次，这使得抖音推广能够覆盖更广泛的目标受众，从而提高广告的曝光率和传播效果。

（2）推广定位精准

抖音为每位用户标注了标签，包括基础标签、行为标签和兴趣标签等。基础标签根据用户注册信息进行标注，主要包括年龄、性别、地域等。行为标签根据用户在抖音上的行为轨迹进行标注，包括用户的点赞、评论、转发、浏览等行为。兴趣标签则是基于用户在抖音上的长期行为和社交关系，分析推断出用户的兴趣爱好和偏好，从而进行标注。

抖音通过用户标签实现精准推荐，根据用户的兴趣爱好和行为特点，推荐相关的视频内容。这种基于用户标签的精准推荐机制，可以帮助用户发现更多感兴趣的内容和创作者，提高用户体验感和平台活跃度。同时，也为创作者提供了更多的曝光机会，促进了创作生态的繁荣。利用抖音推广可以对目标受众进行精准定位，提高广告的针对性和效果。

（3）抖音官方扶持助力电商发展

为了促进电商在抖音平台的快速发展，抖音官方推出了一系列的措施，以下为一些具有代表性的措施。

1）春雨计划。抖音“春雨计划”通过提供更多的流量激励、权益保障和业务助力，来促进商家和达人的优质内容创作，并提升其长期经营效率，如图 5-3-1 所示。

图 5-3-1　抖音“春雨计划”

2）萤火计划。抖音“萤火计划”旨在通过积分兑换机制，引导和激励电商创作者低佣金带货图书、农商品及非遗商品，助力知识普惠、乡村振兴和文化传承，如图 5-3-2 所示。

图 5-3-2　抖音“萤火计划”

3）电商 UP 计划。抖音“电商 UP 计划”旨在为商家、达人和机构提供全面的发展机遇，并提升用户的购物体验。这个计划包括商家 UP 计划、达人 UP 计划和商品 UP 计划，目标是帮助 1 000 个商家或品牌（100 个新锐品牌）实现年销售额超过 1 亿元；帮助 1 万个电商达人实现年销售额超过 1 000 万元、10 万个电商达人实现年销售额超过 10 万元；帮助 100 款商品实现年销售额超过 1 亿元。截至 2022 年 4 月底，这些目标均已实现。这也让更多的商家和运营者有信心借助抖音平台推广商品实现营收。

4）抖 in 新商计划。抖音“抖 in 新商计划”在商家入驻、免佣扶持、经营指导、流量激励、保费补贴等方面推出 10 项扶持举措，扶持新商家在平台快速启动经营，助力中小商家降本增效，在平台中稳定成长。图 5-3-3 所示为“抖 in 新商计划”的扶持和激励条款。

除了以上四种电商扶持计划外，抖音还有“全面好书计划”“商家复产护航计划”“抖品牌成长扶持计划”“抖 in 域见好货”“山货上头条”“美食原产地”等项目，这些都让抖音电商的发展保持了旺盛的活力。

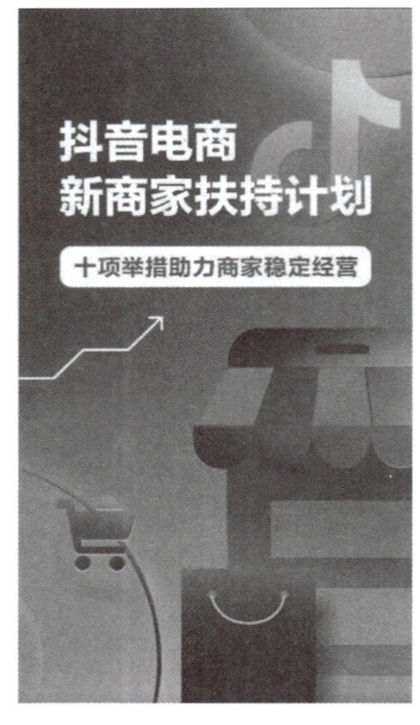

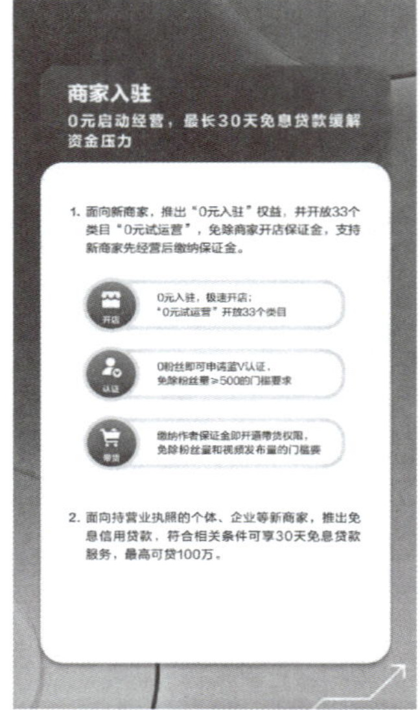

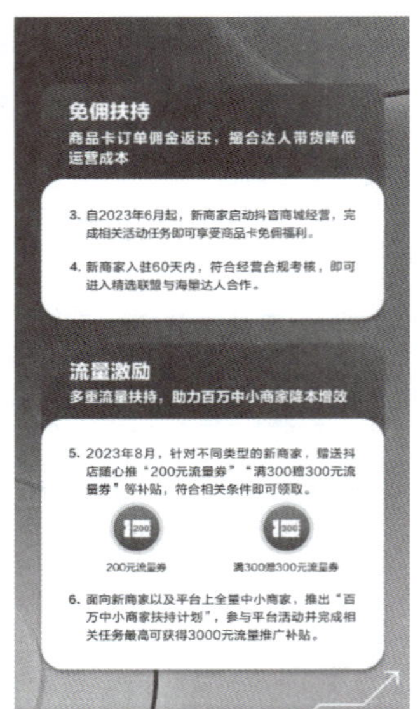

图 5-3-3 “抖 in 新商计划”的扶持和激励条款

（4）数据分析支持

抖音平台配备了一套完备的数据分析工具，能够深入洞察抖音账号的各项数据，从而帮助用户全面了解自己的带货表现。这套工具不仅支持寻找达人、发掘爆品、定位直播间、收集素材以及寻找品牌或小店等功能，还能为用户量身打造专属的数据看板，实现对广告效果的实时监控。此外，抖音还提供详尽的数据报告，为商家提供调整广告策略的有力依据，进而提升广告效果。

（5）抖音商品橱窗为电商带货提供便利

抖音商品橱窗作为抖音电商店铺的重要展示区域，其功能类似于线下商店中的陈列柜台。开通抖音商品橱窗功能是抖音带货的必备条件，可以为账号增加变现收益。

在橱窗管理中，运营者可以根据实际需求，灵活选择展示的商品，并上传商品主图及相应的文字描述，使商品信息更加生动、具体。橱窗中的商品既可以是热销商品或新品上架的商品，也可以根据不同的品类或价格进行分类展示，以满足不同用户的购物需求。

尽管开通抖音商品橱窗需要向抖音官方申请权限并支付一定的保证金，但相较于其为电商运营者带来的诸多便利，这些投入显然微不足道。通过精心打造商品橱窗，电商运营者能够进一步提升网店的吸引力和竞争力，实现更好的销售效果。

二、抖音引流推广

1. 抖音短视频推广

在抖音平台发布短视频是一种有效的引流推广形式，它可以通过抖音平台向大量

用户展示广告内容，提高品牌知名度、促进销售和增加流量。

（1）有吸引力的短视频内容

制作有吸引力的短视频内容，可以吸引用户的关注和转发。在短视频中可以展示商品或服务的独特卖点、优势和特点，以及与其他同类商品的区别。

1）商品为核心。在短视频内容的制作中，商品无疑占据核心地位，因为短视频的主要目的是推广和销售商品。因此，短视频应精准展现商品的特点和优势，从而吸引潜在用户的关注。

2）紧扣话题。关注并追踪当前的热门话题和趋势，选取与商品或品牌相关的话题作为短视频内容的主题。借助话题的热度，可以有效提升短视频的曝光度和关注度。

3）热度导向。在短视频创作中，热度是衡量视频关注度和受欢迎程度的重要指标。为了提升短视频的热度，运营者应密切关注流行趋势和热门话题，将其作为内容创作的灵感来源。同时，注重创意和独特性，避免简单模仿或复制其他热门视频。通过寻找新颖的角度和有趣的故事情节，打造与众不同的短视频内容，从而吸引更多用户的关注和喜爱。

（2）充分的短视频脚本策划

1）充分的前期准备是编写脚本的基石。这包括明确拍摄内容、确定合适的拍摄时间、选择恰当的拍摄地点，以及挑选合适的背景音乐等，以确保整个拍摄流程的顺利进行。

2）短视频脚本的架构至关重要。这包括确立短视频的核心主题、搭建合理的脚本框架，并对细节进行精心完善，同时还需要对人物或角色的穿着、性格特征、语言和形象等方面进行细致策划。当整体架构搭建完毕后，短视频的内容就基本定型了。

3）剧情策划是短视频创作的关键环节，主要包括人物设定和场景设定。人物设定涉及台词的创作、情绪的起伏变化以及性格的塑造等；场景设定则需要确定短视频的拍摄地点及其周边环境，根据主题需求选择合适的场景，以有效地渲染短视频内容。例如，选择一家环境优雅的咖啡馆作为拍摄场景等。

4）对话设计在短视频脚本中占据着重要的地位，包括旁白和人物台词设计两部分。旁白主要用于传达信息、介绍故事情节，以帮助观众更好地理解视频内容；而人物台词不仅能够推动剧情发展，还能展现角色的性格特征。

5）脚本分镜是抖音短视频创作过程中的关键环节。它要求根据短视频的主题和内容，将短视频情节按照逻辑和结构进行分解，形成一系列镜头序列，并确定每个镜头的拍摄顺序，以提高拍摄效率。在分镜过程中，需要详细说明每个镜头的拍摄方法、时长、画面内容、旁白和背景音乐等，同时每个镜头还需明确角色的表演要求，并考

虑拍摄的实际可操作性。

（3）丰富的短视频制作技巧

1）拍摄设备的选择。带货短视频的拍摄设备可根据短视频品质要求灵活选择，普通智能手机、数码相机、单反相机等均可。拍摄人物时，应关注对焦速度、图像传感器质量以及人物肤色的成像效果；拍摄景色时，则需注意对焦数量、广角端焦距的大小等。若涉及移动拍摄，还需考虑是否支持4K视频、追焦摄影功能，以及电池续航能力和短视频成像质量等因素。

2）镜头的运用与表达。拍摄带货短视频时，恰当运用镜头的角度、景别和运动方式，有助于更好地突出短视频主体和主题，吸引观众关注展示的商品。固定镜头适用于拍摄主体有运动变化的对象，如通过360°旋转展示商品的用途和特色。运动镜头则包括推、拉、摇、移、升、降等运镜方式，这些技巧的熟练运用能够突出商品细节，更好地呈现商品卖点。镜头语言能够有效表达拍摄者的意图，在拍摄“种草”短视频时，可以从外观展示、细节展示和使用方法展示等多方面展开。同时，合理运用远景、近景、全景、特写等景别，能够增强短视频故事情节的叙述性和人物情感的表达。

3）拍摄技法的运用。对于外观型商品的拍摄，建议遵循“整体→局部→特写→特点→整体”的拍摄思路。例如，拍摄水彩笔带货短视频时，可以先展示多盒水彩笔的整体外观，然后聚焦单支水彩笔，再拍摄水彩笔头的特写，展示各色水彩笔在纸上绘制的效果，最后从不同角度呈现单盒水彩笔的外观。对于功能型商品，建议采用“整体外观→局部细节→核心功能→使用场景”的拍摄思路。例如，拍摄电动剃须刀时，首先展示剃须刀的整体外观，然后细致呈现局部细节和材质，接着通过多个分镜头展示其核心卖点，最后呈现剃须刀的使用场景。在美食类商品的拍摄中，应重点展现美食的外观和颜色，通过精心构图以及对光影和色彩的处理，突显食材的质感。例如，拍摄水果带货短视频时，可以突出水果的新鲜和甜美味道，展示采摘过程和试吃体验。

2. 抖音品牌、商品推广

在抖音平台进行品牌和商品推广可以通过以下几种方式进行。

（1）官方账号推广

商家可以在抖音上创建自己的官方账号，通过发布短视频、直播等方式展示品牌形象和商品特点，以吸引更多用户关注和购买。

（2）短视频广告推广

商家可以通过制作具有创意和吸引力的短视频广告，利用抖音的推荐算法进行推

广，以提高品牌知名度和曝光率。

（3）直播推广

商家可以通过直播方式展示商品特点、解答用户疑问，增加用户对商品的信任度和购买意愿。

（4）KOL（关键意见领袖）/ 网红推广

商家可以与拥有大量“粉丝”的 KOL 或网红合作，让他们代言或推荐商品，增加品牌知名度和曝光率。

（5）活动推广

商家可以通过在抖音上举办各种活动，如抽奖、限时促销等，吸引用户参与和分享，以提高品牌知名度和销售效果。

（6）社交媒体联动推广

商家可以在其他社交媒体平台上发布抖音短视频的链接，以吸引更多用户观看和分享。

（7）定向推广

商家可以通过抖音的定向推广功能，将广告精准地推送给目标受众，提高广告效果和投资回报率。

（8）创意内容制作

商家需要不断创新和优化广告内容，利用抖音的特效、道具等增加广告的趣味性和互动性，吸引更多用户关注和转发。

总的来说，抖音品牌和商品推广需要结合品牌特点和商品特点，制定合理的推广策略和运营计划，通过多种方式提高品牌知名度和销售效果。同时，需要注意与用户互动和反馈，不断优化和调整推广策略。

3. 抖音直播带货

抖音直播带货是一种有效的电商推广方式，通过直播展示商品特点、解答用户疑问，以及进行限时促销等方式，可以吸引更多用户的关注和购买。以下是一些直播带货的技巧。

（1）选择合适的商品

选择符合抖音用户兴趣和需求的商品，以及具有独特卖点和优势的商品，可以更容易吸引用户的关注和购买。

（2）做好直播内容策划

在直播前，需要做好内容策划和准备，包括商品介绍、演示、解答用户疑问等环节。同时，需要注重直播的节奏和互动性，让用户更容易参与和互动。

（3）利用抖音的推荐算法

抖音的推荐算法可以帮助直播内容获得更多的曝光和传播，增加用户的关注度和购买意愿。

（4）与用户互动

在直播过程中，需要积极与用户互动，回答用户的问题和疑虑，增加用户的信任度和购买意愿。

（5）限时促销和优惠活动

在直播过程中，可以进行限时促销和优惠活动，吸引用户购买和参与。

（6）展示商品特点和优势

在直播过程中，需要充分展示商品的特点和优势，以及与其他同类商品的区别，增加用户的购买意愿。

（7）合理利用道具和特效

抖音提供了许多道具和特效，可以增加直播的观赏性和创意性。合理利用这些工具可以让直播更加出色和具有吸引力。

（8）定期直播和优化

做好直播规划，定期进行直播并不断优化直播内容和策略，根据用户反馈和数据分析进行优化和调整，可以提高直播的质量和效果。

抖音直播带货需要注重商品选择、内容策划、互动性、限时促销和优惠活动等方面。通过合理的运营策略和技巧，可以让电商推广效果更佳。同时，需要注意与用户的互动和反馈，不断优化和调整推广策略。

技能实训

实训 1：抖音带货文案策划

要求：某网店要推广新款破壁机，需要策划一篇带货文案，力求围绕健康生活热点，能展现商品优势，体现专业和品质。

参考文案如下：

破壁机来袭，健康生活从此开启！

亲爱的朋友们，今天给大家带来一款引领健康生活的神器——破壁机！让你轻松享受营养丰富的美食，为身体注入源源不断的活力！

【多功能一体】

这款破壁机集榨汁机、豆浆机、料理机等多种功能于一身，一台机器满足你各种

饮食需求。无论是果汁、豆浆、米糊还是酱料，都能轻松搞定，让你每天都能品尝到不同的美味。

【破壁技术】

采用独特的破壁技术，能够瞬间击破食材细胞壁，释放更多营养成分。让你在享受美味的同时，充分吸收食物中的营养价值，为身体提供更全面的保健效果。

【口感细腻】

高速旋转的刀片和精密的过滤网，能够将食材打磨得细腻顺滑，口感如丝般柔滑。让你在品尝美食的同时，也能享受到更舒适的口感体验。

【智能操作】

一键式智能操作，简单易用。只需按下启动键，机器即可自动完成榨汁等制作过程。更有定时预约功能，让你轻松规划每日健康饮食。

【环保材质】

采用环保材质制作，安全无毒。独特的降噪技术，让你在使用过程中享受到更宁静舒适的环境。同时，破壁机还具备节能环保的特点，为大自然贡献力量。

【品质保证】

我们承诺为您提供优质的售后服务和品质保证。在使用过程中如有任何问题，请及时联系我们，我们将竭诚为您解答和解决。

亲爱的朋友们，还在犹豫什么？快来加入我们，一起开启健康生活的新篇章吧！让这款破壁机成为你厨房的得力助手，为你和家人带来更多健康和美味！

实训 2：短视频脚本策划

要求：某网店要推广新款破壁机，需要策划一篇短视频脚本。

参考脚本如下：

视频时长大约为 30 秒，运镜方式主要包括推镜头、拉镜头和摇镜头。

【视频开头】（时长：5 秒）

镜头从破壁机全貌开始，采用推镜头的方式，逐渐缩小到破壁机的局部细节，如刀片和研磨腔等。同时，旁白介绍：这款破壁机，不只是一台机器，更是一种生活方式的转变。

【视频中部】（时长：10 秒）

镜头切换到使用破壁机制作豆浆的过程，采用摇镜头的方式，展示破壁机操作简单、一键式智能操作的特点。同时，旁白介绍：只需简单几步，就能制作出营养丰富、口感细腻的豆浆。

【视频中部】（时长：10 秒）

镜头切换到破壁机制作完成的豆浆，采用拉镜头的方式，将画面从豆浆局部逐渐拉大到整杯豆浆的场景。同时，旁白介绍：看，这就是破壁机的魅力所在。

【视频结尾】（时长：5 秒）

镜头回到破壁机全貌，采用推镜头的方式，逐渐缩小到破壁机的局部细节，如品牌标志和品质保证承诺等。同时，旁白介绍：我们承诺提供优质的售后服务和品质保证。现在就来体验吧！

镜头停留片刻，展示破壁机的局部细节，如刀片和研磨腔等。随后，画面渐暗，音乐渐弱，短视频结束。

实训 3：抖音直播脚本策划

要求：某网店要利用抖音直播平台推广一新款破壁机，需要策划一份直播脚本。

参考脚本如下：

【开场】

主播：哈喽大家好，欢迎来到 ××× 直播间！我是你们的主播 ×××，今天是我们店铺开店一周年，为回馈我们的“粉丝”宝宝们，今天我为大家精心挑选了多款优惠商品，还有特别的福利新品，一款非常实用的厨房神器——破壁机，敬请期待哦！新品福利，绝对是史无前例的巨大优惠哦。由于咱们的商品是秒杀，一定要关注主播，关注主播不迷路，主播帮你精选好物，一会抢购畅通无阻。锁定我的直播间，宝宝们还可以点击分享给你们的微信好友，直播间人气破万，主播就送大福利哦！快快分享起来，随机抽选免单，等你来哟！

【商品介绍】

主播：破壁机是一款多功能的厨房电器，可以榨汁、研磨、搅拌、做豆浆等。它采用了高速旋转的刀片和精密的过滤网，能够将食材瞬间击破细胞壁，释放出更多的营养成分，让你充分吸收食物中的营养价值。

同时，破壁机还具有一键式智能操作功能，让你轻松制作各种美食。无论是豆浆、果汁还是酱料，都能轻松搞定，让你每天都能品尝到不同的美味。

【商品特点】

主播：我们这款破壁机还有以下几个特点：

一是独特的降噪技术，让你在使用过程中享受到更宁静舒适的环境。

二是采用环保材质制作，安全无毒，为大自然贡献力量。

三是我们承诺提供优质的售后服务和品质保证，让你购买无忧。

【优惠活动】

主播：现在购买我们的破壁机，还可以享受到以下优惠：

购买破壁机即可享受 8 折优惠！

购买破壁机即可获得价值 ××× 元的赠品一份！

前 50 名购买者还可获得价值 ××× 元的神秘大礼一份！

特价限量只有 100 份，售完不再补货。在本场直播间我们的叠加优惠时间只能持续 5 分钟。

【物流信息】

主播：这款商品是 ×× 包邮，多仓发货，一般地区发货后 1 天到达，偏远地区 2～3 天。

【互动环节】

主播：现在我们进入互动环节，欢迎大家在弹幕中提问或留言！

【结尾环节】

我们的活动就告一段落了，没有抢到的宝宝，也不要灰心，感谢直播间的宝宝们，感谢你们的参与，主播马上就要下播，没有关注主播的，一定要点击主播的头像关注主播，明天同一时间，我在这里等你们，宝宝们不见不散，再见。

实训 4：在抖音平台发布短视频

要求：将一条制作好的短视频发布在抖音平台。

具体步骤如下：

步骤一，打开抖音移动应用，登录抖音推广页面，如图 5–3–4 所示。

步骤二，点击下方“+”按钮，进入添加界面，如图 5–3–5 所示。

步骤三，选择右下角“相册”，进入照片挑选界面，如图 5–3–6 所示。

步骤四，选择“所有照片”中的“视频”，勾选要发布的视频，点击“下一步”，如图 5–3–7 所示。

步骤五，进入视频加工界面对视频进行编辑，完成后点击“下一步”，如图 5–3–8 所示。

步骤六，添加作品描述、话题，@ 朋友，定位地址，添加标签，设置可见，选封面，确认无误后，点击“发布”，如图 5–3–9 所示。

图 5-3-4　登录抖音推广页面

图 5-3-5　添加界面

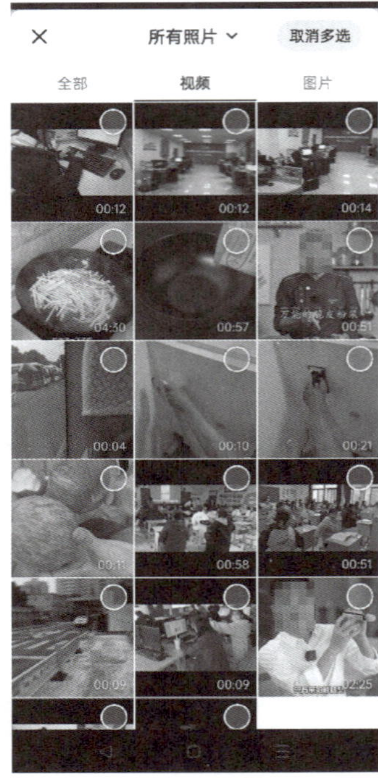

图 5-3-6　照片挑选界面

图 5-3-7　挑选视频

图 5-3-8　视频加工界面

图 5-3-9　发布界面

思考与练习

1. 抖音推广的优势有哪些?
2. 小 A 是某服装网店的推广人员，需要为某新款羽绒服制作“种草”短视频，请为小 A 编写一个短视频脚本。
3. 在抖音平台上发布一条短视频。

任务评价

根据本任务的学习情况，按知识、技能两个指标进行自我评价、小组评价和教师评价，填写表 5-3-1。

表 5-3-1　“抖音推广”学习任务评价表

学习任务评价表					
评价指标	评价内容	配分	自我评价	小组评价	教师评价
知识	抖音的发展及特色	10 分			
	抖音推广的优势	10 分			
	抖音短视频推广	10 分			
	抖音品牌、商品推广	10 分			
	抖音直播带货	10 分			
技能	抖音带货文案策划	15 分			
	抖音短视频脚本策划	15 分			
	抖音直播脚本策划	10 分			
	抖音平台短视频发布	10 分			
合计		100 分			
综合评价					

学习任务 4　微信推广

学习目标

● 知识目标

1. 认识微信朋友圈定位
2. 熟悉微信朋友圈营销技巧
3. 掌握微信朋友圈植入广告的方法
4. 了解微信公众号私域打造

● 技能目标

1. 能进行微信朋友圈定位
2. 能进行微信公众号广告投放

任务描述

本任务主要学习如何利用微信朋友圈和公众号进行推广，要求学生能理解微信私域运营的生态系统，了解微信号、朋友圈、公众号、微信群、微信小程序的功能和推广效果，能利用朋友圈、公众号进行网店及商品推广。

相关知识

一、微信私域运营生态系统

微信的微信号、朋友圈、公众号、微信群、微信小程序等构成了微信私域运营生态系统，为商家提供了丰富的营销工具和推广途径，可以帮助商家更好地运营和管理自己的私域流量，实现商业转化和用户价值最大化。微信私域运营生态系统如图 5–4–1 所示。

1. 微信号

每个微信号都是独一无二的，具有个性化的特点，商家可以通过微信号建立私域流量池，进行深度运营，快速提高私域流量转化，增加用户黏性，推动业绩增长。

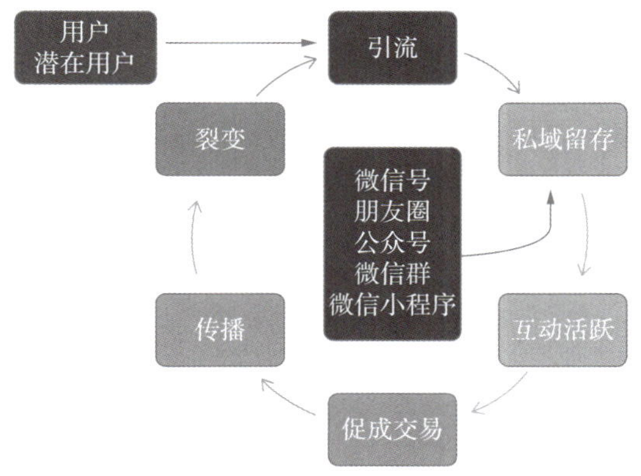

图 5-4-1　微信私域运营生态系统

2. 朋友圈

朋友圈是微信用户分享生活、交流情感的重要场所，也是商家进行商品展示和品牌推广的重要平台。商家可以通过发布朋友圈内容，引导用户了解自己的商品和服务，增加用户黏性和购买意愿。

3. 公众号

公众号是商家进行品牌宣传、商品推广的重要工具，可以通过发布高质量的内容，吸引用户的关注和留存，提高品牌知名度和曝光率。同时，公众号也可以作为企业的用户服务平台，提供咨询、售后等服务，提高用户满意度和忠诚度。

4. 微信群

微信群是具有相同兴趣或需求的人群聚集的场所，商家可以通过创建微信群，邀请目标用户加入，从而实现精准的营销和推广。在微信群中，商家可以发布商品信息、举办活动、提供优惠等，提高用户的参与度和购买意愿。

5. 微信小程序

微信小程序是一种轻量级的应用程序，可以提供便捷、高效的功能和服务，满足用户的需求。商家可以通过开发自己的微信小程序，提供更好的用户体验和服务，提高用户黏性和满意度。同时，微信小程序也可以作为商家的销售渠道，实现线上与线下的互动营销。

二、微信朋友圈定位

1. 形象定位

微信朋友圈形象定位是指通过选择适合自己的形象标签、打造个人形象、统一品牌形象等方式，在微信朋友圈中塑造出独特的个人品牌形象。以下是一些微信朋友圈形象定位的技巧。

（1）选择适合自己的形象标签

选择适合自己的形象标签，如文艺、搞笑、正能量等，可以让别人快速了解自己的个性和特点。

（2）打造个人形象

在微信朋友圈中打造出独特的个人形象，可以选择适合自己的照片、昵称、背景图等，展现出自己的风格和特点。

（3）统一品牌形象

将个人微信名和其他自媒体平台相统一，以及在海报、课件等推广传播上强调同一个视觉色系，可以加强品牌形象的记忆和认知。

（4）有规律地更新朋友圈

经常更新朋友圈，分享自己的生活、工作、学习等内容，可以增加与朋友的互动和交流。

（5）适当做分享

通过分享自己的经验和见解，可以增加自己在朋友圈中的影响力和信任度。

（6）注意语言风格和内容质量

在朋友圈中发表内容时，要注意语言风格和内容质量，保持真实和可信。

（7）与朋友互动

积极与朋友互动，评论和点赞别人的内容，可以增加自己在朋友圈中的关注度和影响力。

2. 人设定位

微信朋友圈人设定位是指通过选择不同的风格和类型，在微信朋友圈中塑造出不同的个人形象。以下是一些微信朋友圈人设定位的技巧。

（1）明确人设定位

首先需要明确自己想要塑造的人设类型，如职业人士、创业者、学生等，以便在朋友圈中展示出相应的形象和风格。

（2）选择合适的风格

根据自己想要塑造的人设类型，选择合适的风格和类型，如文艺范、简约风、可爱风等，以展现出独特的个性和特点。

（3）打造朋友圈内容

根据自己的人设定位，打造出相应的朋友圈内容，如分享工作进展、生活琐事、学习心得等，以展现出自己的个性和特点。

（4）注意语言风格和内容质量

在朋友圈中发表内容时，要注意语言风格和内容质量，保持真实和可信，避免过于夸张或虚假。

（5）定期更新

经常更新朋友圈，分享自己的生活、工作、学习等内容，可以增加与朋友的互动和交流，同时也可以让自己的朋友圈更加生动有趣。

3. 目标群体定位

微信朋友圈目标群体定位是指通过选择不同的目标群体，在微信朋友圈中吸引更多的人群。以下是一些微信朋友圈目标群体定位的技巧。

（1）选择目标群体

根据自己的兴趣、职业、地域等因素，选择适合自己的目标群体，如职场人士、学生、全职妈妈等。

（2）了解目标群体的需求和兴趣

在选择目标群体后，需要了解他们的需求和兴趣，以便在朋友圈中发布更加精准的内容和进行互动。

（3）发布有价值的内容

在朋友圈中发布有价值的内容，如实用技巧、生活经验、工作心得等，可以吸引更多目标群体的关注和互动。

（4）利用标签和搜索功能

利用微信的标签和搜索功能，可以更加精准地找到目标群体，增加互动和交流的机会。

三、微信朋友圈营销技巧

1. 个人 IP（知识产权）打造

微信朋友圈个人 IP 打造是指通过在微信朋友圈中塑造出独特的个人品牌形象，从而吸引更多人关注和互动。打造个人 IP 需要注意以下几点。

（1）明确自己的定位和目标

在打造个人 IP 之前，首先需要明确自己的定位和目标。确定自己的领域和目标受众，可以让打造个人 IP 的过程更加有针对性和有效性。在确定自己的领域时，可以从自己的兴趣爱好或者职业经历入手。例如，如果你是一名厨师，那么你可以打造与美食相关的个人 IP，如分享做菜视频或者烹饪心得等。

（2）制定自己的内容策略

制定自己的内容策略是打造个人 IP 的关键步骤之一。内容策略应该根据自己的定位和目标受众来制定，一般包含以下几个方面：

1）内容类型。根据自己的定位，确定自己的内容类型，如视频、文字、图片等。

2）内容主题。确定自己的内容主题，根据自己的领域和目标受众来选择，如美食、旅游、科技等。

3）内容风格。确定自己的内容风格，要保持一致性和独特性，让用户能够识别出自己的个人 IP。

（3）提高自己的创作水平

在打造个人 IP 的过程中，不仅需要具备优秀的创作技能，还需要有创造力和独特性，因此提高自身的创作水平是非常重要的。提高创作水平的途径可以是参加相关的培训课程、阅读相关的书籍或者向其他成功的个人 IP 学习等。

（4）积极宣传自己的个人 IP

宣传自己的个人 IP 是吸引更多‘粉丝”和关注度的关键步骤。宣传的途径可以是通过社交媒体平台参加相关的活动或者与其他的个人 IP 合作等。要保持一定的频率和质量，不断地推广自己的个人 IP，提高用户的认知度和兴趣度。

（5）建立自己的社群

建立自己的社群可以让个人 IP 更加有吸引力和影响力。社群可以是在社交媒体平台上建立的“粉丝”群，也可以是线下的“粉丝”活动。通过社群建立，可以与“粉丝”互动，了解他们的需求和反馈，同时也可以增加“粉丝”的归属感和忠诚度。

（6）保持更新的持续性

要想打造成功的个人 IP，需要保持更新的持续性。持续更新可以让“粉丝”保持对自己的关注和支持，让自己的个人 IP 更具有活力和吸引力。要保持一定的更新频率，定期发布新的内容，让“粉丝”有新鲜感和期待感。

2. 持续内容分享

微信朋友圈持续内容分享是指在微信朋友圈中不断发布有价值、有吸引力的内容，以吸引和保持用户的关注和互动。优质的内容分享需要做到以下几点。

（1）找准独特视角，进行内容规划

个人 IP 内容的创作应该有自己的独特视角，不能只是简单地复制粘贴其他人的内容，而要寻找自己的风格和声音，建立自己的个人品牌。在分享内容之前，先规划好自己的内容策略，包括分享什么类型的内容、何时分享、如何分享等，以确保分享的内容有价值、有吸引力。

（2）深入研究，保持多样化内容

了解自己领域的最新动态和发展趋势，以保持内容更新有深度。在规划内容时，要注意内容的多样化，包括文字、图片、视频等多种形式，以吸引不同用户的关注和兴趣。

（3）注重细节，保持频率

无论是文字、图片还是视频，都要注重细节。文字内容应该易读且精炼，图片和视频需要精益求精。在确保高质量内容的基础上，分享要保持一定的频率，每周或每月都要定期发布一些内容，以保持用户的兴趣。

（4）互动和反馈

在分享内容后，要注意互动和反馈，及时回复用户的评论和问题，接受他们的反馈和建议，并作出相应调整，以提高内容质量和影响力，增加用户的忠诚度和关注度。

另外，在分享内容时，可以适当地推广自己的商品或服务，以增加曝光度和影响力。

3. 查找同频用户

微信朋友圈查找同频用户是指在微信朋友圈中寻找与自己兴趣、爱好、价值观相似的人，建立联系和互动。以下是一些微信朋友圈查找同频用户的技巧。

（1）分享自己的兴趣和爱好

在微信朋友圈中分享自己的兴趣和爱好，可以让别人了解你的喜好和个性，从而吸引到与自己有相同兴趣爱好的人。

（2）关注相同的话题

在微信朋友圈中关注相同的话题或主题，可以与同频用户有更多的共同话题和交流机会。

（3）加入相同的社群

加入与自己兴趣相关的微信群，可以和更多的人交流和互动，同时也可以找到与自己同频的人。

（4）利用标签和搜索功能

在微信朋友圈中利用标签和搜索功能，可以更加精准地找到与自己同频的人。

（5）主动互动和交流

在微信朋友圈中主动与同频用户互动和交流，可以建立联系和友谊，同时也可以吸引更多的人关注自己的朋友圈。

（6）分享有价值的内容

在微信朋友圈中分享有价值的内容，可以让别人了解你的观点和见解，同时也可以吸引到与自己有相似价值观的人。

四、微信朋友圈广告

1. 微信朋友圈广告可推广目标

（1）推广品牌活动

通过微信朋友圈广告，可以宣传品牌活动，传递品牌文化，强化品牌形象，并配合精准定向，让更多用户参与品牌活动，实现品效合一。

（2）推广门店

借助 LBS 技术（基于位置的服务），可以将门店的地址、介绍、活动等信息精确推广至门店周边 3～25 公里范围内的人群，吸引周边用户到门店消费。

（3）推广商品

微信朋友圈广告可以推广线上商品，选择适合自己的广告投放方案，可以带来更多用户和订单。

（4）推广应用

微信朋友圈广告可以便捷推广移动应用，支持一键下载，应用直达能力帮助商家轻松实现广告内转化。

（5）推广小游戏

微信朋友圈广告可以推广微信小游戏，吸引更多用户使用。

（6）收集销售线索

微信朋友圈广告可以高效地收集意向用户的销售线索，以更可控的成本获取更高的效益，特别适合教育、汽车等行业。

总的来说，微信朋友圈广告具有精准的人群定向和公众号微信闭环营销等优势，但同时也存在限制多、素材要求高、价格高等不足。因此，在选择投放微信朋友圈广告时，需要根据自己的需求和预算进行综合考虑。

2. 微信朋友圈广告计费方式

微信朋友圈广告计费方式有多种，具体如下。

每千次展示费用（CPM）：商家为每 1 000 次展示支付费用。

每次点击费用（CPC）：商家只需要在广告被点击时才需要支付费用。

每次转化费用（CPA）：每当有用户进行购买、下载、预约等行为后，商家就会向广告平台支付一定的费用。

固定每日花费（DCF）：商家只需要投入固定的每日广告费用，广告平台会按日消耗该广告费用进行广告投放。

此外，朋友圈广告还支持排期购买和竞价购买两种方式。排期购买的特点是提前1～28天锁定曝光量，同时提前冻结账户里所预订排期的账户金额，是一种保价、保量的合约购买方式。竞价购买则是一种实时竞价模式，商家可以灵活选择投放时间、设定广告预算等。

需要注意的是，不同广告形态对应不同的计费策略，如除朋友圈本地推广广告外，其他图文广告均支持排期购买和竞价购买，而朋友圈本地推广广告仅支持竞价购买。同时，投放地域也会影响计费方式，如核心城市、重点城市和普通城市的地域不同，曝光单价也会有所不同。

综上所述，微信朋友圈广告的计费方式取决于广告形态、投放地域等因素，商家需要根据自身需求和预算进行综合考虑。

3. 微信朋友圈广告开户流程

步骤一，注册公众账号。如果有已认证企业主体的公众号，可以直接在后台申请广告主开通。如果没有，则需要注册一个企业主体的公众号。微信认证类型及所需资料见表5-4-1。需要注意的是，没有公众号或者是个人主体的公众号是不能进行广告投放的。

表5-4-1　微信认证类型及所需资料对照表

认证类型	组织机构类型	业务资料	资质文件
个体工商户	个体户	中国大陆法人扫脸验证	营业执照（请上传最新的营业执照或三证合一执照）
企业类型	个人独资企业	对公账户：企业是必须要对公账户的，若无对公账户请先办理对公账户 公章：一定要使用企业公章、营业执照注册号、组织机构代码	营业执照、组织机构代码（若办理过三证合一的企业无法提供组织机构代码，请上传最新的营业执照）
	企业法人		
	企业非法人		
	非公司制企业法人		
	全民所有制		
	企业分支机构		
	农民专业合作社		
	合伙企业		
	其他企业		

步骤二，申请微信认证。注册好公众号之后，需要按照要求进行微信认证，企业主体的公众号不认证是无法使用的。

步骤三，开通广告主。微信公众号通过认证后，点击“广告主”申请开通。在提交广告审核时，如果是活动类型的广告，还需要有活动说明书及广告主承诺函，并要上传至广告主后台“资质管理——投放资质”中。

步骤四，提交审核。开户申请通过微信官方审核之后，即可开始投放朋友圈广告。

以上步骤完成后，就可以成功开户并投放微信朋友圈广告了。

五、微信公众号推广

在微信推广中，打造私域流量池至关重要，而优质的微信公众号运营是私域流量转化的重要途径。微信公众号作为用户获取资讯的主要渠道，已培养了用户定期阅读的习惯，其用户黏性极高。然而，要想留住用户并将其转化为私域流量，关键在于持续输出高质量的内容。创造有价值、引人入胜的内容，是构建公众号私域流量的核心策略。

为了利用微信公众号进行有效的推广，必须确保公众号生态健康、充满活力。具体方法如下。

1. 公众号内容规划

微信公众号内容规划可以按以下步骤完成，如图 5-4-2 所示。

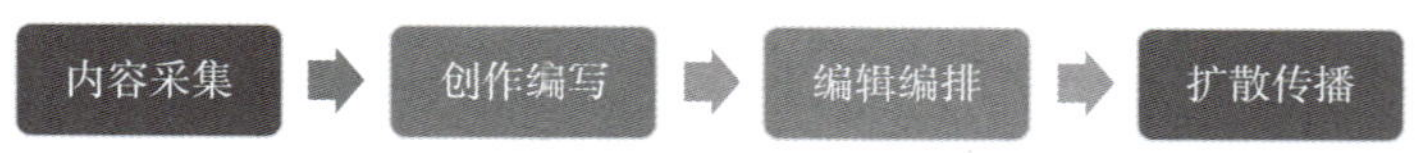

图 5-4-2　微信公众号内容规划步骤

步骤一，内容采集。

- 内容定位：确认商品受众群体，定位内容调性。
- 采集目标：明确采集内容要解决的问题。
- 内容来源：内容关键来源路径的梳理，初始内容的准备。

步骤二，创作编写。

包括标题的拟写，正文的构思，图片、音频等的插入，故事、广告的植入，以及技巧性的运作等。

步骤三，编辑编排。

对内容进行更细致的编辑，使其更适合商品特性、用户需求，如标题的吸引性，内容与商品、行业的相关性，版面、版式的阅读性，图片、音频、视频的匹配性等。

步骤四，扩散传播。

通过内外渠道将内容发布出去，让目标受众看到，并能在受众中引起反响、反馈。同时，对反馈信息进行充分的分析、归类、总结，为二次改进做好准备。

2. 公众号内容创作

（1）紧抓用户痛点需求

在撰写公众号内容时，必须抓住用户的痛点需求，因为只有痛点需求才是用户最感兴趣的，图 5-4-3 所示为痛点需求分析思路。不要预设每个人会对商品全方位感兴趣，只需向其展示一个点即可，而且这个点必须能解决他们目前遇到的困惑与问题。

图 5-4-3 痛点需求分析思路

分析用户痛点一般包括以下步骤：

步骤一，问用户最在意的问题。

步骤二，描述具体场景里商品的使用。

步骤三，直接说明商品对用户的实际益处。

（2）内容高度垂直

内容垂直是指内容着眼点较小，且瞄准某个地区、某个领域或某个特定人群进行深度挖掘，提供精准的信息和服务。

据统计，内容垂直的账号"粉丝"活跃度远大于综合性账号。只有垂直性比较高，内容才能体现出专业化、个性化、差异化。当用户能从账号中获得独一无二的、有价值的信息时，对账号的黏性自然会增强。

（3）引发情感共鸣

引发情感共鸣的关键在于触及用户的内心，触及他们最为敏感和关心的部分。在内容创作中，注入丰富的情感元素往往能取得良好的效果，既符合用户的阅读习惯，又能激发他们的阅读欲望。

技能实训

实训 1：个人微信号形象打造

要求：根据个人 IP 设定，设计个人微信号形象。

具体步骤如下：

步骤一，设置微信头像。

微信头像是可以传达出很多信息，包括个人喜好、性格特点、生活态度等。选择微信头像时可以参考以下建议。

1. 自己的照片：用自己的照片做微信头像可以让人感觉更真实、亲切，也可以增强自己的自信心。但是需要注意的是，照片的质量要高，不要使用过于模糊或低质量的照片。

2. 风景或植物：使用风景或植物做微信头像可以体现热爱大自然、喜欢旅游的个人形象，也可以传达出对生活的热爱和向往。

3. 动物或卡通形象：使用动物或卡通形象做微信头像可以体现有童心、有趣的个人形象，也可以表现出个性和独特之处。

4. 文字或符号：使用文字或符号做微信头像可以增强辨识度。但是需要注意的是，文字或符号要简洁明了，不要使用过于复杂或难以理解的图案。

步骤二，设置微信昵称。

微信昵称可以展现个人的性格、兴趣、状态等。设置微信昵称时可以参考以下建议。

1. 简洁易记：选择一个简洁易记的微信昵称可以方便他人快速记住微信号，也更容易被搜索到。

2. 与自己相关：使用与自己相关或者自己喜欢的词语作为微信昵称，可以有效体现个人特点。

3. 短英文单词：短英文单词的微信昵称简洁、时尚，也可以增强辨识度。

4. 搞笑或幽默：使用搞笑或幽默的微信昵称可以体现有趣的个人形象，也可以吸引他人的注意。

5. 带有特殊符号：使用带有特殊符号的微信昵称可以体现充满活力的个人形象，也可以表现出独特之处。

步骤三，设置微信个性签名。

个性签名是一种自我表达方式，它可以展现个人的性格、情感、态度等。微信个性签名的使用建议同微信昵称的使用建议。

实训 2：微信公众号内容规划

要求：小 A 是一个小有名气的穿搭博主，现在运营一家服装品牌的微信公众号，需要为她做一份微信公众号内容规划方案。

参考方案如下：

服装品牌微信公众号内容规划方案

一、目标与定位

本公众号旨在打造一个时尚、潮流、有品质的服装搭配与穿搭分享平台。目标受

众为对时尚和服装搭配有热情的年轻人，特别是关注时尚潮流的群体。

二、内容类型与主题

1. 时尚趋势类：介绍当下流行的时尚趋势、时尚单品和品牌，以及潮流元素的解读和预判。

2. 服装搭配类：提供不同场合、不同风格的服装搭配建议，包括日常穿搭、职场穿搭、度假穿搭等。

3. 明星穿搭类：分享明星们的时尚穿搭和潮流单品，为用户提供借鉴和参考。

4. 品牌“种草”类：推荐有品质的时尚品牌和单品，为用户提供购物指南和优质选择。

5. 穿衣技巧类：分享实用的穿衣技巧和方法，如如何选择适合自己的颜色、如何搭配鞋子等。

三、发布计划与时间安排

1. 发布频率：每周发布 2 篇原创文章，保持稳定的更新频率。

2. 发布时间：每周二、四晚上发布文章，方便用户在工作日晚上阅读。

四、内容形式与风格

1. 文字风格：简洁明了，注重语言的表达和传递，让用户易于理解。

2. 图片风格：高质量的时尚图片和模特穿搭示范，提供直观的穿搭效果展示。

3. 视频风格：选择与文章主题相关的短视频，增强文章的吸引力和互动性。

五、推广与互动

1. 推广策略：通过社交媒体、时尚博主联盟等渠道推广公众号，吸引更多用户关注。

2. 互动方式：鼓励用户留言评论，定期举办互动活动，如穿搭比赛、投票等，增加用户黏性和参与度。

六、数据分析与优化

1. 阅读数据分析：统计每篇文章的阅读量、点赞数、分享数等数据，了解用户的阅读习惯和需求。

2. 用户反馈分析：收集用户反馈，了解用户对公众号的评价和建议，优化公众号内容和运营策略。

3. 行业趋势分析：关注行业动态和竞争对手的策略，及时调整公众号的内容和推广策略，保持竞争优势。同时关注时尚界的重大事件和流行趋势，及时报道并解读。

4. 个人形象打造：分享博主的日常穿搭、工作花絮等，打造个人形象，增强与用户的互动和共鸣。

5. 品牌合作与推广：与时尚品牌、设计师等合作，推出有品质的内容和活动，为用户提供更多时尚资讯和优质选择。同时通过合作推广提升公众号的知名度和影响力。

6. 社交媒体联动：在微博、抖音等社交媒体平台同步更新公众号内容，增加曝光率和传播范围。通过与其他时尚博主、意见领袖的合作，共同推广时尚潮流文化。

7. 定期福利活动：定期举办福利活动，增加用户参与度和忠诚度，同时回馈用户的支持与厚爱。例如，可以与合作品牌联合推出福利活动，为用户提供实用性强的礼品或优惠券等福利。

思考与练习

1. 为美妆网店店主打造个人微信号形象。
2. 为美妆网店店主进行微信朋友圈定位。
3. 为美妆网店店主发布一条微信朋友圈推广爆款新品。

任务评价

根据本任务的学习情况，按知识、技能两个指标进行自我评价、小组评价和教师评价，填写表 5-4-2。

表 5-4-2 “微信推广”学习任务评价表

学习任务评价表					
评价指标	评价内容	配分	自我评价	小组评价	教师评价
知识	微信私域运营生态系统	10 分			
	微信朋友圈定位	10 分			
	微信朋友圈营销技巧	10 分			
	微信朋友圈广告	10 分			
	微信公众号推广	15 分			
技能	能进行个人微信号形象打造	15 分			
	能进行微信朋友圈定位	10 分			
	能进行微信朋友圈营销	10 分			
	能进行微信公众号内容规划	10 分			
合计		100 分			
综合评价					